大人の教養としての

英国貴族文化案内

あまおか けい

Amaoka Key

言視舎

This royal throne of kings, this sceptred isle,
This earth of majesty, this seat of Mars,
This other Eden, demi-paradise,
This fortress built by Nature for herself
Against infection and the hand of war,
This happy breed of men, this little world,
This precious stone set in the silver sea,
Which serves it in the office of a wall
Or as a moat defensive to a house,
Against the envy of less happier lands,--
This blessed plot, this earth, this realm, this England.

"King Richard II", Act 2 scene 1
Greatest English dramatist & poet (1564 - 1616)

王権を戴く荘厳な島
王の統べる大地、軍神マルスの座
もうひとつのエデン、地上の楽園
疫病や戦いを阻む自然の要塞
恵まれし人々のこの小さな世界
銀色の海原に据えられた宝石
海は他国の妬みから島を守る壁
この祝福された国、この大地、この王国、それがイギリス

シェークスピア『リチャードⅡ世』

＊1595年頃に書かれた作品、エリザベス1世の統治により隆盛するイングランドは、神に祝福された類いまれな国。優れた王の統治でさらなる発展を遂げるイングランドの未来を示唆しているとされます。

大人の教養としての英国貴族文化案内

まえがき

グローバリゼーションとＩＣＴ（Information & Communication Technology）のおかげで便利になった私達の暮らしですが、何もかもが慌ただしくなりアッと言う間に時が過ぎていくように感じます。人がその手に握れるものは限りがあります。何かを得れば何かを失う……ＩＣＴの恩恵で私達が失いつつあるのは、他者との関わりではないでしょうか。このまま進むと人間がデバイスになる日がやってくるかもしれません。自己学習で賢くなる一方のＡＩ（人工知能）の合理性に対抗するのは、人間の閃きや創造性、相手に合わせたコミュニケーションと言われます。できるだけ他人とのコミュニケーションを避け本来の能力を失うのは、デバイス化の第一歩。なんとか避けたいものです。

そこで機械化の波が押し寄せた19世紀末から20世紀初頭、現在の私達の暮らしを形づくってきた１００年チョット前の歴史を振り返ってみましょう。明治維新後の日本がお手本としていた「大英帝国」は Golden Age の絶頂期。華やかな貴族文化は交際範囲を広げ、人との交際を深めて人生をしのぎやすくするための「マナー」づくしでした。だからといってマナーは貴族階級特有のものではなく、人格や品性といった人の内面にかかわるものなのです。ですから本書にあるように、お屋敷の家族と使用人の間にもマナーはあったのです。驚かれるかもしれませんが、お互い「人」として敬意を持って接していたというわけです。最も簡単なものは大切な朝夕の挨拶、ありがとう（Thank you）、お願いします（Please）、ごめんなさい（I'm sorry）というシンプルなもの。今の日本に一番欠けているものではないでしょうか？

大切なのは相手の立場に立ってみる想像力と他人を優先させる心配りでした。ちょっとした気遣いは、日常で実践できるはず。マナーが洗練されたものだった100年前の古き良き時代を、本書で覗いてみてください。

そして貴族文化のもう一つのレガシー。私達におなじみの〝ブランド〟です。上質のものを知り尽くした貴族の審美眼と、高い技術を持つ職人のこだわりが支えてきた数々のブランド。そのアイコニックな作品は、時代を超えた普遍性で私達を惹きつけるのです。ブランドを手にする時、その歴史や愛用した貴族達に想いを馳せてみてください。

100年前、伝統と格式にしばられた窮屈な貴族の世界の殻を打ち破り、一歩を踏み出した女性達。彼女達には想像もつかないほどの自由と権利を摑んでいる私達ですが、代わりに手から滑り落ちてしまったのがマナーや人との触れあい、優しさや思いやりであってはならないと思うのです。いつも時間に追われて先のことにとらわれがちな時代だからこそ、100年前を振り返ってみませんか?

歴史は突然目の前に現れるものではなく人が築きあげてきたもの、こころを豊かにしてくれる教養でもあります。ギリシャ時代から「教養」は人の精神を耕す(cultura animi)と表現されているほど、人間性とコミュニケーション力を育てるものなのです。「こころのアプリ」と言ってもいいかもしれません。「こころのアプリ」を充実させれば穏やかな心持ちになれるはず。些細な苛立ちや険しい表情は消えていくことでしょう。スマホに比べて忘れがちな「こころのアプリ」のインストール、思い出していただければさいわいです。

※「イギリス」の正式名称はUnited Kingdom of Great Britain and Northern Ireland(グレートブリテン及び北アイルランド連合王国)ですので、本来ならUnited Kingdom(U.K.)とすべきですが、本文中ではなじみのある「イギリス」にしております。

目次

I

英国貴族とは

1 『ダウントン・アビー』を観たことがありますか？

『ダウントン・アビー（Downton Abbey）』は２０１０年からイギリス最大の民間放送局ＩＴＶで放送が開始され、２０１５年に6シーズンをもって終了したイギリスのＴＶドラマで、第一次世界大戦前後のある伯爵家の生活を描いたもの。イングランド郊外にたたずむ大邸宅「ダウントン・アビー」で暮らす貴族グランサム伯爵一家と使用人の内情が描かれているのですが、ちょっとした会話の端々に当時の社会背景や貴族階級の暮らしが盛り込まれていることや、登場人物の性格描写が詳細で人間心理までもが描かれた奥深いドラマでした。

一般とはまったく違う貴族の生活、覗いてみたいという心理が働くのは当然でしょう。贅をつくした豪華な空間、階級によって異なるファッション、当時の馬車や自動車、貴族独特の作法……時代を忠実に再現することにこだわるイギリス・ドラマの面目躍如というところで、観ているとタイム・ワープしたかのような思いにとらわれます。

でも貴族の生活を描いただけでは、単なる歴史ドラマ、アーサー王やヘンリー8世の物語を観るのと変わらないものだったでしょう。このドラマでは脇役としてサラッと描かれていても不思議ではない階下の使用人達の世界と階上の貴族の世界をくっきり対比させ、時代がどれほど変化しようとさほど変わらない人間社会の縮図を描いたことがこれほどの人気につながったのでしょう。階上の貴族は親族関係ですが、階下の使用人の出自や過去はさまざま、そこに私達の職場や社会生活にも通じるものを感じ取り、ドラマの中に自分を投影することができるのでしょう。

ほぼ10話の1シーズンを1年がかりで制作という、丁寧さも見逃すことはできません。見るたびに新たな発見のある、見応えのある作品でした。

そして自然の風景、イギリスの郊外は、１００年前とほとんど景色は変わっていないというのですからリアリティを持つのも当然かもしれません。

放送のスタート以来、世界２００以上の国と地域で放映され大ヒット・シリーズとなったのもうなずけます。

ドラマの舞台と目されるハイクレアの大邸宅

物語は1912年、将来家督を相続するはずだったグランサム伯爵の長女メアリーの婚約者の訃報で幕が開きます。伯爵家には3人の娘がいるのですが、男性だけに限定された相続制度のため彼女達には相続権がありません。そのため男系の血筋を辿り、一番近親の男性である遠縁の弁護士マシューを屋敷に招き入れることになります。

伯爵自身はマシューを気に入るのですが、伯爵の母ヴァイオレットと妻コーラ、メアリーは庶民的なマシューを受け入れられず、それぞれに策略をめぐらせてこの結婚を阻もうとします。何しろ貴族にとって庶民は「違う世界の生き物」と一線を画していた存在ですから、庶民の暮らしぶりなど知る由もなく、特にプライドの高いメアリーは身分が違うとあからさまに見下した態度をとります。

そんな伯爵家の人物に加え、邸宅で働く多くの使用人たちの人間模様も描かれています。住む世界が違うものの、常に伯爵一家と緊密な関わりを持つ使用人達のひとりひとりにも、現在の私達が味わうようなさまざまなドラマが展開していきます。

「領地と屋敷」を次世代に引き継がなければならない貴族の相続問題と愛憎渦巻く人間関係は、階級社会の縮図ともいえるもの。そんな邸宅の内情に、娯楽性と同時に社会派の要素も見え隠れしているのが興味深い点です。文化的な背景は違っていても、このドラマの普遍的な面白さは世界的に共通するものなのでしょう。

また、キャラクターがしっかり創られているため、ひとりの人物にも共感を覚えるところと「どうしてそんなことを」とか「そこまでやる?」と思わず引き止めたくなるほど身近に感じられるところがあり、脚本の完成度に感心させられました。

ドラマの脚本家のジュリアン・フェローズ氏も、男爵位を持つ貴族院議員の政治家です。脚本家、小説家、映画監督として活躍されている彼が、貴族社会についての造詣が深いのは当然のことでしょう。貴族と使用人の世界を描いた『ゴスフォード・パーク』『ヴィクトリア女王 世紀の愛』も彼の手によるものというのもうなずけます。

ドラマの中で古き良き時代のシンボル的存在である先代伯爵夫人ヴァイオレットは、作者フェローズ氏の大伯母がモデルだとか。厳格でプライドの高い女性ですが、実は思いやりのある柔軟な考え方で家族や使用人の背中を押してくれる存在。過去には秘めた恋愛も幾度かあったようで、このあたりの機微もさすが年の功。使用人をたしなめる時の婉曲な言い回しも絶妙で、直接対決を避けてとてもお上手です。まさに純粋培養の貴族の女性ですから皮肉も口にされますが、自分に非がある時には使用人にでも謝罪する潔さもお持ちです。エドワーディアン時代を懐かしみながらも、「前に進むしかないでしょう。後には戻れないのだから」と変わりゆく時代を受け入れて、凛とした生き方を貫かれているのに感服です。

▼貴族って?

ヨーロッパの貴族制度は、中世において君主から、戦いの功績によって特定の地域の支配権を付与された支配階級の地位に由来します。地域の防衛や戦力提供の義務を負うという意味では、日本でいえば鎌倉幕府と御家人の関係に近いかもしれません。貴族は、領民が農耕や牧畜で得た収穫から借地料を徴収しますが、事ある時は忠誠をつくすべき君主や領民を守るという社会階層です。

おおざっぱに言うと、

王の一族(弟など)に与えられたのが「**公爵**」(Duke, Duchess)(*王族は Royal Duke, Royal Duchess と呼ばれます)

地方の有力者に与えられたのが、「**侯爵**」（Marquess, Marchioness）

家臣に与えたのが、「**伯爵**」（Earl, Countess　＊女性の尊称は何故かフランス語のまま残されたので、伯爵位だけ呼称が異なります）

上級貴族の代官が「**子爵**」（Viscount, Viscountess）

地方の名家が、「**男爵**」（Baron, Baroness）

イギリスの貴族制度を築いたのは、フランス・ノルマンディ公ギヨーム2世、すなわち征服王ウィリアム1世（William the Conqueror）です。ノルマンディを支配していたのはバイキングをルーツとするノルマン人（ゲルマン系）。その君主のロヴェール1世とフランスの皮なめし職人の娘アルレットの庶子。Guillaume le Batard 庶子王とも呼ばれます。

彼はフランスの王ですが、エドワード懺悔王崩御の後、イギリスの王位継承権を主張、1066年にこの地を征服し、イングランド王位に就きます（ノルマン朝）。信頼する臣下達もフランスから同行したノルマン人が多く、大陸にあった貴族の爵位制度がイギリスに持ち込まれました。そのため宮廷ではフランス語が日常語となり、貴族階級ではフランス語が強要されたのです。

ウィリアム1世以後ノルマン系による支配が続き、イギリスはフランスの植民地のような状況が400年ほど続いたのです。

このイギリスとフランスの関係は言語にもあらわれ、英語の中にフランス語の名残を持つ単語があるとか、フランスには Bristol, Albion, Prince de Galles（ウェールズのこと）、Oxford et Kenbridge, De Grand Britagne, Old England, St. James など、イギリスを彷彿とさせる看板が多いことに気づかれるでしょう。

そして〝H〟を発音しないフランス語ですが、いまでも〝H〟を必要な箇所で発音しない癖のあるイギリス人もいます。これは訛りなのか、それとも「先祖はフランス語を話した貴族で、家柄は良いのだ」とさり気なく伝えようとしているのかはわかりません。

▼イギリスとフランスの関係って？

イギリス人に、イギリスをヨーロッパの一部として話をすると、「〝Europe and the Great Britain〟と言いなさい」と指摘されることがあります。神によって大陸と隔てられたイギリスは、（大陸）ヨーロッパとは別の国、という自負があるのでしょう、ヨーロッパと一括りにされるのをよしとしないのです。

11世紀に始まるノルマン朝400年という時の流れは人々の意識を変え、イギリスに独自のアイデンティティが育ちます。そして14世紀のフランス王位継承権をめぐる100年戦争で、フランスから離れプランタジネット朝を築くのです。その後イギリスは独自の道を歩み、世界の1／4を治める大英帝国にまで発展します。

その余裕からでしょうか、仕事別にスキルのある人間を雇うことに抵抗がないという傾向があります。食ならフランス人のコック、紳士服の仕立てはイタリア人、絵を描くにはオランダ人、使用人はエキゾチックな雰囲気を持つインドから、女性ファッションならフランス……と最上のものを手にしてきたのです。

それでも両国の貴族は交流もあり、血縁関係もありました。18世紀のフランス革命の際にイギリスに亡命した貴族も多かったことでしょう。20世紀に発表された〝The Scarlet Pimpernel〟（紅はこべ）という小説は、革命期にフランス貴族を救出しイギリスに亡命させた謎の一団のお話。リーダーは皇太子とも親しい準男爵で奥方はフランス人。2つの国が面白く描かれています。

この中でもイギリス男性の〝身だしなみ〟と〝お洒落〟の洗練ぶりが強調されているように、服装に関心が高かったのはイギリス男性です。フランスの男性はタイの結び方がだらしないとかシャツがプレスされていないとか散々です。でもフランス貴族の女性の魅力は認めていたようで、救い出したご令嬢に惚れ込む独身貴族も登場。「動き回らず、家の中で大人しくしていればいい」とされたイギリス貴族のご婦人方は、パーティの場に登場する程度でした。

焦点はイギリス男性とフランス女性です。どうやら男性は騎士道精神を受け継ぐイギリスが勝り、女性は恋愛術に長けたフランスに軍配を上げているようです。

大陸の国々は「イギリス」は大陸ヨーロッパじゃないと思っている節もありますが、このところボルドーにイギリス人が別荘を持つようになり、イギリス村が出現しています。イギリス人の好きな自然豊かな田園風景、地価はイギリスよりお安いということで、のんびりした地方に思わぬ経済効果、格安航空のおかげで移動も気軽になりました。おかげで小さな空港も新設、経済を潤してくれるイギリス人は大歓迎です。イギリス人にしてみれば手頃で美味しいフランスの田舎は居心地がいいはずです。難癖をつけるのはチーズの味くらい（どちらも我が国のチーズは世界一と信じているので）。

互いに「カエル野郎」「乱暴物のジョンブル」「皮肉屋」「臍曲り」と呼び合い仲が悪いとされる両国ですが、実は兄弟喧嘩のようなもの。「好きじゃない度」は弟が偉くなってしまった兄貴分のフランスのほうがチョッピリ高いように感じます。

▼イギリスの貴族制度

侯爵、伯爵、子爵、男爵の称号に加えられたのが「公爵」位です。1337年エドワード3世の皇太子エドワードが叙せられたコーンウォール伯爵（Duke of Cornwall）です。

イングランド王位（現在の連合王国王位）の相続人に与えられる爵位であり、現在はチャールズ皇太子（His Royal Highness Prince of Wales）の従属爵位のひとつです。夫人の称号は本来なら Her Royal Highness Princess of Wales ですが、カミラ夫人は故ダイアナ妃に遠慮されてか皇太子妃の称号を辞退され、コーンウォール公爵夫人（Duchess of Cornwall）の称号を使われています。

皇太子の長男で王位継承権2番目のウィリアム王子の称号は、His Royal Highness Duke of Cambridge。1904年以来断絶していたケンブリッジ公爵位が、結婚を機に復活、エリザベス女王から叙勲されました。このように後継者がいないため断絶してしまった爵位が、復活するのもよくあることです。

イギリス貴族とされるのは、現在1500ほどの家系です。その中で王族を含む公爵はケンブリッジ公爵を加えて33、侯爵家は34。爵位はイングランド、スコットランド、グレートブリテン、アイルランド、連合王国とそれぞれに分かれていますが、ややこしいのでここではひとまとめにさせていただきます。

貴族のタイトル（称号）のトップはもちろん王族で、

公爵（Duke, Duchess）

侯爵（Marquess, Marchioness）

伯爵（Earl, Countess）

子爵（Viscount, Viscountess）
男爵（Baron, Baroness）という序列になります。
ただし、財産は必ずしもこの序列に比例しません。また産業、政治、スポーツなどの功績によって新貴族となる人もいますが、彼らは"Sir"（女性の場合はDame）の称号で呼ばれる一代限りのナイトです。「準男爵」という扱いになりまして、息子が爵位を継ぐことはできません。いわば勲章のようなものです。私達が貴族と聞いて頭に浮かぶ、歴史と伝統のある高貴な家系、広大な所領、贅沢な暮らしというのは世襲貴族ということになります。

侯爵は公爵・伯爵・男爵について創設された爵位です。1385年にオックスフォード伯爵ロバート・ド・ヴィアがダブリン侯爵に叙されたのが最初。
公爵・侯爵・伯爵は一般的に複数の従属爵位を持っており、嫡男は父親の持つ爵位の2番目を儀礼称号として使用します。

世襲貴族の爵位と領地それに財産は、長男が継ぐ一子相続の世襲制という厳格な決まりがありました。万一長男が不幸に襲われた場合には、次男や三男がいれば出生順に、または爵位を持つ者の直系で正式の婚姻によって生まれた男系の血族の相続は可能とされましたが、該当する男子がいなければ継承者不在ということでお家は断絶ということになります（この相続問題で兄弟同士のトラブルや勘当されて相続権を失った不出来な息子、そして不遇な立場に置かれていた嫡子とその母による敵討ちなどが、小説の題材に取り上げられています）。

数代にわたって家系をつないできた現代の世襲貴族の条件は、「先祖から受け継いだお金がある（昔はあった）こと、特定の教育を受けていること（つまり、イートンなどのパブリックスクール出である）、王族・貴族を含めた上流階級と親交がある、の3つにあてはまることとか。
ともかく、世襲貴族は大変です。男兄弟ばかりだと、長男は爵位も領地も相続しますが、次男・三男となると自力でなんとかしなければなりません。政治家や研究者、軍人になって身を立てるか、相続する男子のいない持参金付き貴族の娘と結婚するしかありませんでした。貴族の息子でも、長男でなければ"Younger Son"と呼ばれ結婚市場における価値は低かったのです。
どうしてこんなことになっているかといえば、貴族の権威を堅持し続けるためです。次男、三男や娘たちに爵位や財産を分与すると、先細りになるばかりで弱体化してしまいます。財産の分散を避ける根拠となるのがサリカ法という法典（Lex Salica）です。ゲルマンの部族の慣習法を成文化したもので、相続条項第59条に、女性は不動産を所有できないというのがありまして、女性は支配地を所有する領主（君主）にはなれなかったのです。

現代の感覚では女性差別に感じてしまう伝統ですが、それには前述の意味がありました。ですから父親や伯父から財産と土地を受け継いだ貴族は、それらを守って次世代に渡さなくてはならなかったのです。このサリカ法を遵守していたフランスは、フェミニンなイメージにもかかわらず「女王」はいませんでした。国王の伴侶は、女王ではなく「王妃」なのです。

現在でも財政的に絶対的に安定している貴族といえば、メイフェア・ヴェールグラビア地区を所有するグロブナー家（現在は 6th Duke of Westminster Gerald Cavendish Grosvenor）、チェルシー・ナイツブリッジ地区はカドガン家（8th Earl Cadogan Charles Gerald John Cadgan）。

マリルホーン・ハーレーストリートは、Howard de Walden 家の所有（Baroness Mary Hagel Czermin の後継者 Baron Peter Joseph Czermin（もしくはその息子 Alexander John Peter Czermin）、オックスフォードストリートは Poetman 家所有（現在は 10th Viscount Portman Christpher Edward Berkeley Portman）。リージェント・ハイドパーク地区はご存知のように王室所有。地代で永遠に安泰というお家柄なんですね……。

ヨーロッパの中でもイギリス、スペイン、スウェーデンでは、サリカ法に縛られなかったため、男子の相続人がいない場合は「女性」が君主になれました。サリカ法を破棄し、なんとか周辺国の同意を取りつけて数百年続く帝国を娘に継がせたのは神聖ローマ帝国皇帝カール６世、娘はあのマリア・テレジア。父親の慧眼が、ハプスブルグの発展につながるのはご存知の通りです。

▼どうしてイギリス貴族は尊敬されるのか？

ヴィクトリア女王の時代（１８３７〜１９０１年）において、英国は絶頂期を迎えます。彼女が統治した64年の間に、英国の領土は10倍となり、地球の１／４を統治したのです。４億人の人口を有する史上最大の帝国の成立によってもたらされた繁栄が「イギリス貴族」を大陸の貴族達か

ヴィクトリア女王

ら一目置かれる特別な存在に押し上げました。

ヨーロッパ大陸では、あらゆるイギリス男性が"Englishman"と呼ばれる別格の存在でした。良い教育を受けていて振舞いも申し分なく、大陸では考えられないほど裕福で、彼らより裕福なのはロシア大公とアメリカの鉄道王くらいと信じられていました。

イギリス貴族は、裕福さと育ちの良さがもたらす自然の産物であって、「他の国々が否定したくても否定しきれない数々の資質、つまりイギリス人の信念、ゆったりとした気の持ち方、世界が当然として認める地位・権威」のお手本として尊敬されていたのです。

これは大陸に滞在したイギリス人の振舞い、仕事をせず文学や芸術を愛好するといった姿を目にした大陸の人々がイギリスを崇拝し、敬愛と羨望を持って真似していたことにつながります。

エチケットや作法の厳格な決まり事、食事時のナイフやフォークの使い方から義務感の徹底まで。あるいは熱心さ、節約、慎重さ、謹厳、厳格、忍耐、最良の方策としての正直さ、正しい勘定、時間厳守の励行、無私の愛国心と勇気、戦いにおける死生観、粘り強さ、克己心、フェアプレイの精神、適者生存という考え方、忠誠心、肉体の鍛錬……ほとんどの面でイギリスが優越していることを認めていたのです。

そしてスポーツと競技用語は、そのほとんどが考案者であるイギリスから伝わってきたものでしたから、イギリス化にますます拍車がかかりました。

何よりも大陸の人々が羨ましがったのは、イギリス人の知恵と政治家の賢さでした。強い意志、外交の機敏さ、古典文化の素養、均衡のとれた判断力、慎重でゆとりのある振舞い、信頼を高める能力……アングロサクソンとラテンという国民性の違いもあったでしょうか、ともかく大陸とは異なる優れたお手本とされたのです。

▼日本のお手本

そんなイギリスは、大陸だけはなく西洋化を目指した日本のお手本にもなりました。日本とイギリスの関係は１６００年のウィリアム・アダムス（三浦按針）にまで遡るのですが、３００年ほどとばして19世紀半ばのトーマス・ブレーク・グラバーの来日以降、幕末・明治の日本に大きく関わります。

日本の工業化には、イギリス人のヘンリー・ダイアーが大いなる貢献をしたことはあまり知られていません。彼は１８７３年から83年までの10年間を日本で過ごし、近代日本の技術教育の確立に尽力しています。彼によると当時の日本の教育を特徴づけている徳目は二つ、高潔廉直と義務への献身でした。どこかイギリスの貴族精神に通じるものがあるようですね。帰国後の著書『DAINIPPON - The Britain of the East』で明治の日本の実情を著し、日露戦争直前に「この戦争に日本が勝利するだろう」と書き加えていたのです。

その理由は、貴族の子弟が多いロシアからの留学生と日本で教えていた頃の学生達の学ぶ姿勢の違いにありました。一言も聞き漏らすまいと熱心にノートをとり、納得のいくまで質問を繰り返した日本の学生達、一方のロシアの留学生は遊びに熱心な貴族の子弟達……司馬遼太郎さんいうところの「まことに小さな国が開花期を迎えようとしている……登ってゆく坂の上の青い天に、もし一朶の白い雲が輝いているとすれば、それのみを見つめて坂を登ってゆくであろう」という時期です。黎明期のエネルギーは素晴らしいものがあったことがわかります。ただ坂の上に登りつめてしまうと後は下り坂。下る時には何を見つめてきたのでしょうか？

▼ジェントルマンシップ

イギリス紳士の特徴で見逃してはいけないポイント、それは「紳士というものは紳士がすべきでないことを、紳士だけができるやり方で上手にできる人間」という狡猾さかもしれません。

ルーツを辿ればブリトン、ローマ、アングロ・サクソン、ヴァイキング、ノルマンの血が混ざっているのです。どれもこれも戦闘好きで粗野な感じを否めません。「このままではイカン」とお行儀よくするために生まれたのが Gentlemanship というもの。つまり一皮剝けば、アブナイのです。

これには優雅な手法で二枚舌、時には三枚舌を使うことも含まれるのは歴史を見れば明らかなこと。第３代パーマストン子爵ヘンリー・ジョン・テンプルの言を借りれば、「イギリスは永遠の友を持たないし、永遠の敵も持たない。あるのは永遠の国益のみ」ということでもわかる通り、他国の判断を信頼するよりは、自国の判断ミスの犠牲となるほうがマシという考え方。そして、協力はするが従属はしないという信念がEUを騒がせている“Brexit”問題にまでつながっているように思えてきます。

どれほど時が経とうと、民族に特有の国民性というものは簡単に変わるものではありません。詳細は省きますが、大航海時代、新大陸を発見して原住民に何をしてきたかでもわかります。

ともかく脈々と受け継がれてきたブリティッシュ・スピリットは、現在でも息づいているのです。『ダウントン・アビー』は時代劇といえば時代劇ですが、登場人物のキャラクターは現在にも通用するものです。ですから豪華な衣装や舞台装置を楽しみながら、キャラクターに自分を投影できるほど親近感が湧く作品だったことも成功の鍵だといえるでしょう。

神によって授けられた島、大陸と離されているのは神の意志、そうでなければ神はドーヴァー海峡などお造りにはならなかった。ブリタニアよ、大海原に乗り出して世界を統べよ！ イギリスの愛国歌、Rule Britannia は“Rule, Britannia! Britannia rule the waves. Britons never will be slaves.” 恒例の夏のイベント「プロムス」で、国旗や地方の旗を振り、女神ブリタニアの仮装をした人と観客全員がこの歌を合唱する時、血湧き肉踊り愛国心を刺激されているのでしょうね。

▼『ダウントン・アビー』の意外なファン

イギリス王室もこの作品のファンだと公言していましたし、ウィリアム王子とキャサリン妃はわざわざ撮影現場を訪れられ、スタッフと親しく話をされたことが報じられています。

“People”という雑誌によればエリザベス女王も楽しみにご覧になっていたというのですが、女王の楽しみ方はひと味違っていて「間違い探し」でした。女王にとってロケ地のひとつハイクレア城は何度も訪れられた親しみのある場所で隅から隅まで知り尽くしておられます。１９２６年生まれの女王ですから、実体験されたことも多いことでしょう。歴史にお詳しく「間違い探し」を楽しまれていたようです。女王によると、ほとんどの描写は正しいようですが、ある箇所では第一次世界大戦時の若い将校が身につけていた勲章が、じつは第二次世界大戦の時のものだったというのに気づかれて指摘されていたとか。まさかＩＴＶに助言されたとは思えませんが、「あら、この勲章この時代にはなかったものよ」とおっしゃる女王に、フィリップ殿下はなんと応えられたのでしょう。「メディアは信用ならん」という殿下のことですから、「どうせ、そんなものさ、フン」と鼻であしらわれたのではないかと推察する次第です。

そしてアメリカではミッシェル・オバマ大統領夫人です。彼女も楽しみにご覧になっていたと言われていますが、２０１１年だったかオバマ大統領夫妻がイギリスを訪れ、女王に謁見された時のオバマ大統領の様子は、目をキラキラさせてまるで夢を実現させた少年のようでした。映像からもその緊張が伝わってくるような微笑ましさを感じたものです。アメリカ人にとってイギリスの貴族社会は、興味を惹かれるものなのでしょう。ハリウッドにもファンは多いので映画化の話もあるようですが、アメリカ映画になると別物になってしまいそうで心配です。

▼なぜアメリカ人の嫁か？

ところで、ダウントン・アビーの物語は１９１２年４月14日深夜の「タイタニックの沈没」の報せに始まります。主な登場人物の年齢設定は、ヴァイオレット伯爵夫人は１８４２年生まれで70歳、伯爵のロバートは１８６６年生まれの46歳、夫人のコーラは１８６８年生まれで44歳、長女メアリーは１８９１年生まれ（21歳）、次女イーデスは１８９２年生まれ（20歳）、三女シビルは１８９５年生まれ（17歳）、マシューは１８８５年生まれ（27歳）、従者のベイツは１８６９年生まれ（43歳）、侍女アンナは１８８６年生まれ（26歳）となっているようです。

とすると、アメリカ人の夫人が嫁いで来たのは１８９０年前後と考えればよいでしょう。財産の分散を防ぐためにも、同等の貴族や親戚といった身分の近い伴侶を選んでいたはずの貴族の結婚になぜアメリカ人が？　それは社会環境が激変したことが原因でした。

産業革命と、新興国アメリカの目を見張るような発展ぶり。蒸気機関によって船や鉄道などの輸送が短縮され、大規模農業による安価な小麦が大量にアメリカから流入し始めたのです。産業革命による工業化、大量生産、蒸気機関による輸送のスピード化、魚の冷凍技術もすすみ、新鮮な魚（主にタラ）が市場に届けられるようになりました。そしてあの「フィッシュ&チップス」の誕生となるのです。

庶民の生活は徐々に豊かになりますが、19世紀後半には領地の収入が激減した貴族達の生活は、これまでのようには成り立たなくなっていました。１８９０年代に書かれたコナン・ドイルの『シャーロック・ホームズ』や１９２０年に『スタイルズ荘の怪事件』を発表したアガサ・クリスティの作品には、こうした貴族の暮らしを垣間見せてくれる場面が多々ありまして、華やかなりし貴族文化の名残りが伝わってきます。

どういうわけか上流階級では、分不相応な生活をすることが当然とされていました。体面を保つことと派手な社交生活が、まるで存在理由であるかのように。

美術品や宝飾品、パーティに狩猟、カードや競馬の賭け……、貴族階級の若者達にとっては特別なことではありませんでした。

▼没落する貴族

賭けといえばイギリス人は、無類の「賭け」好きです。競馬は言うに及ばず、クリケット、サッカーなどのスポーツの勝敗、王室に誕生する子どもの性別、アカデミー賞の行方等々世の中の出来事すべてがブックメーカーの賭けの対象。友人同士でもちょっとしたことに、ビールやランチを賭けてゲーム感覚で楽しんでいます。“The Adventures of the Blue Carbuncle”という作品の中で、鵞鳥の出所を調べて肉屋を訪ねたホームズ氏とワトソン氏「そんなことは教えられないネ」という主の前で「じゃあ、君、賭けは成り立たないな」というホームズの言葉に「何？　賭けかい」と身を乗り出して教えてくれるという場面は、賭けと聞くと思わず血が騒いでしまう（らしい）イギリス人らしさが表れていてニヤリとさせられます。

貴族の賭け事は日常の他愛のないものではなく、カードや競馬に大金を投じ、負けがこんでくると借金をしてでも一発逆転を目論んでさらなる深みにはまっていました。

中には質の悪いイカサマ師もいてトラブルの元となったのは容易に想像されること（ドラマにもひとくせあるカー

ド師が登場、レディのバッグからいわくのある手紙を盗み出す、というタチの悪い輩でした)。相手が素人であれイカサマ師であれ、カモになると莫大な借金を抱え込みます。

積もり積もった借財を返済するには、財産のある貴族のご令嬢を嫁にというのが手っ取り早い方法だったのですが、貴族のお家柄はどこも同じ懐事情ですから、もはや決定的な解決策とは言えなくなっていたのです。

広大な土地や屋敷、まるで美術館のような絵画や調度品の売却という手もありますが、自分の代で不面目なことはできないと決断できずに悶々とする貴族に救いの手が……それがアメリカ人の資産家令嬢でした。

▼新興富裕層に対して

独立を果たした植民地アメリカは工業国として急速に発展し、多くの資産家が生まれました。チャンスを摑み、莫大な富を摑んだ資産家達でしたが、当時アメリカの上流階級を牛耳っていたオランダからの移民(ニッカボッカーズと呼ばれていました)は、新興の資産家達、いわゆる「ニュー・リッチ」は成り上がり者で、自分達とは住む世界が違う人種として、決して社交界には受け入れようとはしなかったのです。

いくら資産があろうと、彼らは〝成金〟にすぎず「由緒正しい私どもとは違いますもの」と上流階級への受け入れを頑なに拒否したのです。

新興富裕層は「上流階級」に自分達を認めさせようと、積極的に社会貢献や慈善活動に尽力します。これまで王族・貴族・大地主のジェントリーという支配層と労働者という階級社会に、新しく新興富裕層が加わったのです。

いくら裕福であっても、たどってみれば労働者階級ですから、数百年の歴史をもつ家柄とは一線を画すという考えを変えることはできませんでした。逆に言えば、落ち目の上流階級にとって誇れるものは格式のある家柄だけだったかもしれませんので「確かなブルーブラッド」の血筋にすがらざるを得なかったのかもしれません。

▼ブルーブラッド

ブルーブラッド(Blue blood:訳すと「青い血」)ですが、これが「高貴の生まれ」「貴族」「名門の出」という意味でもともとはスペイン語。昔のスペイン貴族は自分たちの肌の白さが自慢でした。なぜかというと、肌が浅黒い異民族ムーア人の血が混ざっていないから。つまりオリジナルの血を引き継いでいるという自負でした。肌が白いスペイン貴族は、その白さゆえに血管が青く透けて見えていた。それが、"blue blood"の由来です。スペイン語での"sangre azul"を英語にしたのがブルーブラッドです。これが語源。

今でも、

Do you want to go out with her? Impossible! I heard she is blue blood.

お前、彼女と付き合いたいんだって? 無理、無理。彼女は名門出のお嬢様らしいぜ。

といった感じで使われます。

財産の分散と家柄や血筋を守るために、てっとり早いのは親族から伴侶を選ぶということですから、数代遡ればご先祖は同じということになります。

普通先祖を遡ると、親は2人、その親にはそれぞれ2人の親がいますから4人、2代遡れば8人と2の乗数で計算されますから、6代遡ればご先祖は128人のはずですが、それが32人というスペインのカルロス2世。王という地位と財産の散逸を避けるために繰り返された血族結婚の結果、カルロスには子どもができずハプスブルグ・スペイン家は滅びます。

ちなみにスペイン王室はハプスブルグからスペイン・ブルボン家に移り、現代まで続いています。

話は逸れますが、日本は1000年以上続く企業が7社、200年以上が3000社以上、100年以上が10万社以上という世界でも珍しい企業長寿国だとか。最も古いのは西暦578年創業の金剛組という宮大工の集団で、聖徳太子の時代に四天王寺を建立したのが起源とされています。長寿企業の秘訣は、「3代目には外部の血」ということで、一族だけではなく外から婿養子を迎えて新しい風を入れ続けてきたことにあるというのを読んだことがあります。企業が硬直して動脈硬化を起こさないようにするという先人の知恵に驚かされますね。

▼フランスの社交界/イギリスの社交界

19世紀末イギリス貴族の懐事情は、外部の血を導入せざるを得なくなっていました。

一方新興成金のアメリカ人の親、特に母親は自分達を認めないアメリカの上流社会をどうにかしてギャフンと言わせようと躍起になっていたのです。嫁ぐ娘の意志とは関係なく、なんとか上流階級の仲間入りをさせなければと思案を巡らせました。

なにしろ財力ならあり余っています、貴族社会発祥の地パリに教育とお相手探しに社交界へのツテを求めて旅立ちました。しかし、1870年7月19日に普仏戦争勃発（第二帝政期のフランスとプロイセン王国の間で起きた、スペイン王位継承権をめぐる闘い。プロイセン側は1871年1月28日に首都パリを占領。1871年5月10日、フランクフルト講和条約の締結によりフランスは正式に降伏します）。

パリが占領される前、首都にまで砲撃が及ぶようになるとアメリカの女性達はロンドンに脱出。着の身着のままだったとも言われますが、そこはあり余る財力でロンドンにたどり着きさえすれば、体裁を整えるのに困ることはありません。

そうして新たなターゲットとして浮上したのが、イギリス社交界でした。しかしながら、伝統と格式に重きを置くイギリス社交界はきわめて閉鎖的で厳格でした。

第二帝政時代のフランスでは、皇帝ナポレオン3世と妻ウジェニー皇后（Eugenie de Montijo）の時代でした。スペインというラテンの血のせいでしょうか明るく知的で、お洒落好きな皇后は、教養のあるお金持ちであれば誰でも社交界に歓迎したのです。ファッション・リーダーとして知られる彼女のお気に入りだったカルティエの宝飾品やゲランの香水（紋章のミツバチを刻んだゴールドのフレームにバカラ製のボトル、Eau Imperiale eau de cologne は彼女のためにつくられた香り）、国外や別荘に出かける時の衣装ケースはルイ・ヴィトンと、現在も人気のブランドの火付け役のようなお方でした。

イギリスのヴィクトリア女王は、コルシカ人の甥とスペイン女伯爵の結婚を「下品で気がきかない縁組み」と仰せでお気に召さないようでしたが、ロンドンを訪問したウジェニー皇后と初めて顔を合わせたところ、大変気に入られ生涯の友人となられたのです。普仏戦争のあと、皇帝夫妻はイギリスに亡命。王室も国民も丁重に接したと言われます。

2 イギリス貴族の子女教育とアメリカ資本家令嬢

アメリカ人令嬢達は快く迎え入れられたフランスと異なり、表向き和やかに接しながらも肝心なところでよそ者や新参者にはピシャリと扉を閉ざすイギリス社交界には、大いに面食らったことでしょう。高級ホテルの一室かロンドンの屋敷にこもって、退屈しのぎに"The Lady"（1885年に出版）などの週刊誌を手に、社交界の話題に目を通していたかもしれません（現在でも発行されていますが、時代に合わせて、かなりくだけています）。活版技術が普及したため、大量印刷が可能になり新聞・雑誌は一般化、女性誌の話題はやはり上流階級にまつわるものでした（今も昔も女性の興味は変わらないようですね）。

The Lady 創刊号

　どうにか扉をこじ開けたいとジリジリしているアメリカの女性達に、最強の救い主が登場。それが当時皇太子だったアルバート・エドワードです。

　彼が出席するパーティに招かれ、もしその席で皇太子から次のパーティのお誘いを受けたら、それは王室が受け入れたということに他なりません。

　幸いなことに皇太子はオックスフォード在学中の1860年にカナダとアメリカを訪問されアメリカには3カ月ほど滞在されたことがありました。イギリスとは異なる活力に溢れたアメリカと、自立した新しい女性像にすっかり魅了されていたのでした。

　そのころイギリス貴族の子女は、生まれた時から「貴族階級」として教育されました。貴族の家庭では、社交に忙しい両親は子育てを家庭教師や乳母にまかせきりでした。母親はバストラインが崩れるという理由で授乳を嫌っていたともいわれます。

　乳母は領地内で最近子どもを産んだばかりというような、

健康な女性であればヨシとされましたが、家庭教師となるとそうはいきません。そんじょそこらの女性に勤まるはずもなく、上流社会とその暮らしぶりに精通している貴族の奥方、（婚期を逃したかも知れない）独身の貴族の娘、王室に仕えていた侍女や女官などが雇われました。貴族としてのマナー、話し方、知識、所作、外国語（主にフランス語）が徹底的に教育されたのです。いずれ他家に嫁ぐ身ですから、社交界でデビューして嫁ぎ先を決めるまでの殿方との接し方、上流家庭の夫人として初対面の相手とでも快く接するテクニックなども教えられたのです。

おそらくは服の着こなしやお化粧も、デコルテや背中を見せるドレスを着る機会も多かったはずですから、肌の手入れにも気を使ったことでしょう。入浴の習慣も浸透し、19世紀にソープ・バー（固形石鹸）が普及します。ドラマの中でベイツ氏が口にした「奥様の石鹸」は、コーラの侍女オブライエンの泣き所でしたね。

コーラやメアリーのドレッシング・テーブルには化粧品のボトルとおぼしきものや、パウダーが並んでいました。彼女達のスキンケアやメークアップはどんなものだったのでしょうか？

COLUMN

化粧をめぐって

「美しく見せたい」という願望は、人類の歴史と同じほど古く、エジプトの女性のアイメークはご存知ですよね。アイラインは煤を主原料に、アイシャドウはマラカイトを細かく砕いたミネラル・コスメだったというわけです。

中世以降、女性達が手にしたかったのは「白い肌」。これ、いまだに変わらず「美白」はスキンケアの基本になりました。肖像画からも真っ白メークが伝わるエリザベス1世は、下地に蜂蜜をたっぷり塗って白粉をつけていたとされます。下地の蜂蜜が溶けてお化粧が崩れるのを防ぐため、寒い日でも暖房に近づくことはなかったそうですが、昨今の温暖化の環境ではとうてい持たないメークアップですね。

宗教的な観点（ものすごく簡単に言うと、化粧をして男性の目を惹くようなことはヨカラヌ事態に及ぶ可能性が高いということです。文明の担い手はあくまで男、女は自然に近い存在でよろしいとされていたのです）からも「化粧」は、一般的にならず、特権階級の中で育ったものですが、19世紀の終わりから20世紀にかけて生活水準が上がると庶民にも広がるようになりました。

髪と肌の手入れ

メークアップと同じように関心が高かったのは「髪」でした。１８８５年、植毛機を開発したMason Pearsonは、ラバーのクッションをつけたヘアブラシを手頃な価格で発売。女主人の毎日のブラッシングは、侍女のお務めです。丁寧にブラッシングされた長い髪は洋の東西を問わず「女の命」でした。ドラマの中でメアリーが髪を短くカットしたことは、女性達には賛同を得ていましたが男性には不評でした。長い髪を結い上げているのが、女性らしいと考えられていたことがわかります。そのためヘア・スタイリングの上手な侍女は、大切な存在でした。ドラマの中でもコーラの侍女オブライエンのスタイリング技術は、伯爵の従妹スーザンの垂涎の的で最終的にはスカウトしてしまいました。突然いなくなってしまった侍女、「他人の侍女を盗むなんて」とコーラ夫人はお怒りでしたっけ。有能な人材の引き抜きというのは、使用人の引き抜きというようなことに端を発しているのかもしれませんね。

ソープ・バー雑誌広告

私たちが日常で使っているコスメティックアイテムの歴史もほぼ１００年です。例えばマスカラは１９１３年、繰り出し式のスティック状の口紅は１９１５年、つけ睫毛は１９１６年、マニュキュアは１９１７年というように。

赤ら顔で陽焼けした肌は労働者のものと毛嫌いされ、白い肌がもてはやされていたのですが、１９２０年代には陽焼けした肌が流行しました。ヘアダイが発売されたのは１９０７年、熱したコテを使ってカールさせていた髪にパーマをかけるようになったのは１９３０年代になってからのこと。ヘアスプレーが登場したのは１９４８年でした。驚いたことに初のフェースリフトは１９０１年だったとか、一体どうやったのかおいおい調べてみたいと思っています。

ヴィクトリア朝のスキンケアはソープで洗顔、愛と優雅さの象徴であり香りも楽しめるローズ・ウォーター、そしてクリームが主流でした。クリームは肌をソフトにし、栄養を与える重要なアイテムで顔だけではなく手やデコルテ、腕のように人の目にふれる部分にたっぷりと塗りこんでいました。クリームの成分はさまざまで、概ね白色、成分によってローズ、オレンジ、ベルガモット、ラヴェンダー、ヴァニラ、竜涎香などの香りでした。

この時代の女性達が望んだのは、柔らかくなめらかでシミやニキビなどの欠点のない艶やかな肌。当時の美容雑誌が強調していたのは、健康的で明るい気持ちで生活することが美しい肌のために理想的ということでした。肌の欠点など見過ごしてしまうほどの明るい笑顔にまさる化粧品は存在しないということです。さらに化粧品のつけ過ぎは肌のためにもよろしくないとされていました。今も変わらない基本です。

クリーム雑誌広告

エステ発祥の地フランスでファッショナブルなマダム達が毎夜実践したというとんでもないシワ防止は、薄くスライスした牛の生肉を顔に貼付けて眠りについたというもの。牛の生肉は、シワを防止するだけではなく肌に若々しさと輝きをもたらすとされていたからです。今どきのパックでさえ男性をギョッとさせるには十分というのに、ちょっと興ざめな寝姿です。でもまあ、飽くなき追求は今と変わらないみたいですね。

香水

そして香り、ドラマの中でメアリーが香水はヨークまで買いに行かなくてはとか、ヴァイオレットがイーデスにロンドンで香水を買ってきてもらうシーンがありました。当時上流の女性達の身だしなみであり、愛用の香りがあったということがわかります。ただ現代の香水とはちょっと違って、バラやすみれ、ベルガモット、レモン、ラヴェンダーといった植物の香りで、肌につけるだけではなく、ハンカチ、手袋や衣服にもつけていたというのですから、日本のお香のような使い方をしていたようですね。

もともとは薬局で売られていた香水ですが、1730

年創業のFlorisは、香水と櫛、シェービング用品を販売。1820年にはジョージ4世によって評価され、2代目のジョン・フローリスは「王室御用達の理髪師および香水商」の称号を授与されました。気品のある香りで知られ、現在もイギリス王室で愛用されています。

1760年ジェームズ・ヘンリー・クリードが創業したCreedは高い品質と技術により、ヴィクトリア女王から王室御用達ブランドに任命されました。高い品質とオリジナリティあふれる洗練された香りは、ナポレオン3世をはじめ、ウジェニー皇后、オーストリア=ハンガリー帝国エリザベート皇后、スペインのクリスティーナ女王など、各国の王室に認められました。1854年にパリに移転しフランスを代表するフレグランスブランドとしての地位を確立。創業から250年以上を経た現在も、世界各国の皇族や著名人達を魅了し続けています。

1832年に香水を始めたPenhaligonの店舗はHair Dresser and Perfumersとなっています。

どうやらイギリスの「香り」は理髪店と関わりが深いようです。推察するにGentlemen's groom紳士の身だしなみが基本になっているように思えます。フランスで香水はParfumerieというお店で化粧品と一緒に売られていますので、よりフェミニンな印象です。フランスの香りを"Sensuous"（官能的）とするとイギリスの香りは清々しい爽やかさが印象的に感じられます。

ペンハリゴン一号店

20世紀に入って10年ほど経つと私達に馴染みのある化粧品が続々登場します。ドラマの時代より格段に広がった商品レンジとブランド数、それでも女性達が求め続けているのは100年前とほとんど変わらずアンチエイジング、ホワイトニング、シミやくすみのない肌のようです。果たして決定的な答えは見つかるのでしょうか？

▼男子教育

一方で、後継ぎになる男子は特に厳しく躾けられ、まるでイジメのような躾を受けたと述懐する国王までいるほどです。

しかしいくら子どもだからといえ、次期国王となる皇太子をイジメのように厳しく躾けるなんて、なかなかできることではないと思えますが、どういう人物がこういう行動にでるのでしょう。幼少期のトラウマを抱えていると大人になって問題発生ということに気づいていなかったのでしょうか。それとも良かれと思って厳しくしていたのか、それとも何らかのコンプレックスで意地悪をしていたのかアレコレ勘ぐりたくなります。

ある年齢に達するとパブリックスクールに進学して人脈づくり、休みや卒業後に植民地を旅して見聞を広めて、オックスフォードかケンブリッジに入学。地位が約束されている長男以外の次男三男は、法律家や軍人、または医学などに活躍の場を求めたのです。こうした教育システムが、閉鎖的で厳格な貴族社会を強固に守り続けたのです。

型通りの教育を受けて社交界に出入りする上流階級の独身の女性達は、きわめてワンパターン。どのパーティも同じようなものだったでしょう。どちらかといえば、お堅くてちょっと退屈なイギリス貴族のご令嬢達。内心はともかく、作法通り堅苦しく大人しかったことでしょう。

一方アメリカの資産家令嬢は教育レベルも高く、話題は豊富、自信に満ちているうえに自分の意見をしっかり持っているのです。喜怒哀楽の表現も大胆で面白い話題なら声をあげて笑い、時には椅子から立ち上がって身振り手振りのゼスチャーまで。そしてパリ仕込みのファッションセンス。最高にファッショナブルなパリのハウス・オブ・ウォルトのオート・クチュールを好きなだけ手にすることができたのです。

シャルル・ウォルトは、ふんだんな布地使いと特徴あるトリミングで知られるクチュールの祖。

余談ですが、Charles Frederick Worth（1825~1895）はリチャード・ワースというイギリス人です。レディスウェアを目指した彼はメンズファッションの地イギリスではなくわざわざフランスに移り、下積みの苦労を重ねてハウスを設立。フランス皇帝ナポレオン3世の妃ウジェニーに気に入られ、皇室御用達のハウスに成長。衰退していたリヨンの絹織物を多用し、絹織物産業の復活に貢献。1860年にはフランス・クチュール組合（現在のパリ・クチュール組合）を創設したオート・クチュールの祖というべきクチュリエです。

亡くなった後は2人の息子が引き継ぎ、ジャン・フィリップ・ウォルトがデザインを、ガストン・ウォルトが経営面を担当。当時は晩年のシャルルと後継ぎジャン・フィリップの2人でデザインしていたのかもしれません。

ロンドン社交界に出入りを許されたアメリカ令嬢の中には、1シーズンに90着ものドレスをウォルトに依頼していた人もいたとか。ハウスにとって懐かしいゴールデン・エイジでしょう。

そのクチュールハウスは1954年にクローズ。現在では香水を扱うブティックを孫のロジェ・ウォルト（Roger Worth）が経営しています。モーリス・ブランシェが調香し、ルネ・ラリックがボトルをデザインしたウォルト5部作は、"Dans la Nuit"（ダンラニュイ／夜に 1924）、"Vers le Jour"（ヴェールルジュール／夜明け前 1925）、"Sans Adieu"（サン ザデュ／さよならは言わない 1929）、"Je Reviens"（ジュ ルヴィアン／私は戻ってくる 1932）、"Vers Toi"（ヴェール トワ／あなたのもとに 1934）。これをつなげると、夜、夜明け前あえてさよならは言わない、またあなたのもとに戻るのだから……という詩に。なんとも粋で洒落てますね。

贅沢で手の込んだファッションを見事に着こなし、堂々としていて自信に溢れ、会話までもが楽しいアメリカの資産家令嬢、女性もお好みのひとつだったという皇太子にはとても新鮮で魅力的に映ったようです。

▼救いの主としてのアルバート・エドワード皇太子

ヴィクトリア女王とアルバート王配の長男で1841年11月9日生まれの皇太子はこの時53歳、母后が健在のため王位継承まではまだ6年の歳月が必要でした。

プリンス・オブ・ウェールズの称号を得たのは、生後3カ月でしたから史上最長の皇太子時代を過ごされていたのです（君主の長男としては現チャールズ皇太子がより長い時を過ごされていますが、彼がプリンス・オブ・ウェールズに叙せられたのは1958年7月、生後すぐにプリンス・オブ・ウェールズとなられたエドワード皇太子のほうが長いということになります。チャールズ皇太子が記録を更新されるのは、2017年9月9日になります）。

謹厳な母ヴィクトリア女王からなぜか「できが悪い」と思い込まれていた皇太子は、50歳になっても公務に関わることを許されていませんでした。お気の毒ではありますが、暇は有り余っています。美食家でしたから、料理と会話を楽しめるパーティなら顔を出されるのが大好き。その際、アメリカのご令嬢達との会話を楽しまれていたといいます。

アルバート・エドワード皇太子

すでにデンマーク王女アレクサンドラ（アリックス）と1863年3月10日に結婚されていた皇太子でしたが、若い頃からの趣味は変わらずで女性がお好きでしたから活発で若く楽しいアメリカ令嬢を喜んでお招きになったのです。皇太子が認めているということは王室が認めたということですから、さすがに厳格な社交界もシブシブ認めアメリカ令嬢達を招待せざるを得なくなりました。皇太子が顔をだされるトップクラスの社交の場で、華やかに人目を惹くアメリカの資産家令嬢達、財政的な支援を必要とする独身貴族の男性にとっては嫌でも気になる存在だったに違いありません。

ただ自分から声をかけるなど、プライドが許さなかったでしょう。イギリスの貴族令嬢のことならば、幼い時からの友人だとか、親同士が知り合いとか、遠戚関係にあるなどで、なにがしかの噂話を耳にしていたり、パーティなどで顔を合わせる機会もあったでしょうが、アメリカ人となるとそうはいきません。皇太子の遊び仲間の資産家の娘というだけで、〝どこの馬の骨〟ともわからない女性達なのですから。

▼需要と供給だけで成り立った結婚

そんな悩みの解消に乗り出したのが、貴族に嫁いだ先輩のアメリカ女性たちです。彼女たちは、人脈を駆使して見合うお相手を紹介し、気に入られるようなドレスやアクセサリー、ヘアスタイルなどのアドバイスをしていたとか。現代のコーディネーターのようなアイデアを思いつくなんて、ホントたくましいアメリカ女性ですねぇ。片や爵位と資産はあるにせよ資産維持に問題のある貴族の相続人、一方は1860年代に莫大な財産を形成した一族のご令嬢、成功の暁にはたっぷりとご褒美をいただいていたことでしょう。

ただこの結婚、はっきり言って需要と供給だけで成り立ったもの、幸福な結婚だったとは言いきれません。男性は持参金に屋敷の修繕費、さらに博打の借金とあちこちに貯まっていたツケの支払いの肩代わり等々の条件を決着させれば、後は「後継ぎ」の男子さえ産まれてくれればとりあえず人生は安泰になるのです。奥方になる女性には、「ともかく男の子を産め、そうすれば後は自由にしてやる」というなんともやりきれない裏事情がありました。

この時期爵位のある若い男性貴族が大金を手にしたいと思うなら、1860年代に莫大な財産を貯めこんだ裕福な融資者の興味を引くのが最良の道だったのです。厳しいモラルと上品な振舞いで知られるヴィクトリア朝は、案外と実利的で大胆、そして奔放な時代でもあったようです。

▼結婚にいたる過程

さてマダム・コーディネートは、アメリカ令嬢のお相手にふさわしい男性探しに勤しみます、アメリカ側の望みは「爵位」ですから相続人の長男でなければなりません。それに爵位は高ければ高いほど望ましいもの。また候補となる男性のファーストプライオリティは、はっきり言えば「お金」でしたから関心は結婚契約の持参金と財産の内容。ほとんど取引ですね。

当事者の与り知らぬところで母親が納得すると、食事や観劇といった「お見合い」の席が設定されます。ただこれはあくまで形式、男性の関心は父親との結婚契約交渉です、弁護士や代理人を介す場合と本人が直接というケースもあったでしょう。とにかく有利な条件を引き出して、先々の安定を得なければ家長の責任が果たせないのですからタフな交渉だったことでしょう。ただ数に限りのある市場でしたから、男性側には有利なものだったことは否定できません。

お相手の女性と過ごすより、はるかに長い時間をかけて結婚契約を交渉し納得のいく結論にたどりつくとメデタク婚約となります。

一応イギリス紳士らしく作法にのっとり両親の承認を得て、ご本人にプロポーズ、膝をついていたかどうかは定かではありませんが、女性としてはそうしてほしいというのが本音でしょう。婚約の印として贈ったのは、指輪かネックレス、ブローチといった宝飾品。とにかく先祖伝来の宝石の中から、何かひとつ選べばよかったのです。

貴族のお屋敷であれば書斎やダイニングルーム、階段の踊り場などに代々の当主夫人の肖像画が飾られているのが常ですから、「○代前の先祖が○○から頂いたもので、曾祖母がこれを気に入って肖像画を描くときにつけていた云々」と話せば、有り難みも増すというものです。

貴族の婚約は「○○伯爵御曹司、○○嬢とご婚約」とタイム紙上で発表されましたから、名士であればあるほど関心は高まったのです。ましてアメリカ人との結婚となると、財政に頭を抱えずに済むのは羨ましいが、お相手はアメリカ人か、と複雑な思いで眺めていたことでしょう。当然アメリカでも、実業家○○氏のご令嬢、英国貴族と結婚と報道され、大西洋を挟んだ2つの国で話題をさらっていたのです。そんな結婚ですから訳のわからないまま10代で嫁ぎ、新しい暮らしや社交界に馴染んで「娘」から「女性」に成長するにしたがって周囲を見回す余裕もでてくるというもの。財産目当ての面白くもないご亭主より、自分に関心を向けてくる男性に惹かれるのは当然の成り行きでしょう。ご亭主としても、大事に至らなければと知らぬ顔を決め込みご自分もどこかの女性と……というわけで、いわゆる「不倫」なんて日常茶飯事だったようですよ。

もし意に添わない結婚だからと、式の当日に花嫁失踪という事件が起きていたら、イギリスのタブロイド紙デイリーメール（1896年発刊）の紙面をさぞ賑わせたことでしょう。シャーロック・ホームズ作品の中に“The Adventure of Noble Bachelor”（独身貴族）や“A Case of Identity”（花婿失踪事件）といった短編がありますが、当時の時代背景から生まれたものなのでしょう。もしかしたら、実際に起きたことからヒントを得たのかもしれませんが。

一方の女性はというと、仮にどこかの時点で「嫌」と言ったとしても、舞い上がっている母親は耳を貸すどころか、「貴方の幸せのために、これまで努力してきたのがわからないの！」と一喝されるか、長々と説得されるばかりでした。罰として数日間の外出禁止でなんとか収めていたのでしょう。酷い場合は、鍵のかかる部屋に式の当日まで監禁されていたというケースまで。

父親としては、可愛い娘のためですし財産ならまた稼げるというスタンスで太っ腹でした。ただ一代で成り上がった実業家ですから、人を見る目には確かなものがあります。「あんな男のために、苦労して稼いだ財産を食いつぶされるのはゴメンだ」と一蹴した父親だっていたかもしれません。自分自身が額に汗して働いてきた父親にすれば、さしたる苦労もせず相続した称号と不労所得で遊び呆けてきた貴族の子息なんて「頼りない」ことこの上なかったでしょうから。

実際結婚式当日、バージンロードを歩こうと娘の手を取った父親が初めて娘の気持ちに気づいても、時すでに遅しです。教会には多勢の参列者が……。式に花嫁が現れず、由緒ただしい花婿が祭壇の前で待ちぼうけなどという不面目を受け入れるはずはありません。こんな恥さらしをしでかした娘を持つ家族は、「不届きもの」「末代までの恥さらし」として上流階級に受け入れられることはなかったでしょう。そんなことになれば、家庭内は大騒動必至、下手をすると事業にも影響しかねません。悔やみながらも心を鬼にして、娘を励まし花婿に……。普通なら2人は顔を見合わせて笑顔になるはずが、花婿は真っ直ぐ前を向いたまま一度も花嫁を見ることはありません。式の間中、ヴェールの下で涙を流し続けていた花嫁もいたそうです。

式を終えて教会を出る2人は沿道に集まっていた多勢の人々の祝福（?）と好奇の視線を受けながら、披露宴会場へ。もちろん新聞社のカメラマンや記者達も明日の紙面を飾る話題探しの取材に奔走します、他紙に先駆けてセンセーショナルなネタをというのは今も同じ。パパラッチはこんな時からですね。

披露宴は、伝統的に新婦の実家で開かれるものでした。アメリカ人資産家は、没落した貴族の屋敷を手にいれるか、伝手を頼って屋敷を借りるか、最高級のホテルを借り切ったりしていました。ホテルであれば、経験豊かでソツなくサービスをこなすスタッフ付きですから、お屋敷を借りて他人様のスタッフを使うより気は楽だったかもしれません。ドラマの中で経験豊富な執事が、ユダヤ人のシンダビー卿夫妻を少々見下したような態度で接することでもわかります。

パーティ会場には、新郎新婦へのブライダル・ギフトが目録に整理され展示されています。父親は、娘がどこに出ても恥ずかしくないように贅沢な宝飾品を贈ったことでしょう。新郎の友人・知人からは、クリスタルの花瓶、香水瓶、美術品か骨董品といった装飾品、新婦の友人はもっと実用的なものを贈ったかもしれません。新郎には、たいていの場合美しい宝石で飾られた室内装飾品や指輪やシガレットケースといったアクセサリーが贈られたのです。

その後2人は新郎の屋敷に戻って数日を過ごしてから、新婚旅行に出かけるのです。花嫁は侍女やメイド、小間使いといった気心の知れた使用人を連れているとはいえ、これまでとは全く違う環境で暮らすのです。慣れ親しんだ少女時代に別れを告げて、貴族の館の女主人にならなければならないのです。

▼あのチャーチルもその一例

この頃、財政的に逼迫していた貴族と結婚したアメリカの資産家令嬢は200人を超えたと言われます。イギリス最大の輸入品は資産家令嬢と揶揄した風刺画まで描かれています。

アメリカの大富豪レナード・ジェロームの次女として生まれたジャネット・ジェロームは、第7代マールバラ侯爵の3男ランドルフ・スペンサー・チャーチルと結婚、そして生まれた長男があのウィンストン・チャーチルですし、鉄道王の令嬢コンスエロ・ヴァンダービルトは第9代マールバラ侯爵チャールズ・スペンサー・チャーチルと結婚（1921年に離婚）。その莫大な持参金で居城ブレナム宮殿の危機を救いました。

マンデヴィル子爵と結婚したコンスエロ・イズナガやいまだに人気の高いダイアナ妃の曾祖母フランセス・ワーク等々。残念ながらすべての結婚が必ずしも幸せだったというわけではありませんが、3、4世代を経た現在ではイギリス上流社会にすっかり根付いています。

3 お屋敷と使用人

女主人として領地に到着し、馬車か車を降りると玄関前に制服姿のアッパー・サーバント（上級使用人）がズラリと並んで出迎えます。

領地の屋敷はカントリー・ハウス、ロンドンの屋敷はタウンハウスと呼ばれ、貴族の本拠地は領地のカントリー・ハウスでした。

あるお屋敷のアッパーサーバント

ロンドンという都会は労働者の街とされていましたから、主に社交の時期のパーティやショッピングや観劇などロンドンに用事のある時にだけ使われる別宅でした。

▼アッパー・サーバント（上級使用人）

ところで、お屋敷にはどれほどの使用人がいたのでしょう？

アッパー・サーバント（上級使用人）とされるのは以下のひとたちです。

①**ランド・スチュワード**　全ての使用人の統括。領地と借地人の管理及び借地料の徴収、境界線の調査、借地人同士の揉め事の対処、領地の収支の記録及び保管。

②**ハウス・スチュワード**　屋敷内の管理と男性使用人の雇用や解雇の権限を持つ責任者。バトラーが兼任することもありました。

③**バトラー（執事）**　使用人の中でも最上級の職種。フットマンの経験を積んで昇格するので親達は「将来はバトラーになるように」と言い聞かせて息子を送り出したといわれます。

ワインや酒類の管理、食事時の主人への給仕と秘書的な補佐。

④**ヴァレット（従者）** 常に主人に従い、服装や履物、装飾品のコーディネートやメンテナンスを行なう。前夜頼まれた時間に主人を起こし、夜主人が寝室に入るまでが仕事。プライベート秘書の役割も果たす補佐役。

⑤**ハウス・キーパー（家政婦長）** 女性使用人の管理・統括。ただし、侍女・乳母・家庭教師は女主人直轄のため別枠。屋敷の鍵の管理、貯蔵室やリネン類、高価な陶器類の管理。屋敷内に部屋が与えられ、独身であっても敬意を込めて「ミセス○○○」と呼ばれました。

⑥**レディズ・メイド（侍女）** 女性使用人でも独立した地位。女主人の着替え、髪の手入れ（スタイリングとブラッシング）、入浴、服装のコーディネート、アクセサリー選びなど身の回りの世話。衣装を担当するため裁縫の心得が必要でした。

⑦**ヘッド・シェフ／コック** キッチンの最高責任者の料理人。キッチンメイドや洗い場のメイドを統括。ドラマ同様女性のコックが一般的だったとされます。ハウス・キーパー同様、独身でも「ミセス」と呼ばれました。邸宅勤めのコックの年収は19世紀末で50－70ポンド（約120万－168万円）、屋敷に住み込みで自室が与えられていました。

⑧**ヘッド・ベイカー** パン焼き職人。

⑨**パティシエ** お菓子職人。

⑩**クラーク・オブ・ザ・キッチン** コックの注文した食料品の調達と価格交渉をする係。

⑪**グルーム・オブ・ザ・チェンバーズ** 大規模のカントリー・ハウスでは、家具、暖炉、窓、鍵などの管理、来客の送り迎え、邸内の案内、全てのレセプション・ルームの責任者として日に数回、部屋を回って管理する担当者も雇われていました。時にはフットマン（従僕）の監督も行なったお目付役でした。

⑫**チェンバー・メイド** 主に女主人の寝室の掃除、ベッドメーキング、侍女を手伝って服や靴の手入れなども行ないました。

⑬**ナニー／ナースメイド** 子どもの世話をする乳母。

⑭**ガヴァネス** 子どもがいる場合に雇われた住込みの家庭教師。

⑮**コンパニオン** 上流階級の女性の話相手をする仕事。

⑯**シャペロン** 未婚女性の外出や社交の場での付き添い。お目付役。

⑰**チューター** 未成年者の後見人。

⑱**マスター・オブ・ザ・ホース** 厩舎の責任者。

※ナニーとガヴァネスは主人直結の使用人ですから、執事や家

政婦の部下というわけではありません。使用人とは別格というプライドを持っているため、使用人とは仲間意識を持たず、かといって家族でもないという中途半端な地位になります。人柄でも違ってくるでしょうが、ドラマの中の最初の乳母さんは大いに問題ありでした。

▼ロウワー・サーバント(下級使用人)

①**フットマン(従僕)**　バトラーの下で、仕事は早朝から深夜まで一睡も出来ないこともあったという、まさにブラック仕事。家族や来客が馬車や車を乗り降りする際の世話、送迎、荷物運び、夜間の明かり持ち、ブーツ磨き、石炭運び、ランプや蝋燭立ての世話、テーブルでの給仕、男性の泊まり客と部屋の世話、午後4時半には紅茶を、午後6時には食前酒の用意。ディナーを終えた後、夜10時半か11時には客間に酒類を運ぶ。

②**スチュワード・ルーム・フットマン**　スチュワードの部屋の給仕。アッパー・サーバント達の食事時の給仕など。

③**スクールルーム・フットマン**　子ども達の勉強部屋のための従僕。

④**アンダー・バトラー**　副執事。執事の助手。執事の仕事の補佐。

⑤**マスター・オブ・ザ・サーバンツ・ホール**　サーバンツ・ホールの責任者。

⑥**ペイジ・ボーイ(小姓)**　主人の雑用係。

⑦**ホール・ポーター**　荷物運びですね。

⑧**ホール・ボーイ**　男性使用人の最低ランク、見習いさん。

⑨**キッチン・ポーター**　調理器具や食器・食材の衛生管理。

⑩**オッド・ジョブ・マン**　臨時雇いの便利屋さん、食材運びや力仕事の雑用係。

⑪**セカンド・シェフ**　ヘッド・シェフ／コックの助手。

⑫**セカンド・ベイカー**　ヘッド・ベイカーの助手。

⑬**ヘッド・キッチンメイド**　台所の女中頭。キッチンメイドを管理・統括。

⑭**ファースト・キッチンメイド**　コックの下で料理の手伝いをする女性使用人。ファースト・キッチンメイドの仕事は毎朝7時までにキッチンに入り、下拵えを済ませておく。子ども部屋や使用人の食事づくりも。年収は19世紀末で20－28ポンド(約48万－67万2000円)だったとか。

⑮**セカンド・キッチンメイド**　コックの下で料理の手伝いをする女性使用人ファースト・キッチンメイドの後輩のため、彼女のアシスタントのようなもの。ステップアップのため2、

3年経験すると他の屋敷のファースト・キッチンメイドに応募、転職することもある。年収は19世紀末で14－22ポンド（約33万6000－52万8000円）とされます。

⑯**サンドリー・ヴェジタブル・メイド**　野菜係の女性使用人。野菜の下準備をしました。

⑰**スカラリー・メイド（皿洗い）**　女性がお屋敷勤めをする場合、最初の仕事は下級のスカラリー・メイドがスタートライン。だいたいが12、3歳の少女達。持ち場は食器洗い場で、仕事内容はキッチン用具の磨き洗い。床や棚磨きから鳥の羽むしり、猟獣の皮を剥ぐといった下拵えの準備も。またキッチンメイドの手が足りない時は野菜を洗い調理もしました。かなりキツい仕事でしたが、労働者階級の親達は結婚前の娘にとって家事を覚える良い花嫁修業の機会と考えていました。1880年で12－18ポンド（約28万8000－43万2000円）皿洗い女中の服装は胸当てのついたオランダ・エプロンに、袖をたくしあげられる服（生地は丈夫なオックスフォード地）。それに厚い靴かブーツを履いていました。髪は編んで帽子の中に収めるのです。1～1年半後にセカンド・キッチンメイドへ昇進できる機会があったとされます。

⑱**ヘッド・スティ・ルーム・メイド**　食料品貯蔵室の責任者。ハウス・キーパーの仕事を助け、あてがわれた自分の部屋に陶器類を保管しました。ハウス・キーパーの部屋を掃除し、暖炉に火をつけるために毎朝6時に起床。

⑲**スティルーム・メイド**　ハウス・キーパー（もしくはヘッド・スティ・ルーム・メイド）の下に就き、レンジや菓子製造用のオーブンがある食品室で働きます。ここでハウス・キーパーと共にジャム、ケーキ、ビスケット、紅茶、コーヒー、清涼飲料水、屋敷で採れた果物や花々の砂糖漬けなどを作っていました。

⑳**ハウス・メイド**　一般的に女中と呼ばれる仕事。使用人が食事や休息をとるサーバンツ・ホールで食事の手はず、家具を磨くなど館全体を清潔に保つためのさまざまな雑用。ハウス・メイドのうち一番序列の高いメイドをヘッド・ハウスメイド（メイド長）と呼んでハウス・キーパーを代行させることもありました。

㉑**パーラー・メイド**　食卓を整え、給仕を行ない、訪問者の到来を告げたりした。

㉒**ランドリー・メイド**　その名の通り洗濯係。館一家の洗濯要員と使用人の衣類を洗う要員のランクに分かれていました。

㉓**ミルク・メイド（酪農婦）**　キッチンメイドとほぼ同じ仕事をこなしていました。

㉔**コーチマン（御者）**　アウトドア・スタッフの中では最高位。馬が50～60頭もいるような大きなカントリー・ハウスでは2人の御者がおり、御者の助手であるアンダー・コーチマンが数人、その他大勢の馬丁がいました。

㉕**アンダー・コーチマン**　コーチマンの助手。

㉖**グルーム（下男）**　馬小屋の管理や飼っている馬の世話係。

㉗**ポーター**　領地のゲート・ハウスで入場者をチェックしたり、ゲートの鍵の管理。

㉘**庭師**　植物の世話や館内の装飾。また訪問客をガイドすることもあるため、礼儀正しいマナーを身につけていなければなりませんでした。

㉙**パーク・キーパー**　主に領地内の鹿の世話。

㉚**ゲーム・キーパー**　狩の規則を知っていて、違反を咎める審判の役割をする。

㉛**ランプ・ボーイ／ブーツ・ボーイ**　ハンティング時、汚れた猟の装具一式を次回のために洗濯し、手入れをした。

㉜**ポスティリオン**　騎手。馬の乗り手。

㉝**ヤード・ボーイ**　雑役夫。

㉞**プロヴィジョン・ボーイ**　食糧準備係。

㉟**フット・ボーイ**　家庭用菜園管理者。

㊱**機械工**

㊲**火工**

㊳**電話番**　外線を直接受けて取り次ぐ。

㊴**メッセンジャー**　伝令。伝言や手書きの書簡を相手先へ届けに行ったり、郵便物の発送をする。

㊵**夜警**

㊶**厩舎要員**

㊷**自動車・ガレージ要員**　運転手、修理工など。

㊸**体育室・ゴルフコース要員**

㊹**窓拭き人夫頭**

㊺**窓拭き人夫**

等々

ざっと並べてみただけで、これだけの職種が必要でした。もちろんお屋敷の広さや家族の人数によっても違ってきますし、職種を兼務して効率化をはかったり、文明の利器によって不要になった職種もあるでしょう。現在でもこの形態を保っているのは王室くらいかもしれませんが、それもかなり効率化が図られているようです。

ドラマでも使用人の人数がかなり減っていることが伝わってきます。それでも貴族の屋敷というものが、大きな組織ということがおわかりいただけるでしょう。アッパー、ロウワーというという呼び名は、あくまでも便宜上のこと。仕事の段取りによるとでも言いましょう。その証拠に、本人の努力次第でステップアップが可能でした。ただ使用人の間には歴然とした上下関係があり、また「誰が」「何を」するのかという役割分担がきっちりと決められていました。

自分より上の使用人の仕事を任されると張り切りますが、下の仕事を頼まれると「私の仕事ではありません」とピシャリとはねつけることもあったようです。自分を印象づけるために他の使用人を陥れたり、あらぬ告げ口をしたりよからぬ事をたくらむ使用人がドラマの中にも登場していました。ただ人の足を引っ張るだけではなく、彼らも仕事はきちんとこなしてはいましたね。どんな仕事でも疎かにすれば、必ず支障をきたすものということは心得ていたようです。つまらない仕事などどこにもありません。言ってみれば、スムースな日常を送るために働く機械のひとつの部品のようなもの、何かひとつ欠けてもスムースに機能しなくなるというわけです。

ドラマの中で女性のヒール役といえば、コーラの侍女オブライエンでしょう。彼女はリクルートされ置き手紙を残していなくなってしまうのですが、これは当初の設定とは違っているようです。オブライエンの根性悪ぶりに脅迫の手紙や書き込みが世界中から届いて「これ以上はやっていられません」と女優のシヴォーン・フィネランが降りてしまったからだとか。彼女によるととことん卑劣なオブライエンを演じるのは楽しかったというのですが、あまりな意地悪と毒舌は世界中から嫌われてしまったということですね。

▼カントリー・ハウスの維持管理

領地のカントリー・ハウスと同様に、タウンハウスにもバトラー、ハウス・キーパー、シェフといった主要な使用人が常駐していました。手が足りない時には、カントリー・ハウスの使用人達を連れていくこともありましたが、家族の滞在には侍女を連れていけば十分なスタッフが揃っていたのです。カントリー・ハウスの使用人にしてみると、ロンドンに同行するのは楽しみだったようです、気の利いたご主人なら1日くらいの休暇は大目に見てくれたはずなので領地と違った都会の観光や探索をしたかもしれません。

カントリー・ハウスを維持するには、大きさにもよりますが最低でも70人程度の使用人が必要とされました。もしすべての使用人を雇うとすると150人以上必要だったとか。18世紀運河建設で知られるブリッジウォーター公という人物のカントリー・ハウス「アシュリッジ館」では、温室作業場に500人もの男性を雇い、失業と貧困の時代にはさらに800人も増やしたそうです。

これはもうほとんど会社ですね、すべての使用人の名前と顔を覚えることはできなかったでしょう。アッパー・サーバントとアウトドア・スタッフの一部はともかく、ロウワー・サーバントの中には主人一家と顔を合わせるチャンスなどほとんどありませんでした。主人の居住スペースに立ち入ることは許されていませんでしたし、家族が使用人フロアに降りてくることなど特別な場合に限られていましたから。

ドラマの中で、メイドのグエンがキャリア・アップして結婚し、ロザムンドの招待で夫とお屋敷を訪ねるシーンで、伯爵家の人々は「どこかで見かけたような」という程度でまったく覚えていなかったことでもわかりますね。身近で働く使用人は覚えていても、縁の下の力持ちとして暮らしを支えている使用人のことはあまり気にかけていなかったことがわかります。それでもカントリー・ハウスは領地の借地人の最大の就職先だったのです。

▼制服

使用人達には、来客が一目で役割を判断できるように制服が必要でした。使用人の数と立派な制服は、カントリー・ハウスの格を現わすとされていましたから、屋敷で働く男性使用人には制服が支給されていました。

アッパー・サーバントは私服が許されていて主人がディナー・ジャケットに着替えると、ダイニングルームで給仕をするバトラーもタイを「白」に変えていました。

ただし主人と区別をつけるため、ちょっと外した色のネクタイやズボンを組み合わせるとか、流行遅れの格好にしていました。晩餐の給仕では白ネクタイと燕尾服を着用したのです。

同様に下僕達も制服を糊の効いた白いシャツとダークブルーのジャケットに着替えて、パウダー（おしろい）のかかった鬘をかぶっていたこともありました。

女性の使用人では、アッパー・サーバントのハウス・キーパーや侍女には私服が許されていましたが、地味で控え目なものとされました。かつて女主人は着なくなった服を家政婦や侍女に「お下がり」として与えていたことがあったようです。裁縫の心得のある侍女は多少手直しをして着ていたのですが、女主人のファッション・コーディネーターといった職業の彼女達は「お下がり」の服でも上手に着こなしていたようで、ゲストが女主人と勘違いして接するというハプニングも起きたため「控え目」な服装と決められたといいます。「良かったら、これ着てちょうだい」と渡しておきながら、「あらやだ、マズかったかしら……」と反省というか後悔（?）、女心は複雑です。

ヴィクトリア朝のメイドの制服は、黒いドレスに白いエプロン、フリルのついた帽子、立場が上になるほど帽子のフリルが増えるという仕組みでした。

午前中掃除をする時は、プリント地のドレスに丈夫な麻のエプロン、午後は黒いドレスに白いエプロン、白のカラーとカフスというおなじみのスタイル。

日曜日の礼拝に出かける時や外出の際は、黒のドレスにつば広の帽子、黒のウールのストッキングと決められていました。

最下級の食器洗いのメイド達の作業着は1枚だけで、頻繁に変えなければいけないエプロンは数えきれないほど支給されました。

▼仕事——使用人たちの1日

使用人達の仕事は役割によって働く時間帯が違いますから、1日の過ごし方もそれぞれでした。どれも楽な仕事ではありませんが、一番キツかったのは新入りの洗い場のメイドでしょう。朝は6時起床、キッチンの火を焚いて先輩達がお茶を飲めるようにお湯を沸かしておかなければなりません。彼女は調理中の鍋やフライパン、ボールといった調理器具の洗い物、どうにか洗い終わったと思った途端に使い終わった食器の山、ほとんど洗い場を離れることができないほど洗い物に追われていたのです。彼女の肘は、朝食の時間から家族が夕食を終えるまで、石鹸の泡と油まみれでした。一日でも早く新入りが雇われるのを持ち望んでいたことでしょうね。

ハウス・メイドには午後の時間帯に1時間ほど休息時間がありましたが、日が暮れ始めると屋敷内のすべての灯り、ランプやキャンドルを点けてまわらなければなりません。日の長い夏の間はともかく、暗くなるのが早い晩秋から冬の間は、気の毒なことに休憩時間が短くなってしまったのでしょう。『ダウントン・アビー』では比較的早く電気による照明を取り入れたようですが、「明るすぎるわ」とお気に召さない先代伯爵夫人やキッチンで電気を敬遠するパットモアと各人各様の反応をしていました。おそらく一般人の反応も同じようなものだったのでしょう。

年少のハウス・メイドの一日は、家政婦部屋の暖炉の掃除で始まります。それは大広間のカーペットを汚さずに、（大広間の）暖炉の掃除を任せても大丈夫と確信が得られるまで続けられたのです。

前日の暖炉の灰を綺麗に片付け、従僕が火付けのための石炭を持ってくる前に新しい白い紙を敷いておかなくてはなりません。ブレックファスト・ルームや書斎、広間など午前中家族が過ごす部屋は、家族の誰かが足を踏み入れる前に快適に整えられるのです。これが当然のこととして暮らしていると「誰がやってくれたのか」などと考えなどしなかったでしょう。ハウス・メイドは家族や来客が過ごす部屋で姿を見られてはいけなかったのです。

朝食後のメイド達の仕事は、家族の部屋の掃除とベッドメーキングです。宿泊客が多勢だと部屋数も多く、これだけでお昼過ぎまでかかってしまうのでした。

家族の昼食はだいたい午後1時頃と決まっていましたから、使用人達は1時間前の12時頃には、ホールで当時の主食である昼食を摂ることになっていました。なにしろ午後にはまた新たな仕事が待ち受けているのですから。

昼食を終えた家族や来客達が、図書室でトランプゲームのベジークに興じるか、園内の散歩に出かけてしまうと、メイド達は使われなかった部屋でも綺麗に整えなければなりません。クッションはふっくらと、灰皿の吸い殻を捨て、絨毯の足跡を消し去るのです。

客間で盛大なパーティが開かれた翌日には、客間と宿泊客の寝室も整えなければなりません。来客用の寝室が50も、60もあるようなカントリー・ハウスですから、20、30名の宿泊は物理的には問題ありません。使用人の立場になってみると、夏のパーティ・シーズンや秋から始まる狩猟の時期には、連日の来客で息つく暇もないほど動き回っていたようです。特に狩猟では夕食前に必ず入浴ということになりますから、浴室が完備される以前は客室の暖炉の前に置かれた浴槽を満たすため、バケツのお湯をこぼさないように何度も裏階段を上り下りしてお湯を運ばなければなりませんでした。力仕事は男性使用人の仕事ですから、厩舎や狩り場から人を集めたとはいえ想像してみるだけでもホントに大変だったと思います。

▼使用人の暮らしと恋愛

カントリー・ハウスの使用人は基本的に住込みでした。執事、家政婦、ヘッド・シェフには個室が与えられていましたが、メイドやバトラーは屋敷内の最上階の相部屋でした。

もちろん男性と女性の部屋は建物の端と端というように、〝間違い〟が起こらないようにきっちり区切られていました。ピシッとした制服姿で気の利く男性使用人はお屋敷のアイコンともいえる存在でしたから、能力はもちろん長身で容姿の良い男性が揃っていました。勤め始めたばかりのメイドの少女達にとっては、恰好良い存在で憧れの対象になったことでしょう。ドラマでも一癖も二癖もある下僕のトーマスに、キッチンアシスタントのデイジーはぞっこんでした。

大きなお屋敷では女性の使用人が〝花〟を持つ（つまりボーイフレンドを持つ）のは禁止、即座に解雇されることになっていました。今となっては乱暴なことと思われるでしょうが、女性使用人達の和を乱すとか気を散らせて仕事をおろそかにするといった弊害を防ぐためでした。

そうはいっても思春期を迎えた10代の少年少女が多かったので、使用人同士の恋愛がなかったとは言えません。休日のデートを楽しみにしていたことでしょう。結婚して子どもを持ってこそ一人前の女性と考えられていた時代でしたから、誰もが将来結婚することを考えていました。高給ではありませんでしたが、食事と部屋は提供されていましたからできるだけ貯蓄をして将来に備えていたようです。そして同じ労働者階級の農家や酪農家などに、嫁いでいったようです（地域の駐在所の警官と婚約していた女性の話は、クリスティのオリエント急行に出てきます）。

お休みの日に同僚と勇気をふるって入ってみたパブの息子とか、食料品店の息子がお相手となることもあったでしょう。時には女性使用人の「妊娠」という不祥事も。こうなると女性も相手の男性もクビになり（女性だけという場合もアリ）、屋敷から追い出されました。多くの場合女性は救貧院に収容され、そこで出産したのです。救貧院では親と子どもは別々にされ、3度の食事は冷たいお粥だったそうです。19世紀の労働者階級の婚前妊娠率は35％強で、私生児出生率は4％強でした。

ドラマの中でメイドのエドナが持っていたマリー・ストープスの『結婚愛』(Married Love)は、結婚における避妊も含めた性教育の重要性を説いた内容で、1918年に出版され13カ国で翻訳されたというベストセラー。日本では1924年に発禁処分! その後出版された伏せ字の多い改訂版でも当時のベストセラーになったという本です。〝ノリ弁〟は100年前からあったのですね。そして避妊は重大関心事だったことがわかります。そういえばアンナにお使いを頼んだメアリーが手にしたのは、スポンジだったでしょう。レモン汁を含ませて……使用するというものですが、あまり効果は期待できなかったようですよ。

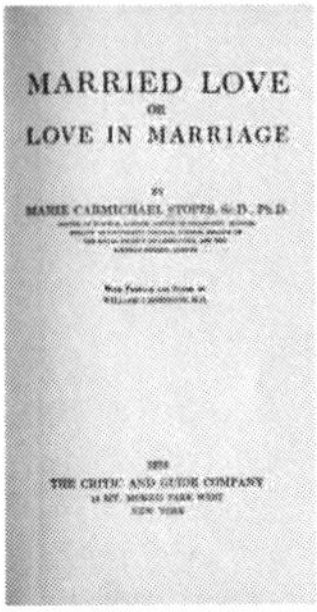

Married Love

少し開放的なお屋敷では、スタッフ同士の恋愛や結婚を大目に見ていたようです。ただ結婚すると女性は仕事を辞めなければならなかったので、どうしても晩婚になりがちだったとか。上流階級の女性が婚前妊娠をするのはスキャンダルで非難の的でしたが、働く必要のある労働者階級の女性達はギリギリまで働いて結婚することが多かったようです。妊娠が結婚の引き金になる……なんだか今どきと似ているような。

場合によって結婚後も仕事を続けられることもありましたが、屋敷内に住むことはできません。既婚の使用人のためには小さな家が用意されていたので、そちらに引っ越してお屋敷まで通うことになります。伝統的に屋敷内の既婚者は、当主夫妻だけとされていたからです。

ドラマのグランサム伯爵家は、使用人の恋愛には寛容な様子でしたね。

▼お給料

お給料は、1890年代イギリス商務省が行なった調査による左記の数字が残っています。年齢が高くなると年俸も上がっていたようで勤続年数も加味されていたことがわかります。この時代、定職を持って家族を扶養する労働者の年収は40~50ポンドとされました。ただ光熱費と食費が7割以上だったそうですからかなりギリギリの生活だったと想像されます。55ポンドあれば、少しばかり余裕があったと考えられます。

スカラリー・メイド	13£ 4シリング
ハウス・メイド	17£ 10シリング

パーラー・メイド　22£4シリング
レディズ・メイド　24£2シリング
ハウス・キーパー　34£6シリング

この他に「手当」があり、住込み手当、砂糖代、ビール代、クリスマスには年末手当が支給されていました。

立派なお屋敷で働くのは良い経歴でしたから、将来の出世につながる可能性もありました。

1890年代までには、年7日間の有給休暇と土曜日の半日労働、夜間労働の禁止などが法律で定められ、労働条件も改善されていましたが、お屋敷でパーティや狩猟の時期は、目のまわるような忙しさで長い1日を過ごします。家族がロンドンや海外に出かけて留守になると手を休められるため、上手にバランスを取っていたようです。

▼娯楽

使用人達の楽しみは、近隣の村にサーカスや遊園地、行商人などもやってくるお祭り、花の生育やパイやケーキ作りの腕前を競うコンテスト、年に一度領地の使用人達を招待して開かれるダンスパーティ、そしてクリスマスでした。

室内にクリスマス・ツリーを飾るのはもともとドイツの習慣でした。ハノーヴァー朝時代のイギリス王室に伝わり貴族の間で流行したもので、ヴィクトリア女王とアルバート公の時代に王室一家がウィンザー城でツリーを囲むイラストが紹介されたことから一般に広がりました。クリスマス・プディングというデザートは、アルバート公が好まれていたのがきっかけで浸透したとされます。

お屋敷では使用人への慰労と信頼関係を深めるため、クリスマス・パーティが開かれていました。大きなクリスマス・ツリーや部屋の飾り付け、クリスマスメニューに欠かせないのは七面鳥、ローストビーフ、サーモン、野菜やソーセージのベーコン巻き、ブラッセル・スプラウト（芽キャベツ）、クリスマス・プディング、ミンス・パイ、ラム酒漬けのドライフルーツの入ったクリスマス・ケーキ。12月に入ると、少しずつクリスマスの準備を始めます。仕事は増えるのですが、一年を締めくくる楽しみでしたからアドベント・カレンダーの窓を開けながら準備をする気分は浮き立っていた

ヴィクトリア女王一家とクリスマスツリー

ことでしょう。

パーティは家族と使用人が一緒に楽しむ場です。クラッカー（イギリスのクリスマスには必須、王室御用達［ロイヤルワラント］を持つクラッカーがあるのにビックリ！）を鳴らして食事、ダンスの始まりは屋敷の主人とハウス・キーパー、女主人と執事、子息とメイド、令嬢とバトラーというように、無礼講。住込みの使用人だけではなく、屋敷の外で働く狩猟場、厩舎、庭園、果樹園、酪農場などすべての使用人が招待されますから、誰がダンスのお相手になるのかという、ハラハラドキドキも楽しんでいたようです。

そして主人一家から使用人達に、感謝の言葉とクリスマスプレゼントが渡されるのです。このクリスマス・パーティは、貴族の頂点エリザベス女王もバッキンガム宮殿で実施されています。

クリスマスの翌日26日はボクシング・デー（Boxing Day）という休日。もともとは教会が貧しい人達への寄付やプレゼントの箱を開ける日だったことから、プレゼントを開ける日になりました。前日のパーティを楽しんだとはいえ、準備や片付けをしていた使用人をねぎらう日でもありました。この日主人一家の食事は、昨日の残り物で使用人を煩わせないよう配慮するのです。もちろんエリザベス女王も。

▼貴族の収入――使用人を雇うには

ところで領地とお屋敷の滞りない暮らしのために、使用人を１００人と仮定してみて一体どの程度の収入が必要だったのでしょう。

大雑把に使用人の平均年収を20ポンドとすると、１００人で２０００ポンド。

給与だけですから、手当やユニフォームの支給、旅行の伴をさせる際の交通費に滞在費等々を考慮するとこれ以上。さらに使用人部屋の備品、食費などを計算に入れるとさらに数字はアップします。

この時代の貴族の地代収入は、1万エーカーあたりで1万ポンド程度とされますから、年間２０００ポンド以上を使用人の経費にあて、十分な社交を続けられるというのは最富裕層にかぎられていたということですね。

中流最下層（１５０～２００ポンド）辛うじて雑用メイドを１人。

中流のミドル層（300ポンド）メイド2人、旅行に出かける程度の余裕あり

中流（～500ポンド）料理人、メイド、子守といった家事に必要な3人。男性使用人は雇えない

中流上層（～1200ポンド）実務上必要な3人に加え、男性使用人である従僕や、小間使い使用人を雇う。メイドが複数になる場合もある

上流および中流最上層（～5000ポンド）執事、家政婦といった使用人の管理を代行する上級職が加わる

最富裕層　家令（ランド・スチュワード）、外国人料理人、従者、洗濯婦を含む全ての使用人を雇用

当時の物価を調べてみたところ、国内郵送料は1ペンス、イギリス・アメリカ間の客船の料金は3等で7ポンド、1等なら30ポンド、新聞1ペニー、牛乳1パイントが3ペンス、黒ビールジョッキ1杯2～3ペンス、石鹸1シリング6ペンス……1971年2月まで12進法が混在していたため、1ポンド＝20シリング＝240ペンスでした（1971年2月以降は1ポンド＝100ペンスになり、現在の通貨はポンドとペンスです）。

さらに1ギニー＝21シリング、1クラウン＝5シリング、1フローリン＝2シリング、1ファージング＝1／4ペニー、1ポンド＝1ソブリンとなんとも複雑怪奇です。そのうえ1931年9月に金本位制が停止され、価値を計算するのに確たる指標がなくなってしまいました。現在イギリス国内郵便料金は、速達で34ペンス、普通郵便なら24ペンス、牛乳1パイントは23ペンス位、これで比べたところで数字はしれたものです。物価と為替の変動に加え、「戦前価値指数」を考慮しなければならない第一次世界大戦の前と後ではどう計算すれば現在の価値に置き換えられるのでしょう。悩んだ末に金本位制だった1920年の金の価格を参考にしてみました。http://onlygold.com/Info/Historical-Gold-Prices.asp というサイトによれば、20＄67そして2016年の平均は1241＄28と約60倍です。

これをベースに計算してみると、5000ポンドの収入は300万ポンド。このところの為替の平均140円を掛けてみると、4200万円にしかなりません。

これでは心もとないのでさらに調べてみると、大戦前の1ポンドは日本円で12万円くらい、大戦後は2万円程度というものを目にしました。

となると5000ポンドは6億円、まあこのあたりの数字なら富裕層として納得できる数字に思えます。最富裕層

なら、二桁か三桁億ということになりますから納得です。いずれにしても、別世界ということでご参考まで。

▼女性の結婚事情が伝わる作品

「年収5000ポンド以上おありですって」という表現は上流階級（貴族院に議席を持ち爵位のある貴族と大地主《ジェントリー》を意味していたようで、ジェーン・オースティンの小説『高慢と偏見』（Pride and Prejudice）に何度も登場します。

あるジェントリーの一家、子どもは娘ばかり5人。いまのところ不自由なく暮らしていますが、主に何かあったら娘達は相続できず、土地や屋敷、財産のほとんどが遠縁の男子相続人の手にわたってしまうという不安定な状況。娘達に十分な持参金を持たせられるはずもなく、なんとか格上の家に嫁がせたいとなりふりかまわず奔走する母親が、「あちらは年収○○○ポンドですって」とか「年収が1万ポンド以上の伯爵家だそうよ」とひたすら年収を気にかけていたのは、なんとかして娘を良家に嫁がせその母親であることでプライドを保とうとしているようです。娘の幸せより自分の体面ばかり気にするこの母親、相手によってコロコロ態度が変わります。良い嫁ぎ先が見つけられなければ、生涯居候の身で過ごさなければならない時代の「結婚」は本当に切実だったことが伝わります。

サマセット・モームがTen Novels and Their Authors（世界の十大小説）のなかで2番目に上げている作品で、18世紀から19世紀にかけての女性の結婚事情が伝わる作品です。

ヘンリー・フィールディング　『トム・ジョーンズ』
ジェーン・オースティン　『高慢と偏見』
スタンダール　『赤と黒』
オノレ・ド・バルザック　『ゴリオ爺さん』
チャールズ・ディケンズ　『デヴィッド・コパーフィールド』
ギュスターヴ・フロヴェール　『ボヴァリー夫人』
ハーマン・メルヴィル　『白鯨』
エミリー・ブロンテ　『嵐が丘』
フョドール・ドストエフスキー　『カラマーゾフの兄弟』
レフ・トルストイ　『戦争と平和』

蛇足ながらいまや古典になってしまっているようですが、

世界の女性が読んでいる恋愛小説のベスト3は『風と共に去りぬ』（マーガレット・ミッチェル）、『ジェーン・エア』（シャーロット・ブロンテ）、『レベッカ』（ダフネ・デュ・モーリア）、どれも映画になっている作品ですから、ご覧になった方もいらっしゃるでしょう。主人公の女性達は三人三様、誰に一番共感されるでしょうか。

そうそう、世界最高の小説ベスト100という興味深いサイトがありました。ノルウェー・ブック・クラブが選んだものですが、なかなか興味深いセレクションです。読書離れが進んでいる時代ですが、本から得られる知識には助けられることが多いですよ。https://matome.naver.jp/odai/2133241493872010001 そしてヨーロッパとつき合うには、聖書とギリシャ神話は必須です。ドラマの中で、食事に招かれたマシューに「アンドロメダ」を自分に例えて話をしたメアリーに「ペルセウス」を持ち出して応えたマシュー。「知らないでしょう」と意地悪をしたメアリーをへこませたのは、ギリシャ神話でした。

「まさに、アリアドネの糸だねぇ」なんて言われて、戸惑わないようにしておきたいものです。

▼カントリー・ハウスの暮らし

カントリー・ハウスの日常は、同じような日課が繰り返されるので新入りの使用人は、できるだけ早く仕事の流れを摑めるように配置されました。トレーニングと同時に全体を把握させるためでもありました。

朝10時、ハウス・キーパーは2階の夫人の部屋に向かいます。既婚の女性だけがベッドで朝食を摂れるという決まりでしたから、夫人はブレックファスト・ルームに姿を見せません。そこで2人はその日の予定を打ち合わせるのです。家族の誰かが外出するので昼食は不要とか、夕食には戻るとか午後に誰それが訪ねてくるから迎えの車を駅までといったその日の予定を確認するのです。もちろん大人数の来客が宿泊するような場合は、事前に知らされていますから当日になって慌てることはありません。メニューと部屋の割り振りの確認程度で済んだことでしょう。こうした日常ですから、アポイントを取らずに突然訪問するのは大変に失礼なことでした。突発的な用事でどうしても訪ねざるを得ない時は、電報で到着時間を知らせるなどしていました。

まだ電話がそれほど普及していない時ですから、緊急の通信手段は電報でした。お屋敷に電報を届けに来た配達の少年に、「返事があるかもしれないから、待っていなさい」と返信を言付けることもできるという便利な通信手段でした。今では電話というよりスマホですね（一家に一台だった固定電話、それが今では一人一台もしくは複数の携帯やスマホ、ほぼ半世紀の間に格段の進歩。今では電報といえば、結婚式の祝電か不祝儀の弔電しか思いつかないかもしれません）。でもその電報が、当時は画期的な通信手段だったのです。この電報、途中で電信士が盗み読みやリークすることが、探偵小説やスパイ小説の鍵として登場することもありますね。

▼通信手段

実用的な電信がフランスのシャップによって開発されたのが１７９４年、これに刺激されたイギリスも電信設備を建設、改良を加えて性能を上げていました。１８４５年、スラウ駅からパディントン駅の電信技手宛に「パディントン行き7時42分の列車に殺人事件の容疑者が乗り込んでいる」という電報が送られ、到着前に警官を手配、犯人が逮捕されるという事件が起きました。このことで電信の有用性が理解され、全土に電信網が整備されるきっかけになったとされます。

イギリスの総電報利用数を参照してみると、１８６９年には６５０万通、１８８７年には５０００万通、１９０２年には９３００万通まで増加、１９２０～30年代をピークに、電話にその座を譲りました。

クリスティの『パディントン発4時50分』は１９５７年の作品ですが、もしかしたらこの事件がヒントになったのかもしれません。ポアロ氏も、ホームズ氏も国際電報を含め電報を多用しています（大英帝国の領土内に整備していたということは、植民地も含まれるのです）。受信と同時にすぐに配達されたといわれますから、当時としてはとても迅速だったといえるでしょう。これはイギリス人の勤勉さのあらわれかもしれません。おそらくドイツや日本でも同じだと思いますが、これが（Mangiare, Cantare, Amoral 食べよう、歌おう、愛そう！）がモットーのラテンの国だと遅配気味だったかもしれないというのは思い込みでしょうか。

▼来客と食事

こうした電報を受け取り、来客があるとわかると、執事やハウス・キーパーがまず気にかけるのが「食事」でした。「ご昼食は必要でしょうか?」「夕食をご用意いたしますか?」「お泊りになられるのでしょうか?」。宿泊する場合なら「従者（もしくは侍女）をお連れになるのでしょうか?」。お付きを伴っていれば、お付きの食事や寝室が必要になりますし、連れていない場合には屋敷の使用人を代役に立てなければなりませんから仕事の段取りが変わってしまうからです。

突発的な「驚き」を嫌い、あらかじめ準備をととのえる“well organized”が徹底していたということでしょう。現在ロンドン郊外でお屋敷を宿泊施設に改装し、レストランや結婚式場としているある貴族のご婦人、子どもの頃はこのお屋敷で使用人に囲まれて過ごされていました。家庭教師による教育ではなく学校に通われていたそうですが、学校帰りに「これから家に遊びに来ない?」と気軽に声をかける友人達がとても羨ましかったと言われます。彼女の場合はお友達を誘うにしても、執事に電話をかけて「これからお友達を○人ご一緒するから、準備をお願い」と手続きを踏まなければならないため、思いついたからといって勝手なことができなかったと振り返られていました。子どもの頃から、住む世界がどこか違うのを実感されていたのでしょう。

▼キッチン事情

ゲストを招くことの多いお屋敷では「食事」が最重要視されていましたので、腕の良い調理人（シェフ）の地位は高く、執事やハウス・キーパー同様に個室が与えられていました。調理を手伝うキッチンメイドと洗い場のメイドは調理人の部下になります。キッチンと食料貯蔵庫につながる2カ所の洗い場、そして日々の調理に直接関係のない保存食をつくるスペースがありました。

シチュー鍋でも、魚用・肉用という大雑把な鍋ではなく鮭用、カレイ用、牛・羊など魚や肉の種類に合わせて揃えられていました。ジャム、ピクルス、ドライフルーツなどを保存する瓶や缶などを含めた調理器具の種類と数は相当なものでした。ジェリーやムースなどコースのはじめに出される冷製の魚料理やフルーツ・ジェリー、プディングなどの型も季節感やデザインを楽しめるようさまざまな型が揃えられていました。銅製の鍋類をピカピカに磨き上げるのがキッチンメイドの腕の見せ所でした。

それにしても、これほど大量の調理道具に調理用品、それに食器類をわかりやすく、使い勝手のいいように保管しておくだけでも大変なスペースが必要ですし、「○○用のお鍋」と指示されてすぐに渡せるように保管場所を覚えているキッチンメイドも最初は「これじゃナイわよ!」と怒鳴られながら成長していったのでしょう。調理用品の中には、彼女達が生まれて初めて目にするものもあったに違いないのですから。

広いお屋敷ですから、階下のキッチンからダイニングルームまではかなりの距離になります。

晩餐会などお客様が多い時のコース料理で、シェフが頭を痛めるのはお料理を出すタイミング。サービスをしているバトラーから様子を聞いて次に出すものの準備をするにしても、温かいものは冷めないうちにサービスして欲しいというのはシェフとしては当然のこと、スープや温製ソースは「早く運んで」と声をかけていたかもしれません。それでもダイニングルームに運び、お客様にサービスするうちに冷めるはず、イギリス人にかぎらずヨーロッパの人が総じて猫舌なのは、そのせいかもしれません。

シェフが「早く、走って、走って」と一番ヤキモキしたのがスフレ類、何しろ泡立てた卵白でフワフワに焼き上げる料理ですから焼き上がりはふっくらですが、時間が経つと萎んでしまうため「美味しそう」感が激減してしまいます。とにかくデリケートなスフレはフワフワのまま出してもらわなければ形無しと気が気ではなかったのはよくわかります。

時にはゲストとして招待された夫妻が、他のお屋敷のシェフの料理を気に入りレシピを教えてもらうこともありましたし、その逆も。シェフたちはこうしたレシピの交換や料理本に、自分なりにアレンジを加えてメニューを増やしていたのです。

プロ集団ともいえるキッチンスタッフは、別メニューで使用人の食事も作りました、いわゆる「まかない料理」です。特に家族が留守の時など、「猫が居ない間に、ネズミ達も楽しまなくちゃ」と腕をふるうことも。食材は、肉、野菜、果物、乳製品など領地で調達できる地産地消です。腕の立つ庭園頭がいれば、野菜や果物は美味しくて新鮮な

使用人の食事風景

ものが手に入ります。鳥はキッチンガーデンで飼われていますから、卵や鶏肉、狩猟シーズンならキジやカモなどジビエが手に入るのです。領内で調達できる材料だけで、十分贅沢な食事が楽しめたことでしょう。ワインセラーを管理している執事殿も協力して、最高級とは言えないまでも美味しいワインを提供したはずです。

▼執事の仕事

執事という仕事は、ワインに精通していることが最も重要でした。もともとはワインセラーの管理がメインの仕事だったようです。バトラーという言葉もワインのボトルがボトラー⇩バトラーと変化したものという説もあるほどですから。なにしろ男性使用人を束ねる長であり女性を束ねるハウス・キーパーからも一目置かれる存在です。高い教養と幅広い知識の持ち主でなければなりませんし、若年の下僕達にとっては父親のような指導者でもあります。

女性使用人にとっても、頼りになる存在であり続けなければなりません。執事の判断に間違いがあってはならないのです。ともかく皆の期待に応えられるように、宴会やディナーの席で主人の後に控えながらさまざまな情報を吸収し、噂話から社会情勢までをキャッチアップする隠れた努力をしていたのだと思います。

プレッシャーの多い執事ですが、メニューに併せてワインを選ぶというソムリエのお役目の特権というか、出入りの酒屋からテイスティング用の提供や、晩餐会で開けた高級ワインの残りなどで学習しなければなりません。結構な「通」だったはず。猫が留守のちょっとした晩餐会では、節度ある羽目の外し方で心ゆくまで楽しんでいたのでしょう。

▼ワインをめぐる二話

ワインと言えば思い浮かぶフランスでのちょっと面白いNoblesse Oblige のお話。レストランでのワイン選びは料理との相性や良い葡萄の収穫年などを気にかけるのですが、特別の機会にとびきり高価なワインをオーダーすることがあります。ワクワクしながらコルクを抜いてテイスティング、ワインと食事を堪能するのですが、ボトルやデキャンタを空にせず、数センチは残しておくのです、ウィスキーバレルなら「天使の分け前」なんですが、この場合はソムリエのテイスティング用。

ワイン選びの相談相手のソムリエは、ワインのことなら知り尽くしているはずですが、高価なワインをテイスティング用に次々開けるわけにはいきません。

「優秀なソムリエがいなくなったら、我々が困る」と、高価なワインを開けた時にはソムリエのテイスティング分を残しておくことにしているのです。阿吽の呼吸の気遣いですね。

そのフランスひとり当たりのワインの消費量は、世界で5番目、トップかと思ったら違っていました。The Wine Institute の2015年の発表によると、トップはヴァチカン市国！　人口900人程度という国なので、ビックリです。カソリックではキリストが12人の弟子と過ごした「最後の晩餐」に起源を持つミサで、洗礼を受けた信者が聖別したパン（キリストの肉）とワイン（キリストの血）を拝領する祭儀に使われます。教会では毎日ミサが行なわれるのでワインの消費量が多くなるのは当然としても、世界一の消費量になるのはすごいことです。

シチリア島のマザール・デル・ヴァッロにはヴァチカンが運営する唯一のワイナリーがあり、「サンタ・メッサ」と「ノッツェ・ディ・カーナ」(Santa Messa & Nozze di Cana) という2種類のワインが生産されています。製造責任者は大司教という興味深さ。ワイン愛好者の中でも「飲んでみたい」ワインのひとつのようです。2位はアンドラ（スペインとフランスの間にあり人口は8万人ほど）、3位はクロアチア、4位はスロベニア、フランスは5位、以下ポルトガル、スイス、マケドニア、モルドバ、イタリア、オーストリア、ウルグアイ、ギリシャ、スェーデン、ドイツとなっていました。

▼使用人だって食事は大事

通常使用人の食事は、主にコールド・プレートでしたが、次第に暖かい食事を使用人ホールで摂るようになりました。クロスをかけたテーブルにナイフやフォーク、スプーンをきちんと並べ、給仕見習いがサービスします（見習い君にとっては、On the Job Training つまり実地訓練ということです)。

ある日のメニューは、

朝食　8：15

ハム、コールドローストビーフ、ボイルドポーク、ベーコンエッグ、トースト、バター、ジャム、蜂蜜

昼食　12：00

肉のグリエ、野菜料理、パン、チーズ、デザート(アイスクリーム、タルト等)

*メインが一羽まるごとの鳥や肉の塊の場合、切り分けるのはここの主である執事の役目でした。

アフタヌーンティー　16：00

スコーン、サンドイッチ、焼き菓子

夕食　21：30

アントレ、デザート

食事の時間は、サービスの仕方や種類の多いナイフ・フォーク・スプーンなどのカトラリーと食器の用途や使い方、テーブルマナーなどを学ぶ絶好の機会になっていました(ドラマの中でカーソンさんが、新入りの下僕アンディにスプーンの用途のテストをしていたように、食事をサーブする下僕にとっての基礎知識でした)。そして食事は忙しいスタッフ達の憩いの時間でもありましたから、思いやりのある主人であれば、呼び出しのベルを鳴らすことはありませんでした。

▼お呼びですよ

呼び鈴のベルは長い廊下の壁に取付けられ、居間、書斎、ダイニングルーム、家族の部屋、客間とつながっていました。家族や宿泊客が使用人を呼ぶ時に、部屋の壁際にある紐を引くと廊下のベルが鳴る仕組みです。ベルの数は屋敷によりますが、60~70程度でしょうか。ベルの下のプレートに、部屋の名前が刻まれていますから、どこの部屋で呼ばれているかはすぐにわかるのです。

ベルが鳴らされると即座に対応しなければなりません、執事やハウス・キーパーはベルの音にとても敏感でした。大きなお屋敷では、担当のメイドや従者に報せに走る執事

専用のルームボーイが雇われていたほどでした。

執事やハウス・キーパーであれば間違いはないのですが、会話は不自由しなくても読み書きがほとんどできないという使用人も少なくなかったので、ベルの音色を変えてどの部屋かわかるようにしていたお屋敷もありました。ドラマの中で登場する下僕のアンディ、都会育ちにもかかわらず自然が好きで農業や養豚に関心を持っていてデイジーの義父の手伝いを申し出ますが、「実地だけではなく勉強しなさい」と本を渡されて四苦八苦していました。

この頃、イギリスの識字率は20%程度だったという調査があります。日本では70%、フランスで10%。日本では寺子屋というシステムで、子ども達は読み書きを教えられていましたから、1853(嘉永3)年に黒船を率いてアメリカからやって来たペリー提督は、「読み書きが普及していて、見聞を得ることに熱心である」と日記(『日本遠征記』)に書き残しています。そして都会だけではなく、田舎に行っても本屋があるということに気づき日本人の読書好きと識字率の高さに驚かされたようです。

読み書きができないということは、下僕やメイドとしての仕事とは直接関係しませんから、仕事に就く際の条件ではなかったのかもしれません。家庭の事情でちゃんと学校へ行けなかったというのがその理由。向上心のある使用人は先輩に教えてもらうなどして学習する努力をしたかもしれません。子ども時代はともかく、大人になって読み書きができないというのは何かと不便だったはずですから。

また読書好きの使用人が、図書室の蔵書を借りて読むのを容認する寛大な主もいたのです。

伯爵家では運転手時代のトムに「読みたい本があれば、カーソンさんに断って読んだらいい」と読書を許可しました。そしてその旨をきちんと執事に伝えています。これはトムと2人だけの口約束では、トムが読書をする際に執事に伯爵の了解を得ていると言っても執事が納得せず、トラブルに発展するのを防ぐためでもあります。たとえ主であっても屋敷内での約束事は、執事の耳に入れておくのがマナーだったことがわかります。

これと似たようなことが、家政婦のミセス・ヒューズの身におこります。伯爵夫人の留守中に、長女のメアリーが母のイヴニング・コートを借りたらと提案し、自分が母に伝えておくというのですが、タイミングがあわず伝えられないままコートを選んでいる現場にはち合わせ。事情を知らされていませんから、それはご立腹。「裏切られた」という失望と怒りを抑えることができません。後になってメアリーから事情を説明されて猛反省。ミセス・ヒューズに謝罪をするため、わざわざ使用人フロアに降りて行きました。「顔を合わせた時に謝ればいいんじゃない」と思われるかもしれませんが、自分に非がある場合相手のところに足を運んで謝罪しなければ気が済まないという倫理観が主従の間の信頼につながっているのが伝わるシーンです。最近謝れない人があまりにも多いので。

▼思わず戸惑うことも

生まれた時からこうした環境で育つと、何もかも使用人がやってくれますから自分で手を動かすのは食事くらいかもしれません。立って両手を広げていれば、まるで着せ替え人形のように従僕や侍女が着替えをさせてくれるのです。ボタンの留め外しですら任せておけばよいのです。脱いだ服や寝間着のことなど気にする必要はありません、しかるべく処理されるからです。

かなり以前のことですが、ある朝マールボロ公爵が歯ブラシを振り回しながら屋敷の階段を降りて来て「これは泡がたたんぞ」と文句を言われたとか。実は公爵の使用人が前の晩に、歯ブラシに歯磨き粉をつけるようにしていたというのですが、あいにく前日に急死。新しい使用人は、前の晩歯ブラシに歯磨き粉をつけておくのも役目のひとつということを知らなかったというのが真相でした。なにもかも用意されて目の前に出されるという暮らしが当たり前だとこういうことになるのも不思議ではないのかも。

そういえば日本の皇太子殿下もオックスフォード留学中、寮生活で〝一人暮らし〟をなされ、初めてコインランドリーを使われて洗濯物の詰め過ぎと洗剤の入れ過ぎで、洗濯機から泡があふれ出すという体験をされたというのは有名な話。庶民であれば「こんなことも知らないの！」と呆れられるだけでしょうが、やんごとない方々のそれはなぜか微笑ましいエピソードになってしまいます。

4 Noblesse Oblige

貴族の生活は、屋敷内だけではなく領地で働く全ての人によって支えられる共同体でもありました。その地位や職種にかかわらず、農地、牧畜、製材、教会、学校、病院、狩猟場、キッチン等々どこの誰にもそれぞれに全うすべき仕事や役割があり、当主や当主夫人とて、決して例外ではあり得ないのです。むしろ地位が高ければ高いほど、その義務と責任は重くなるのです。

▼高貴なる者の義務

多勢の使用人達が自分達とは違う身分として、文字通り仕えていたのには理由があります。

ヨーロッパの貴族社会には“Noblesse Oblige”、高貴なる義務とでも訳せばいいのか「特権はそれを持たない人への義務によってバランスが保たれるべき」という、自発的な無私の行為を促す倫理観のようなものがあります。ボランティア活動もこの行為の範疇に入るといえます。“Noblesse Oblige”の精神は騎士道で知られるイギリスは特に強かったようです。

領主は、領地内の住民全員が安心して幸せに暮らせるように運営する義務を負っていますから、小作人のための基金への寄付、病院、学校、教会など生活インフラの整備にも気とお金を遣わなければならなかったのです。階級的な特権を持つ貴族だけではなく、経済的な富裕層も奉仕や慈善活動に積極的に協力することでこの義務を果たしていました。

ノブレス・オブリージュの精神には、君主と国に尽くすことも含まれます。事ある時は率先して、国のために働かなければならないのです。

第一次世界大戦で貴族の子弟に戦死者が多かったのは、ノブレス・オブリージュの精神から率先して志願し、従軍したからでした。

エリザベス女王も、第二次大戦中の1945年2月、英国女子国防軍に入隊しました。当時18歳のエリザベス王女は、エリザベス・ウインザー第二准大尉として軍用車両の整備などに従事したほか、軍用トラックの運転もされました。

I declare before you all that my whole life whether it be long or short shall be devoted to your service and the service of our great imperial family to which we all belong.という21歳のスピーチもあるように、王族も国に仕える義務があるのです。

フォークランド戦争にも王族（アンドルー王子など）が従軍しています。また高校卒業後のギャップ・イヤーに、ウィリアム王子はチリで、ヘンリー王子はレソトの孤児院でボランティア活動に従事していたことなどがあります。ウィリアム王子はホームレス支援事業のパトロンでもあり、自ら路上生活さえ体験されています。

ウィリアムとヘンリーという2人の王子が慈善活動に熱心なのは、亡くなったダイアナ妃の教育と離婚後の彼女が身をもって示した生き方が大きく影響しているといわれます。子ども達には可能な限り普通の暮らしを経験させたいと、王室の伝統に逆らい続けた彼女の意思は、バランス感覚のある王子を育てることになりました。

没後20年を迎え、ダイアナの住まいだったケンジントン宮殿で“Diana - Her Fashion Story”と題し、25点のドレスを通じて彼女の歩みを振り返る展示が行なわれています。2人の王子の姿を目にすると、どうしても思い出されてしまうダイアナは、今もなお世界中が関心を寄せる〝お妃〟です。

ところでイギリス国民にはちょっとした気がかりが……、それは「髪の毛」。チャールズ皇太子の後頭部はご存知のようにかなり薄め、結婚式ではかなり髪に気を配ったというウィリアム王子の後頭部もかなり……。フィリップ殿下は王子の後頭部をシゲシゲと眺められ、「遺伝だな」と仰せになったとか。腕白そうなジョージ王子は、おでこが広め……。3代も髪の薄い王様が続くのか！と心配しているのです。

貴族の邸宅は、当主と使用人がつくりあげる共同体です。招かれた人に「ぜひ、また伺いたいものだ。」と思わせる最大の魅力は、そこで働く使用人がつくりだす雰囲気でしょう。丁寧で感じの良い応対、スキのない仕事ぶり、分をわきまえながらも親切で親しみやすい使用人、顔を合わせれば笑顔で挨拶をしてくれるのです、「どうぞご自宅にいるようにお寛ぎください。ご用がありましたらご遠慮なくお申し付け下さい」と口にはだなさくても、気持ちは伝わります。

そんな応対に"Thank you"と自然に言葉がでてしまうでしょう。

大切なことは「お互いに尊重しあう。」ことなのですから。

1890年代後半から1900年代始め、カントリー・ハウスの黄金期は過ぎ去ろうとしていました。この時期すべてのカントリー・ハウスの住民は、壮麗で輝かしい時代の終焉に立ちあっていたのです。政治の力が社会の形を変え、ヨーロッパにおける権力のバランスを変えつつありました。

COLUMN

なぜ19世紀の英国貴族文化なのか——ブランド

19世紀の貴族の暮らしなんて遠い世界の出来事で21世紀の私達には無関係、男尊女卑だし、女性は動き回らず家の中で大人しくしていればいいなんてとんでもない話と思われるかもしれません。しかし、2世紀ほど前の貴族の贅沢と美意識から生まれたものが、今でも私達を惹きつけています。

ブランドの起源

いわゆる「ブランド」"Prestige Brand"（高級ブランド）とされる、自動車、宝飾品、バッグ、食器、カトラリー等々、衣食住全般にかかわる高級品です。

そもそも「Brand」という言葉は、Brander（焼き印を押す）という古ノルド語（ノルウェー）で、放牧していた家畜に自分の所有の印として焼き印を押していたことが起源とされます。つまり他人の家畜と区別をつけるための印でした。

その後囚人に押された焼印、有名なのはマリー・アントワネットの首飾り事件のジャンヌ・ラモットの額のV（Voleuse：泥棒）やアレクサンドル・デュマ・ペールの「三銃士」に登場するミレディ・ド・ウィンター、胸に百合の焼印……。「○○の烙印を押される」という言い回しは、この囚人の目印から派生しているとされます。

そして他のものと区別するために、プライドを込めて製品に刻印される社名へと変遷します。それは製品の確かさと信頼の証にもなりました。もともとそれほど目立たないところに、職人さんがそっと刻印していたと思われるブランドの印。それが私達が気になるブランドの起源です。

ナポレオン3世夫妻が愛したブランド

19世紀半ばフランス社交界の中心は、前述のように美しく聡明で行動力のあるウジェニー皇后でした。彼女は宮廷ファッションの流行を生み出す「モードの女帝」と呼ばれるほど、ヨーロッパの上流社会のファッション・リーダーとして一世を風靡していました。宝石が大好きだったというウジェニーは、「もっと美しい宝石を手に入れられないなら、皇后になった意味などないわ」と言っていたとか。

ウジェニーが敬愛するマリー・アントワネットも顧客だったMellerio dits Meller（1613）、ナポレオンの最初の妻ジョセフィーヌお気に入りのChaumet（1780）やMouboussin（1827）、馬具のHermes（1837）、Cartier（1847）、船旅用の衣装ケースはLouis Vuitton（1854）、Boucheron（1858）、ミステリー・セッティングのVan Cleef & Arpel（1906）、旅行用バッグはST Dupont、Aquascutum（1851）、Burberry（1856）、Garrard（1772）など、ナポレオン3世夫妻がオーダーし愛用したブランドは、当時の上流階級の間に大変な影響を及ぼしたのです。

「Chic」（シック）という表現は、ウジェニー皇后のために生まれたとも言われます。もちろん貴族達が愛用した品々には、持ち主の紋章やイニシャルだけではなく、目立たなくてもブランド・マークがあったでしょう。紋章やイニシャルは金の箔押しで、ブランド・マークは小さなカラ押しという色のない手法かも知れません。その控え目なカラ押しに、「いかがですか？　私どもが自信を持ってお届けするこの品は　長くご愛用いただくことを願っております」という作り手のメッセージが込められていて、手にするたびに作り手と会話をするような心持ちだったでしょう。

そんなブランドに囲まれたウジェニーの宮廷生活から生まれた「Chic」という表現。粋な、洗練された、洒落た、当世風の、上品な、に加えて「熟練」や「技」の意味が加わるのです。つまり熟練の技に支えられた上品で粋な「もの」ということになります。

そんなブランドは、世紀を超えて支持され愛され続けています。その多くはブランドに絶対の信頼を持ち愛用品の創作を依頼した王族、貴族、著名人といった顧客リストによる歴史的なエピソードがあります。王族のコレクションのほとんどは博物館や美術館入りしていますが、たまにオークションに出品される○○伯爵人のネックレスやティアラ等が高値に競られるのは、品物だけではない歴史的な価値までを手にする喜びを得られるからでしょう。時にはその品を制作したブランドが買い戻すこともあります。先達が創作した「作品」をブランドの歴史としてアーカイブに収めるだけではなく、その「技」を学び次代に繋いでいくためなのです。

現在でも新鮮さを失っていないもの

歴史と伝統のあるブランドの特徴として、「もの創り」は顧客のオーダー（注文）によるものでした。女性にとって必需品でもあった口紅とおしろいを入れるバニティケースはカルティエ、ヴァン・クリフ・アーペル、ダンヒルなどの宝飾店にオーダーされるようになりました。現在のリップスティックやコンパクトの原形がここにあるといっても過言ではないでしょう。

オーダーを受けた宝飾店では顧客のリクエストに応えるだけではなく、期待を上回る驚きや感動を与えるものを創りあげようとしたのです。製品に注ぐ情熱とこだわり、そして職人の技術の確かさが、今日アンティークとして残されているものから伝わってきます。さらに驚かされることは、こうしたアンティークアイテムが１００年以上経った21世紀の現在でも新鮮さを失っていないということです。本物の価値は時代を超えて伝わるものですね。

アルフレッド・ダンヒルが一流品とは「美しく、実用性があり長持ちするもの」と定義付けました。時代を超えて支持され続けているデザインやスタイルには、エルメスのバッグにせよ、カルティエの宝飾品や時計にも共通したものがあるのです。それはシンプルであるということ、それでいながらこれ以上手を加えることのできない完成品ということです。

20世紀を代表するクチュリエのシャネルは「エレガンスはシンプルさの中にある」と言い切っています。そしてシャネルが終始一貫して表現し続けた要素に「品」があります。シンプルで上品がシャネルの哲学そしてブランドの伝統ともなっているわけです。

ダンヒルの言うように実用的であるためにはデザインがシンプルであるにこしたことはありません。装飾的であればあるほど、使いにくく飽きがくるものですし、トレンドを取り入れ過ぎるとブームが去った後には「古さ」が目立つことになるからです。

職人と顧客の間でのキャッチボール

Imtemporel（アンタンポラル）な普遍性にはシンプルさが必要条件なのかもしれません。ただシンプルであるということは、ごまかしが利かないということでもあります。素材、サイズ、使い勝手、ラベルやロゴの大きさ、イメージ部分と実用面、耐久性のすべての面で完成度の高いものを創りだすには広範な知識と、独特の勘が要求されると思います。そして構想を具体化するための高い技術力も必要です。

ヴァン・クリフ・アーペルを有名にしたもののひとつにゴールドのパーティバッグやコンパクトがあります。特に注目したいのは細い糸状にした金をレースのように編み上げていく手法です。つい最近までこのゴールドニッティングは機械で編み上げることは不可能で職人の手によるしかありませんでした。編み上げる時の力の入れ具合を均一にするために一人の職人が最初から最後まで仕上げることになります。手が変わると編み目に微妙な変化があらわれてしまうからです。やわらかいとはいえ金属の糸ですから作業には時間がかかるものです、熟練した職人でもひと月の間に編み上げられるのは3、4㎝でしたから、コンパクトで半年、パーティバッグなら1年はかかるということです。

これはオーダーをした人が1年もしくはそれ以上の

期間できあがりを楽しみに「待つ」余裕があったということを意味します。そこで待っている顧客の要望に応える以上のものを創りあげようとする職人の心意気が生み出したもの、顧客には職人の技とこだわりを見抜く鑑識眼が要求されたのです。この職人と顧客の間での「こだわり」と「感動」のキャッチボールが後世に残る一流品を創りあげてきたのです。

一流品が高価というのは、単に「商品」の代金だけではなく、熟練した職人の技、クラフトマンシップ、費やした時間への対価も含まれているからなのです。

イギリスのテーラーで紳士服をオーダーしたとしましょう。ビースポークと呼ばれるオーダーは、まず顧客とのお喋り、そして採寸。サイズを測りながらの話題は生地や手縫いのステッチ、チケットポケットなどさまざま。顧客の体型、好み、クセや生活習慣などを把握するのです。右利きか左利きか、腕時計の大きさや厚み、ペンを入れるポケットは？　靴底の厚みは？

ボトムスなら、例のモノは左右どちらに？等々。1カ月ほど後の仮縫い、そして2～3週間後に2度目の仮縫い、それからひと月ほどして手にする服はどこもかしこもピッタリで着心地も最高だと言われます。ボトムスは、ジッパーの脇左右いずれかにゆとりを持たせて、極上のはき心地だとか（経験がないので聞いた話です）。袖口も見せかけではない、本開きのボタン。

すべて手仕事で、ジャケットのボタンホールを一カ所かがるのに熟練の職人で20分かかるというのです。ボタンの掛け外しで圧力のかかる部分は、ほんの少しだけ糸に遊びを持たせるのでほつれることはないそうです。腕は動かしやすく、下手なジャケットでは必ずと言っていいほど山になる首の後側も自然におさまっていて、長年着用することで着やすさも増していくというのですから、この「仕立て」という目に見えない技に代金が発生するのも当然でしょう。

「高価」と言われるブランド品には、それだけの理由があるのです。

自分のスタイルを持つこと

顧客層の変化に合わせて、ブランドもオーダーからレディ・メードの既製品が主流となり、さらにアイテムも増えてファッションやライフスタイルをトータルに提案するようになりました。本来最も得意とするはずの分野を超えたものづくり、ブランドの威信がかかっているのですから品質は最高級のはず。後は好みの問題でしょう。

ただご存知のようにファッションは半年毎に、春夏・秋冬とコレクションが発表され新しい提案がなされる目まぐるしい世界です。つきあうのはほどほどにしておかないと、自分を見失ってしまいます。

大切なのは、自分のスタイルを持つこと。スタイルと言っても、スタイルが良い悪いというようなプロポーションやサイズのことではありません。あえて言うなら、考え方や行動つまりは生き方、ライフスタイルということになるでしょう。あるデザイナーが、「モード（流行）は変わるけれど、スタイルは不変よ」と言っていました。つまり自分のスタイルを確立すれば、何が必要で何が必要でないかはすぐにわかるということです。

幸いなことに、現代は高級品からファスト・ファッションという手軽なものまで選択の幅が広がっています。ファスト・ファッションを楽しみながら、自分に合うもの、必要なものを取捨選択することができるのです。これはある意味で授業料。自分が「これ」と思えるものを見つけたら、ブランドを手にするのがよいかもしれません。

上質な高級品の大きな利点は、長く使えるということです。皮革製品であれば、使い込むほど手に馴染み、使っているからこそそのキズや汚れまで味わいになってしまいます。真っ新のものより、はるかにカッコ良いとさえ思えます。

ブラウスやセーターなどの衣料品も同様で、細い番手のコットンのシャツは柔らかく肌触りも抜群、着心地の良さは自分にしかわからないもの。別に他人にわかってもらう必要なんてありません。シンプルな黒のセーターが、上質のカシミアだったとしても、それは着る人の秘かな喜びでいいのです。

ニットという普段着をお洒落なソワレにまで発展させた「ニットの女王」ソニア・リキエルは、「服なんて人格の覆いに過ぎないもの」と言い切りました。彼女は「私が創るのは服の90％だけ。女性が着てはじめて１００％の完成品になるの」と、コレクションではモデル達に「貴女がこれをどう着るか、私に見せて」と言っていました。同じセーターがモデルの個性によって異なる表情を見せるのを楽しんでいたのです。自分のセーターが着る人より目立つことを嫌っていたからでした。あくまで主役は着ている女性で服や持ち物ではないのです。さり気なく自分のものにして欲しいと言った彼女は、服を「第二の皮膚」と呼びました。まるで自分の一部のように、着こなしてくれることを願っていた素敵な女性でした。

ブランドの歴史を知ること

おそらくどのブランドも長く愛用してもらうことを願っているはず。決してタンスの肥やしにするようなことのないものを選ぶ「眼」を持って、手にするたびに「秘かな楽しみ」に心を躍らせる「友」と出会いたいものです。

そして気になるブランドなら、そのルーツや歴史などアーカイブを探ってみてはいかがでしょう。きっと新しい発見があるはずです、気になるもののルーツはもしかしたら14世紀あたりまで遡るかもしれません。歴史の延長線上のある一瞬を手にするなんて、ワクワクしませんか？

残念なことに、ここ2、30年の間にブランドのM&Aが盛んになり、創業者一族が経営していたようなブランドが大きなグループに買収されたり吸収されたりしています。グローバル化して市場が広がってしまうとプライベートな企業では対処しきれなくなり、大資本の手に委ねられるということになるのでしょう。

主要なところはLVMH、PPR、Richemont、PRADA Groupですが、この他にも中国やアメリカなどのファンドもあります。いまのところ独立を保っているシャネル、エルメス、ティファニーも、いずれは……という危惧はぬぐい去れないのです。

利益追求が優先されるビジネスとなると、効率化された生産手法で大量の商品が世界中に出回ることになってしまいます。なんだかブランド本来の精神と違ってしまうように思えますが、社会や経済環境の変化でやむを得ないことなのかもしれません。ただ形態はどうあれ、ブランド創業時の理念と最上のものを創るというクラフトマンシップは忘れずに受け継いでほしいと願っています。

Ⅱ　ヴィクトリア朝とエドワード朝

1 Queen Victoria の時代

１８９７年６月23日、ヴィクトリア女王は在位60年のダイヤモンド・ジュビリーを迎えました。１８３７年６月20日ウィリアム４世の崩御によって18歳で即位されたヴィクトリア女王の在位は、これまでのイギリス王位で最長の在位期間（63年7カ月）ということもあって、国中でお祝い行事が実施されたのです（２０１７年２月に在位65周年のサファイア・ジュビリーを祝われたエリザベス女王は、２０１５年９月９日に在位63年２１６日を迎えられ、現在も最長記録を更新中です）。

▼大英帝国の最盛期

１８６１年アルバート王配が亡くなり、10年以上喪に服していた女王が公的な生活から身を引いていたことで人気に翳りが出始め、「時代と共に進むことを拒否する頑固者」のシンボルとされたこともありました。実際、「女王がいなくても国は問題なくやっていけている。王室を養う税金は無駄」とイギリスの共和制運動が一般市民の支持を集めた時期もありましたが、１８７０年代には、保守党の首相ベンジャミン・ディズレーリに励まされて公務に復帰し、ディズレーリの帝国主義政策を全面的に支援し、世界を植民地化・半植民地化し、大英帝国の最盛期を築き上げたのです。１８７６年には「インド女帝」となりました。

女王のゴールデン・ジュビリー（１８８７）とそれに続くダイヤモンド・ジュビリー（在位60周年記念）は、女王の人気を再燃させたのです。

▼ヴィクトリア女王の子ども達そして Hemophilia

夫アルバート王配との間に４男５女の９子を儲けた女王は、娘達をドイツを中心とした各国に嫁がせ、40人の孫、37人の曾孫が誕生しています。「ヨーロッパの祖母」と呼ばれた所以です。

長女：ヴィクトリア（ヴィッキー）１８４０〜１９０１

ドイツ皇帝フリードリヒ3世皇后
長男：アルバート・エドワード　（バーティ）１８４１～１９１０　サクス＝ゴバーグ＝ゴータ朝初代英国王エドワード7世
次女：アリス　１８４３～１８７８　ヘッセン大公ルートヴィヒ4世妃
次男：アルフレッド　１８４４～１９００　ザクセン＝コーブルク＝ゴーダ公、エディンバラ公爵
三女：ヘレナ　１８４６～１９２２　シュレースビィヒホルシュタイン公子クリスティアン夫人
四女：ルイーズ　１８４８～１９３９　アーガイル公爵ジョン・ダグラス・サザーランド・キャンベル夫人
三男：アーサー　１８５０～１９４２　コノート公爵
四男：レオポルド　１８５３～１８８４　オールバニ公爵
五女：ベアトリス　１８５７～１９４４バッテンヴェルク公子ハイリヒ・モーリッツ夫人

子沢山のヴィクトリア女王でしたが、子孫の男子に何故か血友病を発症して苦しむ者が多かったのです。血友病はX染色体上の遺伝子の欠陥による劣性遺伝とされ、アルバート王配は血友病の因子をお持ちではありませんでした。遺伝学上、息子は父親からはX染色体を受け継がないため、父親が血友病であっても息子が血友病になることはないとされていますので、女王に血友病の因子が存在したと考えられます。女王の家系に血友病の記録はありませんので突然変異で因子を持ったのではないかとされています。父親が高齢だと子どものX染色体に突然変異が発生する可能性が高まるとされていますから、父のケント公が51歳という高齢で生まれたヴィクトリア女王に染色体異常があったのではないかとされるのです。

ヴィクトリア女王の4男レオポルドは、血友病に苦しみました。長女ヴィクトリア、次女アリスと5女ベアトリスも血友病の因子を持っていました。ヴィクトリアはドイツ皇帝フリードリヒ3世との間に3人の男の子が生まれますが、ひとりは発病。発病しなかった長男はウィルヘルム2世としてプロイセン国王およびドイツ皇帝になりますが、第一次大戦でドイツ王朝は消滅。

アリスが嫁いだヘッセン大公家では男子が発病、ベアトリスとバッテンヴェルク公子ハインリッヒとの間に生まれた2人の男子は発病しています。ベアトリスの娘ヴィクトリア・ユージェニーはスペイン・ブルボン王室アルフォン

ソ13世と結婚、3人の子どもが生まれます。長男アルフォンソと末息子ゴンサーロは血友病に。後継ぎのないまま1931年の共和革命でスペイン王朝は滅亡。

長女ヴィッキーの3男ジギスムント皇子と4男ヴァルデマール皇子は幼い時に感染症で亡くなっています。

アリスの娘アレクサンドラはロシア皇帝ニコライ2世の皇后になりましたが、やはり血友病の因子を持っており、皇太子アレクセイが血友病を発症。息子の病気がニコライ2世とアレクサンドラをグリゴリー・ラスプーチンに近づけ、やがてロシア革命へ、そしてロマノフ王朝は滅亡。

ヨーロッパの祖母は3つの王朝が滅亡する遠因になりました。王室の男子にあらわれた血友病は「王家の病」とまで呼ばれていたのです。

幸いなことにヴィクトリア女王の長男のアルバート・エドワードは、暴飲暴食による肥満（大食漢の殿下の胴回りは4フィート［122㎝］）をのぞけばさしたることもなく、無事に王位を継承。まさにGod Bless the King! イギリスの王族は、ヨーロッパ各国の王室や貴族と結婚していたため、系図を辿ってみるとほとんどがなんらかの縁続き。その結果、外国の王族にも王位継承権者がいるということにもなりました。現在イギリスの王位継承順位（Line of Succession to the British Throne）は、チャールズ皇太子、ウィリアム王子、ジョージ王子、シャーロット王女、ヘンリー王子……4973位まで。系譜学者によれば、ノルウェー、スウェーデン、デンマーク、オランダの王室、さらにギリシャ、ルーマニア、ロシア、セルビア、ジョージア、ブルガリアなどの旧王家や貴族にも継承権保持者がいるというのですから、血統の枝葉はどこにどうつながっていくのかわからないものです。

▼アルバート・エドワード

女王の長い在位で時間を持て余していた後継者プリンス・オブ・ウェールズのアルバート・エドワード、美食に美酒、舞踏会、狩猟、ギャンブルに女性と放蕩と快楽で時間をつぶすしか手はなかったのです。おかげで遊び心と審美眼が養われ、洗練された「エドワード朝」が誕生することになりました。「エドワード朝」時代については、またページをあらためたいとは思いますが、いくつかエピソードを挙げておきましょう。

将来の国王として幼少期から厳しく躾られていましたが、その躾は虐待に近いほどで幼い心に深い傷を残し、反抗的な問題児に育ったためヴィクトリア女王は「どうしようもない愚かな息子」と公言して憚らず、政治に携わらせないばかりか重要な公務も与えませんでした。父のアルバートもあまりの放蕩ぶりに激怒、息子を遠ざけ意思の疎通のない親子関係になってしまうのです。

　女王の評価にもかかわらず、皇太子の学業成績は概ね優秀、スポーツも乗馬、テニス、ゴルフ、ポロ、ヨット、ボートと熱心に取り組み、気晴らしのカードゲームも次々に会得、スポーツ大好きの遊び上手なプリンスとして成長します。

「イギリス国王で初めて大学で学んだ」という経歴の持ち主で、１８５９年オックスフォードに入学し１８６１年にケンブリッジに転校しますが、そこでご学友とさんざん悪さをしていたため父アルバート公は体調不良をおしてお説教に赴きました。父の言いつけを守ると約束した皇太子でしたが、アルバート公は無理がたたったのか腸チフスを悪化させ危篤状態に。１８６１年11月15日にアルバート公は逝去されます。初恋の相手でもある夫を敬愛していたヴィクトリア女王は大憤慨、ますますできそこない（と思い込んでいる）皇太子を遠ざけるようになったのです。

＊ヴィクトリア女王の夫君アルバート公のお名前は英語ではフランシス・アルバート・オーガスタス・チャールズ・エマニュエル（Francis Albert Augustus Charles Emmanuel）、称号は The Prince Consort という聞き慣れないもの。日本語では王配と訳されます。議会が公式に認めなければ使えない称号で、エリザベス女王のご夫君フィリップ殿下の称号は、Prince of United Kingdom、結婚当初 The Prince of Consort を望まれていたようですが、議会が認めなかったことにご不満だったという記事を目にしたことがあります。アルバート公もこの称号を認められたのは、結婚して17年後だったとか。おふたりとももともと外国籍でしたから、議会も厳しかったのでしょうか。王族といえ、思いのままにはならないものですね。

COLUMN

古き良き自由の時代

まるで美術館か博物館のような宮殿暮らしで帝国の各地から届く極上の献上品に囲まれていれば、嫌でも審美眼は磨かれ、ファッションにも高い関心を持つようになるでしょう。エドワード皇太子はイギリスでブラック・スーツと呼ばれるディレクターズ・スーツを考案するなどファッション・リーダーとしても活躍。フランス好きだったこともあり、服装や家具にベル・エポックを継承した優美なラインが自然に取り入れられました。また帝国の繁栄した時代に普及した、スポーツ用に身体を動かしやすいウェアも考案。「世界で最も多く洋服を持っている男性」と称されたダンディ、アルバート・エドワードの治世はわずか10年でしたが、今でも「古き良き自由の時代」の代表とされています。

奔放ぶりは王位に就いても改まることはなかったのですが、優雅な生活を追求、いわば庶民がやってみたいと思っていることを片っ端からやってのけたのです。そのハチャメチャぶりで庶民から慕われていたというのですから、イギリス人って破天荒な行き過ぎが好きなのかもしれません。

そうでなければ後継ぎの男子を望み、アン・ブーリンと再婚するためキャサリン・オブ・アラゴンとの離婚を認めないカソリックからプロテスタントに宗旨替えしたヘンリー8世。そうまでして結婚したアンを3年程で不倫を理由に断頭台へ。その後ジェーン・シーモア、アン・オブ・クレーブス、キャサリン・ハワード、キャサリン・パーと6人も妻を取りかえたヘンリー8世。今でもイギリス人に人気があるのは、その奔放さの故でしょうか。

▼エドワード7世即位

1901年1月22日、ヴィクトリア女王が逝去、皇太子が王位につきエドワード7世となります。この時御年59でした。翌日召集した初めての枢密院会議で“Gentlemen, you may smoke.”と仰せになったのは有名な話。煙草嫌いだったヴィクトリア女王時代の宮殿は禁煙。嫌がる女王の前でワザワザ煙草を吸って反抗していた皇太子の、解放された喜びでしょうか。パーティでもよく、「諸君、大いに吸おうではないか！」と葉巻を楽しまれていたそうです。

贅沢三昧な生活が当たり前で、貴族の子息達と派手に遊び回っていた長い皇太子時代、収入が減少しつつある貴族よりも資金的に窮乏していたのは他でもない皇太子でした。学生時代から厳格で信心深い母ヴィクトリアから、非常に厳しく経費を制限されており、50を過ぎてもその状況は変わらなかったのです。生活費の増額をたびたび下院に申し出ては、見返りとして女王が関心を失った仕事を引き受けるという状態でした。グラッドストーンを含む首相達が支持していたにもかかわらず、女王は皇太子に強い疑いを持ち続けていたのは前述の通り。

▼国王の大親友 アルフレッド・ド・ロスチャイルド

情熱を傾けるに足る仕事もなく、余暇の楽しみを追求する十分な資金もないという皇太子は、学生時代に生涯の大親友となる人物と出会っていました。

2人には共通点が多く、ドイツ人の家系に生まれ、ドイツ語とフランス語が堪能、そしてイギリスの支配階級でした。美味しい食事とワインを心ゆくまで堪能し、美術品を愛で音楽を楽しむという優雅な暮らしをこよなく愛していました。違いといえば、彼は途方もなくリッチだったということです。彼は皇太子の放蕩生活をさり気なく支援、その見返りとして皇太子は、最高ランクの「英国紳士」としての心得を伝授したのです。

彼の名はアルフレッド・ド・ロスチャイルド。その名が示す通り、あのロスチャイルド家の一員です。

曾祖父であるマイヤー・アムシェル・ロートシルト（ドイツ語読み）の三男であるネイサンがイギリスに渡りイギリス・ロスチャイルド家の祖となりました。ネイサンの息子ライオネル・ド・ロスチャイルド男爵は父ネイサンの業績を引継ぎ、2世代にわたって大英帝国の事業に投資を続けました。

ライオネル・ド・ロスチャイルド男爵は、父のネイサン・メイヤー・ド・ロスチャイルドが、1798年にドイツからイギリスにやって来て30年の間にロスチャイルズを設立、ヨーロッパ屈指の投資銀行に育て上げた事業を引継ぎました。生涯を通じて、イギリス政府に対する£160,000,000の貸し付けの一部を担っていたのです。1976年にはスエズ運河の株式44%をエジプト総督から取得するための内金£4,000,000を貸し付け、この取引だけで£100,000の利益を得たのです。

彼の功績は、明晰な判断力と多大な影響力に裏打ちされたものでした。1858年、下院議員となったライオネルは信仰を捨てずに議員になった最初のユダヤ人でした。

1290年7月18日エドワード1世がユダヤ人追放布告令を発布、367年後の1657年、オリバー・クロムウェルによって解除されユダヤ人が帰還しました。そして300年後の1956年「ユダヤ人入植300周年記念」の祝賀式典でフィリップ殿下は、「私は移住先にこの地を選ばれたコミュニティの祖先達の慧眼を称えるべきなのか、はたまた300年もの長きにわたりこのコミュニティをこの地に釘付けにした我が国の手腕を称えるべきなのか迷うところであります」とスピーチされているほどで、はっきりと言葉にはされてはいませんが、ユダヤ人のイギリスへの貢献は認められているのです。

アルフレッドは、このライオネルの3人息子の次男です。長男のナッティは、1885年ヴィクトリア女王によって貴族に叙せられ、上院初のユダヤ人議員となりました。弟のレオポルドは芝生つまり競馬に関心を持ち、ジョッキー・クラブの重要メンバーになっています。

アルフレッドはとても勤勉で、上流の生活が気に入っていました。生涯を家族で経営する銀行で働いていましたが、昼食前に会社に現れることはほとんどなかったといわれます。弱冠26歳でイングランド銀行の頭取に就任、その座に20年間留まりました。1892年イギリス政府が国際通貨会議に派遣した際、4人の従者とおびただしい荷物、そして完璧なファッションで登場した唯一ダンディな財務官としても知られています。

演劇やオペラ、美術品鑑賞が趣味というアルフレッドは、公的にとても重要な人物で独身の粋な紳士でした。莫大な財産を贅沢な生活に費やすことを無上の喜びとし、友人の紳士達をもてなす夜会"Adoration Dinners（崇高なる夕餉）"では、特別ゲストの女性達との出会いを用意して楽しんでいたといわれます。

COLUMN

「ユダヤ人問題」とイギリス社会

キリスト教を信仰する世界では、イエスを売り渡し十字架にかけたのは、弟子のひとりユダヤ民族のユダの裏切りのせいという偏見からユダヤ人を抑圧の対象としてきました（しかしこれはオカシイ。なぜならキリストの12使徒はイスラエルの12部族に対応するともいわれているので、もしそうだとすると全員ユダヤ人？　そもそもキリスト本人が「ユダヤ人の王」と名乗り「神の子」と自称していたことで既存のユダヤ教の怒りを買って裁判にかけられたわけだから、キリストもユダヤ人だったということで、他の民族から抑圧される謂れはない）。

ともかく中世ヨーロッパ社会のキリスト教社会においては、なぜかユダヤ人に対する差別感情が定着していたため、ユダヤ人の職業は制限されていたのです。

ローマ教皇グレゴリウス7世は、1078年にユダヤ人に対して「公職追放令」を発令、すべての職業組合からユダヤ人を締め出してしまいました。

貴族や上流階級のエリート層に広がったキリスト教で

は「お金」を汚れたものとしてとらえていたため、「お金」にまつわる徴収、帳簿つくりといった仕事を嫌ったのです。さらに他人にお金を貸して利息を稼ぐのは罪悪と考えられていましたから、金貸し業を営むことはできませんでした。ユダヤ教では、ユダヤ人以外から利子を取ることは許されていたため、ユダヤ人は自由に高利貸業を営むことができたのです。

公職追放令が発令されると、ユダヤ人に残されたのは金融業か貴族の屋敷の帳簿係のような仕事しかなかったのです。几帳面な働きぶりが評価されて、財務管理を任されるまでに出世することもありましたし、金融業もほぼ独占状態で成功をおさめます。

しかしその思わぬ繁栄ぶりが妬まれ、16世紀の劇作家シェークスピアの『ベニスの商人』に登場するシャイロックは、当時のユダヤ人のイメージと差別感情をあらわしているとされています。そして「カネに汚い高利貸し」というイメージが、定着することになったのでしょう。

19世紀に入りイギリスでは、1833年ユダヤ人初の法廷弁護士と司法長官が誕生、1941年には男爵が登場、1858年には下院議員が生まれ、1885年にはナサニエル・ロスチャイルドが初代ロスチャイルド男爵に叙せられ貴族院議員に。1874年には、子どもの時に国教会に改宗したベンジャミン・ディズレーリが首相に就任するなど、ユダヤ人が活躍の場を広げていたのです。

ディズレーリが選挙戦に出馬し、有権者を前にして演説を行なおうとすると、ユダヤ人であることを嘲笑した議員から「シャイロック」という野次が飛んだといわれます。彼は即座に「そう、私はユダヤ人です。議員殿の祖先が名も知れぬ島（つまりイギリス）の野蛮な土人だった頃、私の祖先はソロモン王の神殿の司祭だったのです！」と切り返したというエピソードが残されています。

こういう切り返しは『ダウントン・アビー』にもありました、おちぶれた貴族がリッチなユダヤ人に「使用人がそんなに多いと大変でしょう」と嫌みを言うと、「ユダヤ人は羽振りが良いので」と和やかに応えたのは、スカッとしました。なぜなら上流階級の女性にありがちな嫉妬心からの嫌みを、あっさりとやり返していたからです。

▼性格が良かったアルフレッド

イギリス人の外国人嫌いというかおかしな思い込みは、あの名探偵ポアロでさえ「おかしなフランス人」（設定はベルギー人）と言われ、名前のPoirotもポアロではなく「ポイロット」としばしば間違えられています。大英帝国は世界の中心、その他は洗練されていない国と見下していたからでしょうか？　なにしろ19世紀の“Englishmen”の大半は良い教育を受け、礼儀正しい上に、ヨーロッパ大陸の人々より裕福だとみられていました。イギリス人もそれを承知していたのですから、どうしても言葉や態度にあらわれてしまったのでしょう。

初代ロスチャイルド男爵となった兄ナサニエルの、傲岸不遜で嫌みな性格（イギリス史上、もっとも不作法なのはロスチャイルド卿とウィンストン・チャーチルと言われていたとされますから、相当癖のある人物だったのでしょうね）とは正反対だった次男のアルフレッドは、愛嬌のある性格で上流階級に愛されていたといわれます。

芸術好きの美術品収集家、音楽にも造詣が深くソプラノ歌手やバイオリニスト等音楽家を財政的に支援するなど慈善活動にも熱心な人物でした。交響楽団の指揮をするのが趣味で、自宅のパーティにオーケストラを招いて指揮棒を振っていたというのですが、その指揮棒はダイヤモンドを埋め込んだ象牙の特注品でした。ロスチャイルド3兄弟の中で、財界から王室までと最も幅広い交友関係を持っていた好人物だったようです。

▼Royal Mistressの3女性

そんなアルフレッドを生涯の友としていたエドワード7世。学生時代からの（贅沢な）放蕩仲間です。女性がお好きなエドワード殿下、つきあった堅気の女性は101人ともいわれています。この数字には外国の（高級）コールガールは含まれていません。身を固めれば放蕩も治まるだろうと考えたヴィクトリア女王の薦めで、デンマーク王女のアリックスと結婚してからも遊び癖は治りませんでした。中でも「Royal Mistress」と呼ばれる公然の仲で、とりわけ寵愛した3人の女性達がいました。

リリー・ラントリー、美人で気だての良い平民出身の人妻、彼女は上流階級が最も好む「身の程をわきまえた」女性でしたから、ヴィクトリア女王とアリックス妃も認めていたといわれます。

続いてウォリック伯爵夫人デイジー・グレンヴィル。彼女は貴族出身でしたからヴィクトリア女王のお覚えもめでたく気に入られてはいましたが、アリックス妃に対しては遠慮がなかったため、かなり敵意を抱かれたとされます。プライドの高い2人のバトルは言葉の応酬はなかったにせよ、周囲はかなり緊張させられたことでしょう。やがてデイジーは社会主義に傾倒、意見を異にする皇太子と別れます。

国王に即位する3年前の1898年から、亡くなるまでの間、スコットランドの準男爵の娘でアルビマール伯爵の三男ジョージ・ケッペル夫人のアリスを気に入り、27歳も年下というまるで娘のようなロイヤル・ミストレスを片時も離しませんでした。

王妃アリックスは、リリーほど気に入りはしませんでしたが、デイジーほど嫌ってはいなかったとされています。ただエドワードの臨終に立会わせることはなく、宮殿から追い返したというのですから最後にピシャリと拒絶したということですね。

アリス・ケッペルは、コーンウォール公爵夫人カミラの曾祖母です。エドワード7世は、チャールズ皇太子の曾祖父。「貴方の曾祖父と私の曾祖母は愛人関係だったのよ」とアンドルー・パーカー・ボウルズというご主人がいるにもかかわらず、チャールズとダブル不倫をしていたのは「血」ですかねぇ。

COLUMN

公妾

国王と愛妾といえば、公妾というなんとも都合の良い制度を思いついたのはフランスのシャルル7世。アニエス・ソレルという侍女を見初めて公の場に出る権利を認めたというのです。それ以前になかったかといえば、公の場に出られなかっただけでしょうけれど。

歩き始めた頃から女性のスカートの中に潜り込むのが好きだったというルイ14世は、弟の妃アンリエット・アングルテールにちょっかいを出したかと思えば、ルイーズ・ド・ラ・ヴァリエール、ド・ヴォージュール侯爵夫人、マントノン女侯爵、フォンタンジュ公爵夫人、モンテスパン侯爵夫人フランソワーズとお相手を変えました。息子のルイ15世のお相手はポンパドール夫人でした。好色家の王のお相手は大変で身体を壊したという彼女は、大奥でいう「おシトネすべり」を申し出て、王の相手をするため下層階級の若く美しい娘を集めて宮殿の作法や教養を教育し、「牝鹿の園」(Parc-aux-cerfs)という娼館を造ってしまいました。

娘達は夜ごと地下にある秘密の通路からヴェルサイユ宮殿に向かったとされます。とんでもない話に思えますが、雇用は短期間で下層階級の娘にとってはステップアップのチャンスでした。ヌードモデルをしていたマリー・ルィーズ・オミュルフィは、ブーシェの描いたポートレートが評判となり、牝鹿の園に呼ばれたと言われます。娘に子どもが生まれると年金が保証され、男の子は将校に女の子はしかるべき相手に嫁がせて面倒をみたのです。この牝鹿の園は、息子の嫁マリー・アントワネットと対立したデュバリー夫人が公妾になったことで閉鎖になります。

20歳も年上のディアヌ・ド・ポワチエを寵愛したのはアンリ2世。ヴィクトリア女王の叔父ジョージ4世の最愛の愛人は、カニンガム侯爵夫人エリザベス・カニンガム、フィツ・ハーバート夫人メアリー・スマイス、ハートフォード公爵夫人イザベラ、ジャージィ伯爵夫人フランセス……歴代イギリス国王で愛人を持たなかった王はほとんどいないといわれるほど、王位に愛妾(単数であれ複数であれ)はつきもののようです。

しかも人妻、夫の立場はどうなる? だいたい夫は出世するのです、爵位や領地を与えられるとか、爵位のランクアップとか、お覚え目出たくなるのです　声をかけられるのは、迷惑じゃなくて名誉なこと、娘や妻、姪や妹といった女性は手っ取り早い出世の手段と考えていた節が。加えて宮廷に出入りする貴族の場合、ほとんど同じ貴族階級で結婚するので、政略とか便宜上という要素も加わってどこか冷めた関係だったことも関係しているかもしれません。逆にあれほどの地位のお方に寵愛されるほどの妻がいるというので、鼻高々の御仁もいたはずです。

▼アレクサンドラ王妃

国王の結婚ともなれば、家柄だけではなく領土や（実家の）王位継承権まで考慮しながらの政治マターで決められた歴史を思えば、妃といえどもとなかなか気を許せなかったでしょう。お供の廷臣や従者や侍女の集団も油断ならない相手。エドワード7世の場合、王妃はアレクサンドラ・キャロライン・マリー・シャーロット・ルイーズ・ユリア・オフ・シュレスヴィグ＝ホルステン＝ソンダーバーグ・グリュックスバーグというなんとも長いお名前を持つデンマーク王家の親戚の娘（父フレデリックは、後にデンマーク王クリスチャン9世）。

アレクサンドラ王妃

妹のダウマーとアレクサンドラは、美貌で知られ年頃になるとヨーロッパ各国の王室から縁談が持ち込まれました。その中のひとつがイギリス王室からの申し出でした。当時デンマークはプロイセンと争っており、プロイセンと親しいヴィクトリア女王はあまり乗り気ではなかったものの、美貌の妃を娶ればエドワードの女遊びもおさまるかとお見合いをさせました。はたして女王の予想は的中、あまりの美貌にエドワードは結婚を決めたのです。

ただエドワードの放蕩は、結婚したからといって治まるものではありませんでした。姑ヴィクトリアとは仲良くというわけにもいかず、夫は相変わらず道楽三昧。それでも後継ぎを産むというお務めは果たし、子育てに専念して日々を過ごしていました。夫の放蕩ぶりは見て見ぬフリを決め込んで「いいこと、お父様のように愚かな人間になってはいけませんよ」と子ども達に言い聞かせていました。

エドワード7世にしてみれば、皇太子時代ほど暇をもてあますようなことはなかったと思われるのですが、忙しく公務をこなしてホッとした時に心を許せる話し相手が欲しかったに違いありません。本来なら妻である王妃の役目ですが、どうも冷たい、かと言って家臣にグチをこぼすわけにもいかず……といった国王の心情を理解したのか、近臣達は愛妾の存在を見て見ぬ振りで余計なことは言わないという“Gentlemen's Agreement”で騒ぎ立てなかったのです。

アレクサンドラ王妃の妹のダウマーはロシア皇室に嫁ぎ、皇太子（アレクサンドル3世）妃になると「マリア・フョードロブナ」とロシア風に改名、ロマノフ王朝の後継者ニコライ2世の母となりました。

▼オーストリアのエリザベート皇后

7歳年上のオーストリアのエリザベートは、イングランドのエリザベートと呼ばれたアレクサンドラと、どちらが勝っているかをとても気にしており、ヴィクトリア女王の晩餐会で親密だったアルバートを介してすぐに話をするようになりました。エドワード7世が即位した時、アレクサンドラは57歳でしたが、30歳くらいにしか見えなかったと言われます。

オーストリアのエリザベート皇后は172㎝の長身ながら、体重は45kg、ウエストは50㎝と美貌と痩身であることに執念を燃やし、過酷なダイエットと美容方法を怠らず桁外れの出費をしていたというちょっと風変わりな皇妃さま。アレクサンドラも戴冠式の肖像画を見るとウエストは

50㎝程度という細さ。コルセット全盛の時代とはいえどうやって体型を保っていたのか、同席する貴族の女性達も気になっていたのではないでしょうか。細いウエストといえば、『風と共に去りぬ』のスカーレット・オハラ。彼女のウエストはコルセットで締め上げて17インチ（1インチは2・54㎝）つまり43・18㎝、現代女性には耐えられない窮屈さでしょう。

国王夫妻は晩餐会の主催者になるばかりではありません、主賓として貴族の催す舞踏会や晩餐会、狩猟にお出ましになることもありました。主催する貴族の準備は、それは大変なものでした。君主夫妻といってもおふたりではありません。

エリザベート皇后

従者や侍女などお付きの一団だけでも2、30人、数十人の招待客が屋敷に逗留することになるのです。いつもと変わらない日常をという配慮かもしれませんが、変わるのは背景だけというのも面白みのないものでしょう。そこで目新しいのは、紹介される女性達。目を留めるのは、ごく自然の成り行きなのでしょう。

▼Hotelはいかが？

貴族階級は、領地のマナー・ハウス以外にロンドンにタウンハウスを持っていますし、ヨーロッパの都市に親戚がいるなど宿泊先に不自由はなかったかもしれません。ただ使用人の手配やら何やらで、思い立ったからと気軽に出かけることはできなかったでしょう。スペインに「使用人というものは避けようのない敵」という諺があります。使用人のいる生活だと、完全に独りきりになるというのはほとんど不可能。悩み事で頭を抱えてひとりでじっくり考えたいと思っても、必ず誰かが「何かご用はございませんか？」と顔を出すものらしいです。「ほっておいてくれ」と言うのは簡単でも、「もしかしたらキツイ言い方で傷つけてしまったのでは？」と後で後悔。それとなく気を遣うことになり、主人のための使用人か使用人のための主人かわからなくなってくるという次第。その点、ホテルであれば申し分のない環境で心地良く過ごせます。

フランス好きだったエドワード7世のお気に入りのリッツは、1898年6月1日にオープン。10年以上も前から、セザール・リッツのパトロンだったという皇太子は、もちろんご出席。イギリス、アメリカ、ロシアの上流階級や富裕層、知識人が訪れ超一流のホテルとなりました。フランス好きの皇太子もリッツ・パリの滞在を、のびのびと楽しまれていたといわれます。

ロンドンピカデリー通りにリッツがオープンしたのは1906年。皇太子がエドワード7世となってからのことでした。皇太子の信頼の厚いセザール・リッツは1902年6月26日に予定されていたエドワードの戴冠式を一任され、史上最大のイベントにしようと懸命に準備を進めたのですが、生憎国王は盲腸で戴冠式は延期。あまりのショックで、それ以来次第に精神に異常をきたしていく引き金になった出来事でした。

1年以上延期された戴冠式は1902年8月9日ウェストミンスター寺院で行なわれました。アーミンのローブをまとったエドワード7世が連合王国と統治国の国王、インド皇帝の冠を戴いたのです。

リッツは現在でもロイヤル・ワラント（王室御用達）を持つ格式の高いホテルで、エリザベス女王主催のチャールズ皇太子のバースデー・パーティが開かれたこともありました。レストランはミシュランの星を獲得、アフタヌーンティーを楽しみたいと思ったら最低でも3、4カ月前に予約をしないと席はないでしょう。ホテルの品格ある雰囲気を保つため、厳しいドレスコードがありまして、ジーンズ姿の某有名人が、レストランへの入店を断られたことでも知られます。いつもとちょっと違った空気感を味わってみたいと足を踏み入れるなら、お召し物と立ち居振る舞いには心してくださいませね。

COLUMN

ホテル暮らし

朝起きてから夜寝るまで、すべてがきちんと整えられている生活。ベッドを抜け出すと温かい朝食が用意され、インクの香りが微かに漂う新聞にはアイロンがかけられて気分の良い一日の始まりです。ベッドはいつの間にか綺麗に整えられています。テーブルや室内には季節の花が美しく飾られて、ガラス越しに目に入る庭の芝生はいつでもきれいに手入れされているのです。食べ終えた食器は、知らないうちに下げられてお皿洗いの心配もいりません。

細々としたことは、必ず誰かが手際よく片付けてくれる……貴族のような生活は現代のホテルで味わえるかもしれません。Hotelという言葉はラテン語のhospes（旅人・客・宿主）からhospitium（見知らぬ人を手厚くもてなす）hospitalis（手厚いもてなし）そして、hotel, hospital, hospiceという単語が生まれました。どれも「見知らぬ人を手厚くもてなす」という精神を持っているのです。

Hotelは中世に巡礼の旅をするキリスト教徒達に、一夜の宿と食事を提供したことに始まります。巡礼地への道筋で、巡礼者を受け入れる家の前には、目印として3本の杉が植えられて白い布が巻かれていたといいます。寒い冬の夜や冷たい雨の日などこの目印が目に入るとどれほどホッとしたことでしょう。

この素朴な形態は、B&B（Bed & Breakfast）と、パブやワイナリー、レストランなどが酔っぱらって帰宅困難となったお客のために宿泊設備を備え、イン（Inn）やオーヴェールジュ（Auberge）となって現在につながっています。

2 エドワーディアン

▼エドワード朝

ヴィクトリア女王の治世は、イギリスの発展、工業化、驚異的な富の獲得の時期と合致しています。彼女の長寿は共同体意識を確かなものにしたのです。そして孤独な未亡人として隠遁生活を送っていた時の不平や不満は、亡くなったことによって崇敬の念に変わって消え去りました。

長寿の母ヴィクトリア女王から「愚か者」とされたエドワード7世が王位に就いたのは、59歳になってから。政治経験はほとんどありませんでした。在位期間は1901年1月22日～1910年5月6日と10年足らず。しかしエドワード7世はとても親切で、人を惹きつける魅力のあるチャーミングなお人柄でしたから、周囲の心配に反して魅力のある君主兼皇帝の威厳を示し、ロマンティックで魅力的そして上品な「エドワード朝」とよばれる時代を実現することになるのです。

即位前の放蕩期間には各国で浮き名を流していたエドワード7世は外交に手腕を発揮して、不仲だったロシアやフランス、黄禍論にとらわれない発想から東洋の新興国日本との協定を結び、ピースメーカーとしても知られています。

新しい世紀が始まり、近代社会が急速に迫っていました。自動車だけではなく動力飛行、労働運動の台頭そして社会主義、革命と戦争。

エドワード朝は、激変を迎える時代に突入する前の煌めきの時代でした。エドワード7世はヨーロッパ大陸の、芸術とファッションのトレンド・セッターのリーダーとなり、上流階級は華やかで贅沢な生活を楽しんでいたのでした。

後に「裕福な人々が目立つことを躊躇わずに生き、上流の女性達は競ってつば広の帽子をかぶり、選挙権を持たずゆったりとした時代。イギリスが陽の沈まぬ帝国だった時代」と表現されています。

華やかなエドワード朝は、政治的には不安定な時代で、アイルランド独立運動、労働者の抗争、女性参政権をめぐる問題、党派の分裂と問題は山積みだったのです。『ダウントン・アビー』の中のアイルランド人のトムと、政治に関心を持つ伯爵家の三女シビルは当時の社会背景を物語っているのです。

▼趣味は競馬

エドワード7世は、趣味のひとつである競馬、自身で馬を持つだけではなく競走馬のブリーダーとしても手腕を発揮しています。1896年には彼が手がけ、サンドリンガム王立牧場で生まれた「パーシモン」という馬がダービーを制覇。王族のダービー制覇は、1821年に王弟時代のウィリアム4世以来75年ぶりという快挙でした。「皇太子のダービー優勝（The Prince's Derby）」という俗歌まで作られたとか。サンドリンガム牧場では、1900年にアンブッシュという馬がイギリス最大の障害レースグランドナショナルで優勝、王族としては史上初でした。

そしてパーシモンの弟ダイヤモンド・ジュビリー（誕生したのが1897年ヴィクトリア女王の在位60周年でしたから、これを記念してアレクサンドラ妃が命名したとされています）は、2000ギニー、ダービー、セントレジャーを制して三冠馬となり、エドワードに史上初の三冠馬の馬主という栄誉をもたらしました（王族の三冠馬というのはこれまでにエドワードだけですから、馬好きのエリザベス女王はヤキモキされているかもしれません）。

国王になられてからも、毎年夏に開催されるグロリアス・グッドウッドとその後のパーティには必ず顔を出されていたといわれます。

COLUMN

GOODWOOD

ちなみにグッドウッドは、チチェスターのリッチモンド侯爵家の所領です。1万2000エーカーという土地にカントリー・ハウス、競馬場、飛行場、サーキット、ゴルフコースがあり、現在はリゾートホテルも備えています。現在はリッチモンド侯爵の嫡男で儀礼称号を使われているマーチ伯爵の所有ですが、曾祖父は馬好きで牧場と競馬場を領地に作り、祖父は自動車好きでレーストラックを作り、父は飛行機好きで飛行場を作ってしまったという家系です。クラシックカーや飛行機のコレクションは愛好家にとって見逃せないもの。こうした先代の遺産を、上手に活用されているのが現当主のマーチ伯チャールズ・ゴードン＝レノックス。年間を通して何らかのイベントが開催されています。Goodwood Festival of Speedというカー・レースは1992年に始められ、その後毎年開催。その雰囲気からモータースポーツのガーデン・パーティと言われます。そして競馬、エア・ショー、Goodwood Revivalというクラシックカーのレースも恒例の催しでヨーロッパ各地から家族連れがやって来て楽しんでいます。ホテルを結婚式やパーティの会場として使うのも人気です。日本でも車好きの間では知られたイベントでぜひ行ってみたいという声をよく耳にします。ご自身も車好きというマーチ卿、クラシックカーから愛用のベントレーまで。先代から引き継いだ不動産活用の見事な例ですね。

Goodwood Race ヴィンテージポスター

▼華やかな貴族社会と深刻な貧困

『ダウントン・アビー』の中でグランサム伯爵が従軍していたのが「ボーア戦争」（1880～1902）です。イギリスはいまだに南アフリカの植民地化をめぐるオランダ系ボーア人（アフリカ在住の白人）との戦いに巻き込まれていました。従者のベイツさんは、この戦いで伯爵の従卒だったようです。マシューのお母さんのイザベルが、看護婦として訓練を受けたのもこの時期のことでしょう。

この戦争は、イギリスが敗北した第1次（1880～81）と金やダイヤモンドを豊富に産出するボーア人の二つの国、オレンジ自由国とトランスバール共和国を併合した第2次（1899～1902）に分かれます。ベイツ氏やクローリー夫人が参加していたのは第2次でしょうね。ゲリラに対する焦土作戦や地域住民を押し込めた劣悪な環境の収容所といった問題に加えて、イギリスの貧困層の公衆衛生と栄養状態に大きな問題のあることを露呈した戦争でした。

ヴィクトリア時代は、上流階級と富裕層はわずか4・3％、中産階級は16・6％、労働者階級が79・1％とほぼ8割がこの階級でした。その労働者階級も10歳以上の女性で給与が支払われていたのは半数以下の40％、男性は84％というのが1885年の国勢調査の数字です。

18世紀後半から、機械化によって職を失った工員や植民地からの移民など多くの人が仕事を求めてロンドンに押し寄せ、低所得者層の居住区であったイーストエンドと呼ばれる地区に集中しました。過密と貧困の上に不衛生、ネズミなどの害虫による病気、さらに売春による性病、スリや窃盗に人殺しなど犯罪の温床になり、上流階級の贅沢な暮らしぶりと対照的なロンドンの貧民窟ができ上がっていたのでした。ボロボロの服に身を包みこの地区に住み込んで、その経験を『どん底の人々』に著したアメリカ人作家ジャック・ロンドンは、イーストエンド地区の貧困、ホームレス、搾取的な労働環境、売春および幼児死亡率の高さは世界に類のない劣悪なものと結論づけています。

この下層階級をとりあげたチャールズ・ディケンズの小説には、彼が見聞きしたこの界隈での厳しい現実が描かれています。イーストエンドのホワイトチャペルと呼ばれる地区は、いまだに未解決とされる1888年の切り裂きジャック（Jack the Ripper）という連続殺人事件の現場としても知られているところ。被害者は8人とも、13人とも、いやもっと多い20人かそれ以上ともいわれ、真実は闇の中。確実に彼（もしくは彼女）の犯行とされる被害者は5人の売春婦。喉を掻き切られて内蔵を取り出されたという残忍なもので、解剖学の知識のある医者や肉屋など容疑者は多数。中にはヴィクトリア女王の孫クラレンス公アルバート・ヴィクター（エドワード7世の長男、王位継承者でしたが1892年肺炎で急死）の名もあがったという猟奇事件です。

この殺人事件は女王の耳に入っていたと思われるのですが、一時は孫が容疑者ということまでご存知だったのかどうか、愚かな息子の息子はやはり愚か者と心を痛められたのでしょうか？　女王は息子の放蕩にくわえて、孫にも悩まされ続けました。娼館の出入りは同じでも、孫は男娼館への出入りを噂されていたからです。『ダウントン・アビー』の中では、男性に関心を示すトーマスが逮捕寸前までという事件が描かれていました。

▼イーストエンドの実態――娼館と阿片

娼館というと女性の売春婦を思い浮かべますが、男性というか少年達が働かされていたところもあるのです。この男色、Greek Loveという単語があるくらいですから、ギリシャ・ローマの時代から、日本でも武士の間では眉目秀麗なお小姓をお相手にということはよく知られています。身分の高い男性が少年を、というのは、洋の東西を問わず起きていたようですね。問題なのは本人の意志と関係なく、無理矢理お相手をさせられていた少年達。お客はといえば、高い料金を支払える身分の男性達です。もちろん当時のイギリスでも公にはご法度でしたから、検挙されれば社会的に抹殺されるはずでした。

顧客逮捕に躍起になるスコットランドヤードを尻目に、富裕層の男性は郊外や海外へ逃亡。２年間の重労働という罰を受けなかったばかりか、不運にも逮捕され処罰されても刑期は短縮されています。まさに地位がモノを言うTitle talksとでも言いましょうか、地獄の沙汰も金ならぬ地位次第ですね。逮捕されたのは経営者のみ、働かされていた少年達はほとんどがお咎めナシでした。スキャンダルとしても、女性がからまないとさほど面白くないようで、次第に関心は薄れてしまいました。

本来の娼館もピンからキリまで、ジャック・ザ・リッパーの犠牲となった娼婦のほとんどは通りに立って行き交う男性に声をかけていた女性でした。美貌と才知のある高級娼婦は、高級娼館で複数の気前の良いパトロンを持って贅沢に暮らしていました。

　少し年代を遡った1848年、アレクサンドル・デュマ・フィスの実体験をもとにした小説『La Dame aux Camelias』の主人公は、高級娼婦〝courtisane〟（クルティザーヌ）もしくは〝demimondaine〟（ドゥミモンデーヌ）と呼ばれるマルグリット・ゴーティエが登場します。オペラの原題のTraviataは、道を踏み外した女性という意味のイタリア語。贅沢三昧な暮らしを手にしたとしても、社会からのはみ出し者という事実は否めません。ロンドンで議会に議員が集まらないので娼館を一斉手入れしたところ皆様お取り込み中だったというエピソードがあるほど、紳士の皆様方の〝憩いの場〟だったらしいです。なんといっても、人類最古の職業といわれますから人類滅亡の時までなくなることはなさそうです。

　そして犯罪につきものなのが、売春とクスリです。イーストエンドには娼館と並ぶ悪の巣窟、阿片窟（Opium Den）というものがありました。阿片を販売し、吸引するためのランプやパイプも取り扱っている所です。上流から労働者階級まで客はさまざま、お店も高級から手軽なものと多数の阿片窟が軒を連ねていたのです。あのシャーロック・ホームズ氏も、唇のねじれた男〝The man with twisted lip〟でワトソンに阿片窟で発見されています。コナン・ドイルだけではなく、オスカー・ワイルド、チャールズ・ディケンズ、クリスティ作品にも中毒患者が登場するほど、「阿片」は一般に知られていたようです。とんでもないことに阿片の鎮静効果は人をおとなしくさせるとして、利かん坊の子どもをおとなしくさせるため幼児用の阿片まで薬局で販売されていたとされますから、当時の労働者階級の5／6は何らかの形で阿片を利用していたとされます。

　紀元前のメソポタミアでも栽培され、薬剤として使われてきた阿片は、イスラム圏とのシルクロード交易で中国へ、三国志に登場する名医華佗の麻酔薬にも含まれていたとされます。薬剤として使われていた阿片の中毒患者が中国で急増したのは清朝になってからのこと。これはイギリスで紅茶が普及したことと関わりがあります。労働者階級の間にも紅茶が普及し、仕事の合間にお茶を飲むようになっていたため茶葉の輸入が急増。増加する一方の代金支払いに、生産と販売の権利を得ていたインドの阿片をあてるという三角貿易で中国に大量の阿片が流入していたからです。

　この阿片の撲滅を図る清とイギリスが対立、阿片戦争

（1840〜1842）に発展し、破れた清はイギリスが占領していた香港島を割譲という次第で、香港は1997年中国に主権譲渡されるまでイギリスの領土だったのはご存知の通り。

1977年、今は亡きイヴ・サンローランが「OPIUM」という香水を発売して物議をかもしたものです。東洋の神秘に魅かれ、日本の印籠からインスピレーションを得たボトル、金箔で飾られた漆細工のようなパッケージ、官能的なヴィジュアル……。中国は猛烈に批判し、アメリカでは反社会的とされ、当初は販売が許可されませんでした　クリエーターのサンローランは「禁断の香り」のイメージを阿片に重ねていただけなのだと思いますが、130年以上経っても中国では「阿片」は西洋支配の屈辱的な歴史を思い起こさせる不快なものと記憶されているのでしょう。

このようにロンドンには贅沢で洒落た貴族のタウンハウスと、不潔で悪臭漂うイーストエンドのスラムが併存していたのです。富める者と貧しい者の二極化。19世紀ヴィクトリア朝、そして華やかな20世紀のエドワード朝以降も含めて、富の集中による華やかな貴族社会と、深刻な貧困が同居していたのです。最大規模といわれた売春も、そうした貧困による困窮が大きな要因でした。

ウエストエンドの住民である上流階級の女性達にとってイーストエンドの生活は、まったく想像すらしたことのない別世界でした。社会見学と称してツアーに出かけることまでしていたのです。中には心を痛めて救貧院や救済施設に寄付をするとか、ボランティアで食事の配給や衣服の配布といった仕事を手伝う女性がいたことは、ホームズの『The Crooked man（曲がった男）』でも触れられています。

家事労働者いわゆるメイドという職業は、屋敷によって待遇が違いますし、仕事の幅も異なるもの。いまでいう「サービス残業」や「ブラック家庭」も多かったことでしょう。それでも寝る場所と食事付きというのは、とりあえず安心できる環境が与えられていたことを意味するのです。

新聞広告や紹介所を通して雇ったメイドの根性や手癖が悪く、トラブルに巻き込まれたり、詐欺に利用されたりすることもありました。特に高価な食器や家具、装飾品の扱いに慣れていないイーストエンド出身者が雇われるのは、中流以下の家庭がほとんどだったとされます。素性がしっかりしていて立派な紹介状を持った有能な侍女やメイドであっても、必ずしも100%信頼できるというわけでもなかったようです。『ダウントン・アビー』の中で伯爵夫人コーラの侍女バクスターは、男にそそのかされた窃盗の前科がありました。上流家庭の女性使用人というのは、不心得者の男にとって魅力的なカモだったようですね。

COLUMN

「話し言葉」について

ひとつ覚えておきたいこと、それは「話し言葉」です。同じ英語でも、上流階級はキングズ・イングリッシュといわれる標準のアクセント。上流の子ども達はパブリックスクールで寮生活を送り学校で過ごすうちに同じようなアクセントで話すようになります。Received Pronunciation（RP）という上流階級特有の話し方です。これはBBCのニュースキャスターが使うとされていましたが……。

一方労働者階級が話すのは、訛りの強いロンドンの下町英語をはじめとした方言。なにしろイングランド・スコットランド・ウェールズ・北アイルランドを合わせると30以上の方言があるといいます。上流階級の女性達は、キングズ・イングリッシュしか耳にしたことはなかったはずですから、かなり戸惑ったのではないでしょうか。『ダウントン・アビー』を英語版でご覧になるとこのアクセントの違いに気づかれると思います。また貴族の話し方は声のトーンも低めで落ち着いたもの、思わず耳を覆いたくなるような金切り声などあげません。

話す言葉の違いといえば、花売り娘に王族の前に出て公爵夫人として通用するような上品な振舞いを身につけさせることができるかどうかという賭けをした音声学の教授が、重要なのは完璧な話し方であると特訓を施して変身させるという『My Fair Lady』のストーリーが思い浮かびます。原作はバーナード・ショーの戯曲『Pigmalion』ですが、映画のタイトル「My Fair Lady」は「Mayfair Lady」をコックニー訛りで表現した洒落といわれます。かつては高級住宅街だったMayfairは、現在は高級商業地区としての一面も。

上流階級の標準語であるキングズ・イングリッシュは、人の生まれや育ちといった人物判断のひとつの基準であり、これを話すことで「信頼に足る人物」とされるのです。「鉄の女」で知られる初の女性首相マーガレット・サッチャーも庶民出身。個人教授について徹底的にRPアクセントに矯正したのですが、やはり訛りは残っていたようで、フィリップ殿下はお気に召さなかったようです（アクセントだけではなく、王族と過ごす時などまるで一員のように「フィリップ、お酒のお代わりお願い」と空のグラスを差し出す無神経さも腹立たしかったようですよ）。

最近はBBCのRPも変わってきていると言われます。エリザベス女王も伝統的なRPを話されていましたが、最近では少々中流化してきているとイギリス人が指摘しています。時代の変化でしょうか？　面白いのは中産階級出身のキャサリン妃のほうが、ウィリアム王子よりよほど伝統的なRPに近いということです。出自を気にされてか、気を遣われているのでしょうか。

話している言葉で出自がわかるというのは、どこの国でも同じではないでしょうか。ちょっとしたアクセントや表現の違いで「この人はどこそこの出身だろうな」と見当がつくものです。日本語でもそうです、イントネーションでだいたいどの辺で育ったのかはわかります。謙譲語、尊敬語、丁寧語と日本語の表現はとても複雑なもの。接頭語に「お」をつければ丁寧になると、何でも「お」をつけてしまうとか、語句を結ぶ「を・に・が・と・より・で・から・の・へ・や」といった格助詞の使い方の間違い等々、オカシナ日本語が気になります。

誰にとっても考え方やコミュニケーションのバックボーンとなるのは、母国語でしょう。美しい日本語を身につけるのに、ＴＶやラジオはあまり役に立ちそうもありません。標準とされてきたＮＨＫですら「？？？」と思わされることがたびたびあるからです。日本語の美しさを知るには、読書しかないのではと思います。ネットで調べものをしていて、『教育について考えてみよう』というサイトを偶然見つけました。この中に「本に触れることが一番」というサイトがありまして、子どもの頃から本に触れることで読解力と想像力が養われると書かれていました（http://www.stipda.org/read-books）。それに語彙も豊富になることでしょう。外国語を日本語に訳す時、語彙が豊富であれば細かいニュアンスを伝えることが可能になります。外国語を学ぶにはまずきちんとした母国語を身につけるのが基本、そして少なくとも品位のある外国語を身につけたいものです。

▼探偵小説の嚆矢

高級住宅地と劣悪な貧困地区という極端な世界に対して、18世紀に始まった市民警察が１８２９年には警察組織に発展します。イギリスのスコットランドヤードに８人のメンバーによる"Ditective Branch"（刑事課）が組織されます。

その中のひとり、ジョナサン・ジャック・ウィッチャー警部は、初の刑事として名を残した人です。手がけたのは「ロード・ヒル・ハウス」で起きた幼児殺害事件。郊外の貴族の館で夜間に起きた事件ですから、犯人は家族か使用人のはず……。捜査に赴いたウィッチャー刑事に立ちはだかったのは、地元の名士に遠慮し証拠を隠すことまでする地元警察、立場上口の堅い使用人、スキャンダルを怖れプライバシーにこだわる非協力的な家族などです。加熱する新聞報道、警察上層部からの圧力と捜査を妨げることばかり。「刑事」という存在への不信感と偏見の中、推理力と洞察力を駆使して容疑者逮捕に至るのですが……。単独犯だったか、共犯がいたのか、真実は１６０年近く経った今でも真相のすべては明らかになっていません。

この事件について、新聞報道で捜査の進捗具合を知った読者達が「事件の真相」を推理して警察や新聞社に送ってくる始末。情報量の少ない時ですから、どこもかしこも事件のことで盛り上がり、イギリス中が探偵フィーバーで盛り上がりました。そして、この事件をきっかけに探偵もの、刑事ものといった推理小説が確立していくのです。

歴史的な経緯からも〝情報〟の重要性を知っていたイギリスでは、１９０９年に諜報機関を設立。

名探偵として知られるシャーロック・ホームズには諜報のジャンルに入るものもあります、〝Naval Treaty〟（海軍条約文書事件）、〝The Adventures of the Second Stain〟（第二の汚点）、〝The Adventure of Blues Partington Plan〟（ブルースパーティントン設計書）、自らが二重スパイとなる〝The War Service of Sharlock Holmes〟（シャーロック・ホームズの軍務）といった作品です。作品中でホームズ氏は、さる高貴な女性（ヴィクトリア女王）から、エメラルドのタイピンを贈られたり、皇太子時代のエドワードからの依頼を受けたりしています。〝The Adventure of the Beryl Coronet〟（緑石柱の宝冠）、〝The Adventure of the Illustious Client〟（高名な依頼人）。

探偵小説とスパイ小説の面白さは、なんといっても推理すること。その基礎は観察力と洞察力、黙って人の話に耳を傾け観察する、これ、イギリス人の得意とするところです。そのせいでしょうか、イギリス人は他人の特徴を摑むのに長けていて、人真似がとても上手です。エリザベス女王は各国の重要人物と会談された後で、癖や仕草を上手に真似されてご家族を笑わせているというのですから、恐るべしですね。特に郊外の村では、教会の神父様（〝Father Brown〟: G.K.Chesterton）や牧師様（〝Sidney Chambers〟: James Runcie）、ティーサロンの片隅で編み物をしているご婦人（〝Miss Marple〟）にヨソ者はじっくり観察されているかもしれませんから、言動には注意してお行儀良くしていないととんだ誤解を受けるかも。

▼平等意識なんてなかった

貴族階級が華やかだったヴィクトリア女王とエドワード7世時代あたりまで、貴族と労働者階級の格差は不公平とは思われていなかったようでした。それは「生まれ」の違いとして受け止めるしかなかったからです。階級は血筋によって生まれる前から決まっているもの、貴族とは「その家系に生まれるもの」でどのように努力しても「なれる」

ものではないということを労働者階級は知っていたからです。生まれついたところで、与えられた自分の役割を精一杯こなす、なんだか演劇の世界のようです。演劇の盛んなイギリスのことですから、人生はひとつの舞台、そこで演者として与えられた役割を演じているような感覚を持っていたのかもしれません。

贅沢で派手な暮らしをしている貴族にとって、数百年にわたって脈々と受け継がれて来た伝統と格式を守ることは重圧のある義務でもありました。父親から受け継いだ領地と屋敷を管理し、住民の生活を保証して彼らの手本となるような立派な生き方で尊敬に値する存在でなければならなかったのです（領地の所有者というより、管理人という感じかも）。

優雅な格式とさまざまな作法、身だしなみ、立ち方、話し方、食事の仕方で属する階級が一目瞭然でした。貴族にとって、生活全般にわたる細々とした作法が人生そのものでもあったのです。規則にしばられた生活をすることで、感情を露わにすることのない冷静沈着さを身につけ、考えには迷いがなく常に自信に溢れ、言葉には責任を持つ、正しい行ないをして尊敬される人物とならなければならないのです。領民の尊敬を集め信頼に足る領主となることで、自らは労働をしなくとも領地から収入を得る正当な理由づけが持てるということなのです。ですから貴族という地位には、多くの義務と責任が伴っていました。

「役割を果たす」という義務を自覚するひとつの手段が、作法でした。時として尊大で無礼と受け取られることはあっても、医療保険や社会保障のない時代のこと、領民や使用人の医療費や作物、家畜や農作物の被害について補償というか面倒を見る必要もありました。『ダウントン・アビー』の中でも、従者ベイツさんの冤罪騒動、コックのパットモアの白内障、家政婦のヒューズ、執事のカーソン、侍女のアンナ、下僕のトーマスの医療費は「私が払う」と家族が申し出るのに象徴されているでしょう。領民に対しては、下僕のウィリアムの父親や束の間マリーゴールドの養父母となったドリュー夫妻が地代を滞納していた時期のそれとない気遣いに見られます。

▼それぞれのプライド

この時代は、貴族、使用人、領民のそれぞれが自分の立場を理解し「分をわきまえて」いたことが伝わってきます。

それぞれを結ぶのは信頼感でした。領主は使用人や領民なしに生活が成り立たないことをよく理解していましたし、使用人や領民はそれぞれの仕事が領主を支えていることを心得ていたからこそ自分の立場と役割をわきまえ、プライドを持って役目を果たして貴族の暮らしと領地全体が上手く機能するように務めていたのです。つまり誰もが自分の置かれた（生まれた）立場に、誇りを持っていたと言い換えられるかもしれません。

爵位はどうしようもないとしても、使用人であってもその中で上を目指すことができましたし、領民であれば最高の野菜や果物、家畜を育てることや、庭師であれば手入れの行き届いた庭と美しい花を育てることにプライドをかけていたと言えるのです。

今でもイギリスの郊外では、○○コンテストが開かれてパイやジャム、花、家畜の育ち具合などの腕前を競います。そこで優勝することは、その村で第一人者の証です。仕事への誇りとモチベーションが高まらないはずはありません。『ダウントン・アビー』の中では、バラのコンテストが取り上げられていました。

ドラマのフラワー・コンテストでは、領主への配慮から毎回優勝するのは先代伯爵婦人のヴァイオレットの庭師。誰もがデキレースとわかってはいるのですが、言い出せないまま回を重ねていたところ、親族のクローリー夫人がストレートに指摘し伯爵未亡人が勝ちを譲るシーンでは、それぞれの心持ちを考えさせられて面白いところです。貴族とは異なる世界の人としてとらえられていたのでしょう。貴族は庶民から見れば風変わりな格式や作法に縛られて多大な義務と責任を負う生活は、不自由で窮屈なものに映っていたかもしれません。羨ましいというよりも、「お役目大変ですね」的な気持ちが強かったかもしれないとまで思えてきます。

▼マナー厳守

朝起きてから夜寝るまで、極端に言えば一挙手一投足まで作法に従うかわりに、贅沢はできる。そんな生活で最も重きを置かれたのは食事、晩餐でした。誰と話し、何を着るか、どのように食事をするか、すべては作法を頑ななまでに守り、それがなければ文明人ではないとさえ思い込まれていたのです。

よろず複雑な作法と贅沢な食事を好んだという貴族ですが、食事の席では食べ物そのものよりマナーがなによりも大切でした。美しく飾られたテーブル、一分の狂いもなく整然と並べられた食器、磨き上げられた銀の器やカトラリー、一点の曇りもないクリスタルのグラス類、手入れの行き届いたシャンデリアやほのかな香りの蜜蝋キャンドル、流麗な手書きのゲストカードやメニューと完璧に整えられた食卓は、貴族が実現しようとする完璧な人生の象徴だったのです。

「やり過ぎぐらいがちょうどいいのよ」というヴァイオレット伯爵婦人のお言葉は、妙に説得力がありました。招待客が思わず息をのむほど、驚いてくれれば大成功ということです。この食卓の飾り付けも、料理そのものも、熟練した使用人達の協力があってこそのことですし、料理にしても地産地消の素材は領民が手をかけたもの。テーブルをはじめ屋敷内に飾られた花のほとんどは庭から調達されますから、庭師の腕も必要です。晩餐ひとつを例にとっても、見えないところで数十人の支えがなければ不可能なもの。貴族と労働者階級の間に信頼と敬意そして感謝の気持ちを通わせて、誰もが分をわきまえ自信を持って役割をこなしていたのです。

存在価値は役割を果たすことにありと考えられていたので、不平等とは思ってもいなかったのでしょう。不平等だと思った民衆がバスティーユに押しかけて始まった革命で、王族や貴族をギロチンに送ったフランス革命から数十年、ラテン民族とアングロ・サクソンという国民性の違いからか、イギリスでは貴族と労働者がとても上手に〝棲み分け〟を心得ていたように思えます。

カントリー・ハウスと領地というきわめて限定的ながらも秩序だった集団が形成されていたのは、現代社会から見ると羨ましい点もありそうです。状況や条件はまったく違っているとはいえ、今の世の中、雇用主と雇用される側に敬意や思いやり、感謝の念など心が通じ合うことがあるのでしょうか？　年次計画のボトムラインの収益があまりにも重視される現代、経営者や政治家など社会の規範となるべき人間の作法や言動は果たして規範に足るものでしょうか？

トップに立つ者には地位に伴う特権がつきものですが、その特権とはあまたの義務と責任と裏腹であることがすっかり忘れられているようです。ことある時は責任をとるという潔さはどこへいってしまったのでしょう。分をわきまえない人間が跋扈する時代って、混迷するばかりです。誰だか忘れましたがギリシャの哲人が、「この世のすべての混乱は、人が居るべき場所におさまっていないからだ」というような言葉がありました。日本でも武家の息子は幼い頃から武士たる者の義務と責任を叩き込まれ、厳しくしつけられてきたものです。階級差のない自由で平等な社会でも、社会の規範や人としてどう生きていくかという普遍のものは変わらないはず。本来教育の根っこはそんなところにあるのではないかと考えさせられます。

第二次世界大戦の直前に、タイムズ紙のローマ特派員だったある記者は時局の危機にやりきれない思いを抱き、憤りながら「ムッソリーニ、ヒットラー……迫り来る戦争の脅威、これはすべて若い頃の躾が悪かったんだ。結局教育が悪いんだ」と言ったという話を聞いたことがあります。第一次大戦で嫌というほど被害を被ったヨーロッパで、戦争はコリゴリという時期だったにもかかわらず、雲行きがあやしく危機感を抱いたがゆえに口をついて出た言葉でしょう。世界のあちこちが不安定なこの頃、社会情勢は大戦前に似ているように思えてなりません。

「英雄のいない時代は不幸だが、英雄を必要とする時代はもっと不幸だ」というのは、ドイツの劇作家ヴェールトルト・ブレヒト『ガリレイの生涯』中の台詞です。1939年第二次世界大戦の始まった時の作品ですが、とても気になるフレーズです。

3 貴族と結婚

格式にこだわる王族や貴族は、同じような身分の相手としか結婚しませんでした。それは親同士が、互いの家柄や財産等々を検討して決められました。子どもの頃からとか、生まれてすぐに「お相手」が決められていることもありましたし、生まれる前から決められているようなことすらありました。王族ともなると相手の顔を見るのは結婚式が初めてということも。

19世紀ともなると、子どもの頃からの友人はともかく、適当と思われるお相手と事前に顔を合わせ、パーティや互いの屋敷に招待し、食事や狩猟、競馬などに出かけて相性を見極めることもできるようになりました。しかしそれは親が候補と決めたお相手の中から選ぶということに過ぎませんでした。女性は結婚して子どもを産んではじめて一人前と認められる時代でしたから、いくら身分が高く財産のある家であっても、結婚せずに一族に面倒を見てもらう一生など考えたくもなかったはずです。とにかく相応しい相手と結婚することが最大の課題でした。

とはいっても、適当と思われるお相手だからといって「私、この方と結婚します」と勝手な行動をするわけにはいかなかったのです。

▼社交界へのデビュー

作法に縛られる貴族のこと、まず女性は社交界へのデビューをしなければなりません。上流階級の娘達は、一人前のレディと認められる16～18歳になると宮中で国王に謁見という行事があり、この手続きを踏むことで社交界に出入りが許され、貴族の妻にふさわしいというお墨付きが与えられるのです。毎年デビュタントの令嬢と付き添いのシャペロンがバッキンガム宮殿に馬車で向かいます。この馬車も馬や御者の数に決まり事がありましたし、女性達の髪飾りのヴェールは床に届くものなら2m70㎝以上、頭上の羽飾りについては既婚女性なら3本、未婚女性は2本、ティアラをつけられるのは既婚女性のみと決まっていました。令嬢達のドレスは無垢の象徴である白が好まれました。

国王の謁見を終えるといよいよ社交シーズンの始まりです。社交の場はロンドンだけではなく夏になるとヴィクトリア女王の離宮オズボーン・ハウスのあるワイト島に移動します。令嬢達はできるだけ早く嫁ぎ相手を決め、地位と権力を得なければ存在価値はないも同然でした。『ダウントン・アビー』で伯爵家の次女イーデスがなんとか結婚をと彼女なりに必死になっていたのもこうした背景があるからです。

パーティでの面白いお話、見知らぬ者同士の出会いでは、どうしてもパッと見の第一印象に重きが置かれてしまいます。一説によると見かけが9割ともいわれます、必ず内面があらわれるという第一印象が勝負どころですね。男性の視線は女性の顔、唇、胸といったパーツに向けられるというのは、現在の調査でも明らかにされています。

一方女性はというと、男性の全体の雰囲気をつかんでから、顔立ちや身体的な特徴などを仔細に検討するようです。なぜなら脳の構造が少しばかり違っていて、女性に比べると男性は左右の脳を結ぶ脳梁が小さいからであると脳科学の発達した今では説明されています。脳梁が大きければ、一度にいくつもの情報を処理できますが、小さければ同時に複数の情報を処理できないといいます。つまり男性には初対面の女性を全体評価できるほどの情報処理能力がないということになるのです。男性達が何かに集中するあまり、うっかり忘れることが多いのも、この脳の構造上からのこと。複数の情報処理能力に長けた女性達が、細かいことまで覚えているのもこの脳の働きのおかげです。

お互いの役割で補完しあうように役割が分担されていると割り切って「どうしてこんなに大切なこと忘れるの？」と腹を立てずに、フォローしてあげるしかなさそうです。

▼ディナー

社交シーズン中のディナーの席は、食事の場というよりは結婚相手を探す場でした。ホステスはこれぞと思われる男性と女性を隣同士に座らせて、少しはお互いを知り合う機会を設けていました。もちろん食事にも作法は山ほど。食材にあわせたナイフやフォーク、スプーンを間違えるなどとんでもない野蛮さと受け止められ、着席している主催者やゲストだけではなくサービスしている使用人達にも、笑い者にされてしまうのです。

その場では表情ひとつ変えずに沈着を装うのが、使用人の作法ではありました。何しろ存在を感じさせない空気のようになれるのが最上の使用人なのですが、それでもサーバント・ホールではメイドやコックが「上の様子はどう?」とか「○○様ってどんな方?」と興味津々です。給仕をしている下僕達からあれこれ聞き出そうとしているのですから、万一失態などしようものならお屋敷内の使用人全員の知るところとなるのは必至。『ダウントン・アビー』でも、突然屋敷と所領の相続人となった遠縁でマンチェスターからやってきた医師の息子マシューを財産の盗人として快く思わないメアリーが、階級が違うとして意地の悪い接し方をします。短いシーンですが、貴族としてのプライドだけではなく心の奥底にある意地悪さや皮肉な感情が表現されていて印象に残ります。

心の内では丁々発止になることすらある食事の場、ここで給仕をする下僕の間にも見えないバトルがあるのに気づかれた方もいらっしゃるでしょう。メインのプレートと添え物やソース、たとえばサラダとドレッシング、メインの肉や魚と副菜、デザートとそれにかけるクリームやソースでは、メインを運ぶか添え物を運ぶかは使用人のランクによるのです。「今日は○○にメインを運んでもらう」と格下のはずの給仕に執事から指示があると「あいつは格下なのに、なぜ」と不満を持つのです。

私などは「誰でもいいから早く持ってきてぇ」と思ってしまいますし、サービスされる側は誰が何を給仕してくれたかを覚えているかどうかはなはだあやしいのですが、仕事に対するプライドを傷つけられたことで苛立つのでしょう。

先輩として何かと面倒を見ていた後輩が認められるというのは、ある程度までは誇らしい気持ちを持てても、後輩が成長して追い越されるようなことになると面白くない、こんな上司ってどんな組織にもいるようです。部下の能力を引き出した指導力に自信を持てばいいのに、追い越されたと感じると潰しにかかる。そうでもしないと自分の存在理由がなくなるとでも思うのでしょうか、部下の成長を素直に喜べばいいのにそうはいかない複雑な心境。階級や職種を問わず人間心理や人間関係はややこしいものですね。

さて食卓につきましょう、使用人が引いてくれた椅子に座っても背もたれにもたれてはいけません。背もたれはあくまで装飾。使用人が椅子を引いたり揃えたりする時に持つものです。背筋はとにかく真っ直ぐに、テーブルに手をつくのも不作法なこと。レディは乾杯のグラスは掲げるだけ、音をたててグラスを合わせてはいけませんでした。日本では「乾杯」と言いますが、乾杯を意味するToastという言葉も使わなかったのでTo ○○と誰かに捧げるか、À Votre Santé「健康に」と言っていました。

▼どうする手袋

貴族の女性の必須アイテムの手袋、とにかく食事以外は手袋をはめているのがお決まりでした。手袋をはめずにいるのは裸も同然という恥ずかしいことだったのです。食事の席で手袋は膝の上に置いて、その上にナプキンをかけるのです。席を立つ時には、ナプキンを食卓に置いて手袋を持つのです、うっかり忘れるなんてことも許されませんでした。指輪やブレスレットなどのアクセサリーを手袋の上からというのも、手袋常時着用という作法から生み出されたのでしょう。大きな指輪の上からの手袋は、柔らかなヤギ皮やキットの素材なら形を崩してしまいますし、デリケートなレース素材なら破けてしまいますから。でもなんとも面倒くさそうなお作法です。もし今の日本でこうした作法があったらどうでしょう？　カフェやレストランでは大量の手袋の忘れ物、そして片方だけ残されるものも少なくないことでしょう。さらに工夫に優れた日本のことですから、絶対に忘れない手袋クリップとかケースとか考え出すかもしれません。おそらく優雅とはほど遠いものになるでしょうけれど。

ヨーロッパのどんなに小さな街でも見かける手袋専門店、高級なものから実用的なものまで揃っているのはこうした歴史的な背景があるからなのでしょう。

もし専門店で手袋を買うチャンスがあったら、まずサイズをはかってもらいましょう。それから希望する色と素材、使い方をきちんと伝えること。専門店の店主でも販売員でも一年中人の手を見ているのですから、その判断に間違いはないはずです。きっとお気に入りの手袋を手にすることができるでしょう。オーダーだって可能なはず、自分の手にピッタリの手袋なんて自分にしかわからない贅沢ですが、手にするたびに豊かな気持ちになれますしなによりも使い込むほどに愛着が増して大切にすることでしょう。

▼勝手にお話ししてはいけません

話を食卓に戻しましょう。お料理を使用人の差し出す大皿から自分の前にあるお皿にとりわけて美味しそうな匂いに食欲をそそられても、手を付けるのはしばらくお預けです。ホステスである女性が手を付けるまで待つのが作法だからです。お話の相手もホステスが右隣の人と話し始めたら、誰もが右隣の人と話をしなければなりません。そしてホステスが向きを変えて、左隣の人と話し始めたら同様に左隣の人と話します。これ、誰か従わない人がいると、おかしなことになってしまいます。

結婚相手を探す女性の左右に候補の男性を座らせるようにして、どちらが良いか決めさせるという場になることもありましたから、男性も女性も居心地悪そうです。ただよく躾けられた彼らは、内心を表に出すようなことは決してありません。

社交と訳されているSocialには、初めて会った人とでもまるで十年来の知己のように親しく接するという意味もあるのです。格式ばらないディナーであってもうちとけた会話の席でも、どれほど良い躾を受けた人物であろうと、自分が聡明だとか何かに精通しているということをひけらかすのはタブーとされ、その話題は専門外に限られました。会話がとぎれ宗教や政治を持ち出すのも控えられました。会話がとぎれないように、どうでもいい質問をはさむ訓練を受けていて他の人が話をするようにしむけるのです。芸術や演劇、古典に歴史といった共通の一般的な教養を日頃から蓄えておくのが基本です。「先日私が〇〇に行き〇〇しましてねぇ……云々」と滔々と自分の手柄話を話し続けるなんて下品の極みとされます。残念ながら日本でよくみかけるタイプではありますが……。

お相手を探す貴族の結婚の場合、「愛情」は二の次。男性にとって何世紀も守られてきた決まり事と手法を変えずに暮らしを続けていくために必要な〝当主夫人〟という存在は、嫁いで来て役目を果たしていずれ退場する存在に過ぎませんから、できれば眉目麗しく、多額の持参金を持ち、両親が納得する女性であれば文句はありません。両親といっても発言力があるのはたいていの場合母親でしたが、その母親に対しても「財力」というのはもっとも説得力を持っていたのです。嫁姑の揉め事や確執は程度の差こそあれどこにでもあるものですから、よほどのことがない限り目をつぶるか見えないフリをしていたようです。

逆に女性にとっては、嫁ぐ家柄の資産状況次第で一生が決まってしまうのですから、少しでも良い条件の嫁ぎ先をと必死だったと思います。もちろんそんな素振りを悟られることは控えたでしょうが、内心はかなりストレスになっていたと思います。

グランサム伯爵家の3人の娘、メアリー、イーデス、シビルの結婚観に、長女、次女、末娘という立場や性格の違い、時代背景があらわれているのも面白いところです。

長女のメアリーは勝ち気でしっかり者、プライドが高くてなかなか素直になれず傲慢に思えることも。なぜかすぐ下の次女イーデスには驚くほど意地悪でライバル心を燃やしています。母親でさえ「あの娘には何の取り柄もない」と言うほどのイーデスですが、いざという時の決断は結構大胆です。結婚式に新郎が姿を見せないという挫折を味わって以来、しっかり者に変身。思いもかけない展開で伯爵夫人となる彼女、大器晩成型でした。

家族全員に可愛がられる末娘のシビルは、姉たちの確執を横目で眺めつつ、どちらに味方するわけでもなく優しさと進歩的な考えで独自の道を選びます。末っ子というのは、どこか味噌っ滓扱いされるもの、どうしても目こぼしされがちなので比較的自由でいられる気楽さもあったのでしょう。

4 エドワード7世とアメリカ女性

さて、ヴィクトリア女王を悩ませた皇太子時代のエドワードが、イギリス上流社会に持ち込んだ最大の功績はアメリカ女性といえるかもしれません。巨万の富で財政難の貴族を救っただけではなく、彼女達の自由で自立した新しい生き方がイギリス女性達に影響を与え、新風を吹き込むことになったからです。

▼新興国アメリカの女性

産業革命で世界の工場といわれ、世界の1／4を領土とした大英帝国が繁栄する中、貴族と労働者というシンプルな階級社会が揺らぎ始めます。それは成功し財を蓄えた中産階級（貴族から見れば血統のわからない成上りにすぎませんでしたが）が台頭してきたこと。さらに植民地（本来なら先住民の土地）だったはずのアメリカがイギリスの課す重税に反発し、1776年に独立を果たしたことにあらわれています。アメリカには、経済活動と信仰の自由を求めて北米大陸に移住したイギリス人とヨーロッパの白人が多く住み、奴隷問題や南北戦争などのゴタゴタを経て重工業化がすすみ、自動車、石油、鉄鋼、さらには資金集めの金融と（今でも変わっていませんね）産業が急成長しました。その中でフォード、ロックフェラー、カーネギー、モルガンと有名な財閥が次々にあらわれ、1894年には工業生産力はイギリスを抜いて世界一になります。

たかだか200年足らずの新興国に生産力は持っていかれ、大量の穀物を安価に輸出され、さらにボーア戦争やスペインへの介入、インドの植民地化などで戦費が嵩み、財政は逼迫する一方の大英帝国、まさに泣きっ面にハチという苦々しい思いだったでしょう。

「自由」を求めたアメリカですから、万事堅苦しく保守的なイギリスとは正反対です。気候だってどんより重苦しいイギリスより明るいので開放的、そのうえ経済成長をしていますから活気に溢れていたはずです。19世紀後半から20世紀前半に起こった「ウーマンリブ」活動に影響された女性達は、自立意識や社会への参画、職業意識を持つようになり、それまで女性の持ち場は家の中だけとされていた活動領域を広げていました。親や夫の意見に黙って従うのではなく、「自分」の意見を持ち、人間として成長することを望む女性達。芯は強く凛としていても、控え目で感情を露わにしないイギリス上流社会の女性達と比べると、話題は豊富で、臆することなく自分の意見を口にするのですから、沈着なはずのジェントルメン諸氏も驚き、戸惑ったことでしょう。

それを楽しいと思うか、女性の分際ですぎたことと思うかは、人それぞれだったでしょう。まぁ、男性の常で女性には甘いというか弱かったのは間違いありません。厳しい目を向けたのはむしろ女性でしょう。「はしたない」とか「不作法」とか、「どうせ庶民の出ですもの」と表面上は冷ややかな反応だった思うのですが、「あんなふうに自由にしてもいいのね」と、羨ましいと受け取った女性達も少なくはありませんでした。

『ダウントン・アビー』の中では、フリントシャー侯爵令嬢のローズが新しい女性を体現しているといえるでしょう。祖母のヴァイオレットの典型的な貴族ぶりとは対照的で、蓄音機（という呼び名がふさわしいので敢えて）にラジオと新し物好き、柔軟な思想で恋愛にも積極的でした。黒人のジャズプレイヤーとの恋愛は、おそらくレディ・キュナードの娘ナンシーとヘンリー・クラウダーの恋愛沙汰にインスピレーションを得たものだと思われます。帝国内には黒人やインドのようにカラードも含まれているというのに、肌の色は一目瞭然で別世界の人間として区別されていたのです。貴族の枠におさまらず自由な生き方を求めるためヒヤヒヤさせられたレディ・ローズですが、機知に富んだ柔軟な考えの人柄で最後に幸せな結婚をしてメデタシ、メデタシでホッとしました。

彼女のような新しいタイプの女性達が貴族の中で生まれたのは、社会の変化ばかりではなく皇太子時代のエドワード7世がアメリカ人富豪の令嬢を社交界に招き入れたことがきっかけとなりました。

▼堅物ジョージ5世が王位に

社交好きだったエドワード7世が崩御し、次男のジョージ5世がウィンザー朝初代君主として即位します。長男のアルバート・ヴィクターはヴィクトリア女王の在位中に28歳で肺炎を患って亡くなっていました。そのため次男のジョージが王位を継承することになったのです。

アルバートは亡くなる6週間前に、ヴィクトリア女王お気に入りのテック公の娘メアリー・オブ・テックと婚約をしたばかりでした。メアリーを国王の妻として王室に必要な人物と見込んでいた女王は、弟のジョージと結婚させることにしたのです。兄がダメなら弟になんていうのは、なんとも釈然としませんがよほどお気に入りだったのでしょう。女王が見込んだメアリーは、王室のしきたりを厳格に守り、女王の期待に応えました。

そしてジョージ5世も祖母の女王同様厳格で生真面目で、気ままな振舞いは王室にとって好ましいものではないという考えの持ち主でした。父エドワードが堅苦しさと決別させてきた王室を、本来の厳格な姿に戻そうとしたのです。

手はじめはエドワード7世の愛妾アリス・ケッペルの追放と、とりまきで影響力を持っていたアメリカ女性達の宮廷への出入り禁止でした。なんとも大時代的な感じがする話ですが、とりまきだった女性達にとっては天地がひっくり返るような大事件。国王とも親しく宮廷に顔が利いたことでフリンジベネフィットも多かったでしょうし、プライドも保ち続けられたというものです。中世なら修道院送りにされたかもしれないのですが、お金には困らない彼女達はあいかわらずサロンに芸術家や政治家、知識人を招待して捲土重来の日を待ち望むことになったのです。

この堅物ジョージ5世とロシア皇帝ニコライ2世は従弟同士の間柄、入れ替わってもわからないほどそっくりでした。１９１７年のロシア革命でイギリスに亡命してきた家臣が国王に謁見して「皇帝陛下、ご無事であらせられたか！」と感激のあまり跪いたという逸話があるほどです。皇帝の妃アレクサンドラとも従妹という関係でした。革命でロシアを離れざるをえなくなった皇帝一家を亡命者として受け入れようとした政府に対して、社会主義革命がイギ

ジョージ５世（右）とニコライ２世（左）

リスにまで影響を及ぼすのを恐れた国王が受け入れに反対したという説があります。

　ジョージ5世は第一次世界大戦では従兄のドイツ皇帝ウィルヘルム4世と戦ったばかりでした。国境を越えた王族の親族関係には個人的な親愛の情など入る隙もないということでしょう。ひとりになると思い悩むことが多かったようで、ヘビースモーカーだったジョージ5世の喫煙量は大戦中に増加、後に呼吸器系の病気に悩まされる原因になったともいわれています。

　祖母譲りの厳格さで、「子ども達には愛されるより、恐れられたい」と仰せであったというジョージ5世。妃メアリーとの間に、エドワード8世（1894～1972）、ジョージ6世（1895～1952）、メアリー（ヘンリー・ラッセルズ伯夫人、1897～1965）、ヘンリー・グロスター公（1900～1974）、ジョージ・ケント公（1902～1942）、ジョン（1905～1919）の五男一女が生まれています。

　末っ子のジョンは自閉症で4歳の時に癲癇の発作をおこして以来、世間から隠された存在となり、13歳にしてサンドリンガムで亡くなっています。悲劇の王子といえば、ヘンリー8世の兄アーサー・チューダーも病弱で15歳で夭逝したこと、12歳で結婚した王妃キャサリン・オブ・アラゴンが皇太子となったヘンリー（8世）と再婚させられたことなどを彷彿とさせられます。

COLUMN

成り上がりとニセ貴族

　旧世界から新世界へ、世界の中心はアメリカに移りつつありました。堅苦しさを捨て自由に振舞い、「まるで英語をチューインガムのようにクチャクチャと噛んでなんとも汚らしくした」と嫌っていたアメリカン・イングリッシュまでもが流行るほど、アメリカかぶれが進みました。イギリス貴族が何よりも重んじてきた血統や家柄（漬物石のかわりになりそうなバーク貴族名鑑で、すべての貴族の血統を遡ることができます）とは関係なく、氏素性のはっきりしない「成上り」に主役の座を奪われました。

　貴族の称号は、財政難のロシア貴族やフランスの貴族から買い取ることができましたから、名前に「ド」「ドゥ」をつけた偽とでもいうべき爵位が横行していました。バーク貴族名鑑を発行し続けてきたイギリスはともかく、大陸では幾度もの戦いで多くの記録が消失してしまったため、真贋をはっきりさせることができなくなっていたからです。

　記録がいかに大切かということがよくわかる事象ですね。とにかく記録は歴史です。失くした、処分したなどという場当たり的な処理は、後々とんでもないことになりかねないのですから。デジタルだけではなく、紙で残しておくのもお忘れなく。デジタル資料は便利ですが、至極簡単な理由で壊れて読み取り不可になってしまうこともありますので、紙でバックアップをとっておくのはとても重要なことと心がけておきましょう。

▼ジョージ5世の統治（皇太子エドワード）

皇太子時代のエドワード7世のとりまきの中に、モード・キュナードというロンドン社交界の頂点ともいえるサロンを主催する女性がいました。彼女のサロンは最高に贅沢で楽しいとされ、画家、音楽家、作家、詩人、彫刻家、貴族、政治家達のメッカと称されたほど影響力のあるものでした。サンフランシスコ生まれのモードは、土地投機で財をなし女の子を養女にするのが趣味というあやしげなホーレス・カーペンティエールという人物の養女となります。

　上昇志向の強かったモードは、カーペンティエールの後押しで社交界デビューを果たし、ポーランド貴族のポニアトスキ公爵と結婚すると吹聴しますが、彼には別の婚約者がいたという騒動をおこします。そんな彼女を見初めたのが、イギリス貴族で21歳も年上のサー・バッシュ。あのキュナード海運創立者の孫でした。

　彼との結婚は名声と社会的地位をもたらすと考えたモードでしたが、狩猟が趣味でカントリー・ハウス暮らしに満足を覚えるサー・バッシュとは正反対で、社交や芸術を好むモードは娘を生むと「子育てほどくだらない仕事はない」とロンドンに住まいを移してしまいます。指揮者のサー・トーマス・ビーチャムとの不倫が、音楽好きだったモードの音楽界や音楽家へのサポートをさらに熱心にしたようです。

その彼女のサロンの常連のひとりが、ジョージ5世の息子で王位継承者のエドワード皇太子でした。モードとサロンに出入りする人々とのつき合いは、エドワードが王位についてからも続きます。しかし、エドワード7世の後を継いだ真面目でアメリカにさほど関心のなかったジョージ5世と王妃メアリーに嫌われていたモード達は、宮殿への出入りを禁じられてしまいました。社交界の頂点として君臨していたモードは面目を失いますが、贅沢なサロンと音楽家や芸術家達の支援活動などは続けていました。

ある時友人の紹介で彼女のサロンに顔を出したのが、ジョージ5世の長男エドワード皇太子でした。彼はアメリカ好きで、楽しいことや女性が大好きという祖父の気質をしっかりと受け継いでいました。チャーミングな皇太子を歓迎したモードは、将来エドワードが王位を継げば、再び宮殿に出入りができるようになると考え始めます。1925年にサー・バッシュが亡くなると、モードは大好きな宝石にちなんで「エメラルド」と改名し、以後エメラルドと名乗るようになり、署名もEmeraldとしています。

▼エドワードとテルマ子爵夫人

エメラルドと名乗り始めた頃、エドワードにひとりの女性を紹介したことから歯車はおかしな方向に回り始めます。その女性は、アメリカ人外交官の娘で離婚歴のあるテルマ・ファーネス子爵夫人。2人はすぐに恋愛というか不倫関係に（皇太子は独身でしたが、彼女は人妻でした）。30代だった皇太子は幼少期には乳母から厳しく躾けられ、物心ついた頃から王位後継者として帝王学を身につけていたためか、第一次大戦中はできる限り前線を訪れて直接兵士を激励して歩き、戦後は自国の領土や植民地を歴訪しました。訪問先で直接国民とふれあう皇太子の人気は高く、行く先々で絶大な歓迎を受けました。当時の首相ロイド・ジョージは「イギリスの最も素晴らしい大使」と絶賛するほど国内外で人気

Prince Charming
（エドワード皇太子）

者だった皇太子は"Prince Charming"の愛称で親しまれ、「世界で最も魅力的な独身男性」と注目される存在だったのです。祖父譲りの明るい性格で失業者や労働者の住宅問題にも関心を寄せ、庶民や兵士の中に入って気さくに言葉を交わす王族でした。

社交の席でも相手に恥をかかせないという鉄則を守られ、植民地の王族を招いたディナーの席で指先を洗うフィンガーボールの水を飲み干してしまったゲストを見習って、同じようにフィンガーボールの水を飲み、愕然としていた同席者達もプリンスと同じようにフィンガーボールの水を飲んで大事には至らなかったという逸話が伝わっています。

西洋式の食事の習慣がなければ、フィンガーボールなど目にすることはないはずですから、「相手が知らないかもしれない」という配慮に欠けたのはホスト側のミスと言えなくもないのです。遠来のゲストに恥をかかせずに済んだのは、エドワード皇太子の機転でした。ただこの逸話、水を飲んだのはヴィクトリア女王だとかエリザベス女王に替えられたりすることがありますが、エドワード皇太子説が正しいと思えます。いずれにしても、マナーの基本は相手に対する気遣いなのです。

お洒落のセンスも祖父譲りで、ワイドスプレッドのウィンザー・カラー・シャツ、ネクタイの結び方のウィンザー・ノット、ウィンザー・チェック（生地）、ミッドナイト・ブルーのタキシード、コンビの靴、テニスやゴルフでのセーターの着用など、メンズファッションのアイコンともいえる存在でした。ゴルフ、乗馬、セーリング、ポロとスポーツ万能、パイロットのライセンスまで取得しています

趣味はガーデニングと刺繍（面白いことに刺繍や編み物を趣味とするイギリス人男性って多いんです。細かい針仕事に集中することで、余計なことを考えずに済むストレス解消の手段のひとつだそうです）。しかもハンサムとなれば女性関係も派手で、ヨーロッパ屈指のプレイボーイとして有名でした（私達にとってリアル感のあるチャールズ皇太子、面差しだけではなくその行動にも似た所があるような……これも血筋のなせるところでしょうか）。

貴族の令嬢から芸能人まで交際相手の幅は広かったのですが、面白いことに皇太子のおつきあいは長期間続くのです。下院議員夫人のフリーダ・ダドリー・ウォードとの不倫はなんと14年。合間に〝つまみ食い〟はあったにせよ、よく続いたものです。黒人のジャズシンガー・フローレンス・ミルズは、皇太子との関係を"I can't give you anything but Love"（捧げるは愛のみ）という「1928年のブラックバーズ」というレビューからの曲で表現、意味深です。

I can't give you anything but love, baby
That's the only thing I've plenty of, baby
Scheme a while dream a while
We're sure to find
Happiness and I guess

All those things you've always pined for
Gee, I'd like to see you looking swell, baby
Diamond bracelets Woolworth doesn't sell, baby
Till that lucky day
You know darned well, baby
I can't give you anything but love

▼エドワードとウォレス・シンプソン夫人

前述のテルマ侯爵夫人と交際中だった皇太子が、エメラルドのサロンでテルマから友人のウォレス・シンプソン夫人を紹介されたのは1931年頃のこと。シンプソン夫人がアメリカ人であると聞いた皇太子は、「暖房が完備されたアメリカと違ってイギリスの冬はさぞお寒いでしょう」と声をかけました。イギリス人女性なら「殿下」と腰を屈める場面ですが、彼女は「殿下には失望しましたわ。イギリスにやってきたアメリカ人はいつも同じ質問をされるのです。殿下ならもっと独創的なことをおっしゃるだろうと期待していましたのに」と応えたのです。

エドワード8世の回顧録には、「私の中で彼女の言葉はエコーのように響き、なかなか消えなかった」とありますから、さぞかし強烈な印象だったのでしょう。3人は毎週のようにエメラルドのサロンや皇太子の住まいフォート・ベルベディアで顔を合わせるようになります。皇太子との交際に自信があったのか、テルマさんは夫とアメリカに一時帰国する際ウォレスに「留守の間、殿下の面倒をよろしくね」と託したのです。

ウォレス・シンプソン

なんだかイヤーな予感がしませんか？　テルマが意図したことなのか、やり手のエメラルドが背後で糸を操っていたのかはわかりませんが、事は期待通りに……お役御免となったテルマさん、実は一卵性双生児の妹がいました。

グロリア・モーガン・ヴァンダービルト、アメリカの大富豪ヴァンダービルト家の相続人のひとりレジナルド・クレイプール・ヴァンダービルトの妻でした。1922年41歳のレジナルドと結婚した時彼女は19歳。財産目当てとも噂された結婚は1932年にレジナルドが亡くなり、世間が期待したように莫大な遺産がグロリアと娘のグロリア・ローラに残されました。夫の喪に服すどころか、ヨーロッパとアメリカの社交界を往復して浮き名を流し、娘の養育は人任せ、母親であることより「女」であることを優先させました。

カメラマンのセシル・ビートンが、結婚前のテルマとグロリアを「まるで彫刻のように美しい」と感銘したほどの美人姉妹でお金持ち、嫌でも男性の視線を集めたのは当然でしょう。侯爵夫人との同性愛やドイツ貴族との結婚話など、ふんだんなゴシップのグロリア、皇太子以外にも数多い男性関係を持ったテルマの2人は、1958年に赤裸裸な過去を綴った回顧録"Double Exposure"を発表しています。逞しいというか転んでもただでは起きないというか、人生を無駄に過ごしていないということなのですかねぇ。

グロリアから養育権が取り上げられ、伯母のガートルードに育てられた娘グロリア・ローラは、デザイナーとなり、グロリア・ヴァンダービルトとして芸術、執筆活動で活躍しています。1970年代のデザイナー・ジーンズの草分け的存在です。またCNNの名物キャスター アンダーソン・クーパーは彼女の息子（四男）です。

さて皇太子とシンプソン夫人はというと、ベッタリな関係に。前述のカメラマンセシル・ビートンは彼女のことを「愛嬌のあるブス」と評したといわれます。残っている写真を見ればたしかに美人とはいえないと思われますが、自由奔放で教養があり、毎朝新聞4紙に目を通していたといわれていますから話題も豊富、服の着こなしも上手でファッションセンスも優れていたといわれています。おまけに皇太子をたしなめるとか、アレコレ指図するなど面倒見がよかったようで、幼少期に乳母に育てられ母性に飢えていた上に他人から指図されることなどなかった皇太子にとってはとても衝撃的で新鮮だったのでしょう。彼女の姿をいつも目で追って、姿が見えないと「どこにいるのか？」と探されたと言われます。正直なところ、彼女としてはどう思っていたのかわかりません。はじめは悪い気はしなかったかもしれませんが、ほとんどストーカー状態の皇太子にはウンザリしていたかもしれません。ともかくエドワードは人妻の彼女との結婚を真剣に考えるようになるのでした。

厳格な父ジョージ5世は人妻とばかりつきあう皇太子を本気で軽蔑し、女性問題では口論が絶えませんでした。皇太子には父王の忠告など聞く耳はありませんでした。シンプソン夫人はもちろん他の女性達との交際を、控えることなどなかったのです。そんな皇太子を止められなかったジョージ5世は「あいつが王位に就いたら、1年以内に破滅するだろう」とまで口にされていたのです。

▼不倫のまま即位、そして退位

1936年1月ジョージ5世の逝去により、エドワードは独身のまま41歳で王位を継承します。独身のまま即位した国王はジョージ3世以来176年ぶりのことでした。王室関係者はシンプソン夫人を単なる友人として扱いますが、これに激怒したエドワード8世は王室所有のヨット「タリン号」で夏休みのクルージングに出かけてしまいます。ペアのセーターで人々の前に堂々と姿をあらわすなど、臆することはありませんでした。訪れた各地には、マスコミが押し寄せ報道は過熱。2人の関係は上流階級では衆知のことでしたが、国民に知られないよう用心深く隠されていたのです。

そうした配慮にもかかわらず、国王は敢えてマスコミの前に2人で登場し、国内外で取り沙汰される話題を提供したのです。彼女と生涯を共にすると決意していたエドワード8世は、首相であるスタンリー・ボールドウィンも出席していたあるパーティで、ウォリスの夫アーネストに向かって「さっさと離婚しろ！」と脅しをかけるという騒動まで引き起こしているのです。

当時イギリス国教会は離婚した者の再婚を認めていませんでした。アーネストとの離婚が成立しても彼女には2度の離婚歴が残ります。国教会の長としての国王に、この結婚が許されるものか考えたことなどなかったのでしょう。この件に関しては、「まるで聞き分けのない駄々っ子のようだった」と評される国王は厳しい躾と母親と離れて育ったせいか、大人になっても気に入らないことがあると大声で泣き叫ぶようなことがたびたびだったといいます。シンプソン夫人に求めたのは、些細なところまで気を配り、面倒を見てくれる母親的愛情だったのかもしれません。

一途な国王でしたが、ことはそう簡単ではありません。なにしろ君主の結婚ですから、王室だけではなく議会、憲法、国教会にまで影響を及ぼす国家行事ですし、過熱するマスコミ報道で国民の関心は高まるばかりです。

下手をすれば議会は解散総選挙、国王一個人の問題にとどまらない王室問題になり、さらには王制そのものへの問題にすら発展しかねないと、伝統を重んじる首相のボールドウィンは大反対。結婚をあきらめるか、退位するかと決断を迫ります。首相としては、親ドイツで外交に介入する国王より真面目で気の弱いところのある弟のアルバートのほうが国王向きと考えていたので、憚ることなく「退位」を口にしたのでしょう。

これに対抗した国王の相談役チャーチルは国王擁護派で、いわゆる貴賤結婚（Morganatic Marriage）を認めシンプソン夫人は王妃とせず、コーンウォール公夫人とするための法整備に乗り出します。これを聞きつけた首相は「王vs政府」の問題となり、イギリスは未曾有の危機に直面すると進言します。対するチャーチルは「王が臣下の助言を拒否したら、退陣すべきは臣下であって王ではない。臣下には王に圧力をかける権利などない」と反論します。

世論（王室にアメリカ人、しかも離婚歴のある女性を王妃にするなどどんでもないという国民の声）と政府を味方につけた首相は、結婚をあきらめるか、逆らって結婚するか、退位するかの3択を提示し12月2日最後通牒をつきつけました。

そして12月10日、退位文書に署名したエドワードは12月10日午後10時あの有名なラジオ放送で、国民に退位を発表したのです。国王宛の退位文書に認可を与えるのは国王ですから、エドワードは自分の退位文書に自分自身で承認を与えたという異常な書面です（英文は抜粋）。

……But you must believe me when I tell you that I have found it impossible to carry the heavy burden of responsibility and to discharge my duties as King as I would wish to do without the help and support of the woman I love. ……

ついに私自身の言葉で話をする時が参りました。

隠し事をしようと思ったことはありませんが、憲法上の理由で口にすることはできなかったのです。数時間前イギリス国王とインド皇帝として最後の勤めを果たしました。

王位と皇帝位は、私の弟ヨーク公によって引き継がれました。

最初に、国王に心からの忠誠を誓います。

私が王位を放棄せざるを得なかった理由は、皆様ご存知の通りです。

皆様にご理解いただきたいのは、私がこの決断を下すまで皇太子から王となり15年間仕えたこの帝国のことを忘れていたわけではありません。

私が望むような国王としての重責を担い、職務を果たすことは、愛する女性の支えなしには実現できないことに気づいたのです。

この決断は私が、自分自身で考え下したものです。私が独りで決断すべき事柄なのです。

この件に関わるもうひとりの人物は、私が別の道を選ぶよう最後まで説得を試みました。

私の人生で最も重大なこの決断は、すべての人にとって最善の道は何であるかを考え抜いた結果なのです。この決断を下すに至ったのは弟のヨーク公が長年この国の公務に携わってきた経験から、私に代わって君主の座についても帝国の命運や発展を損なうことのない素晴らしい資質の持ち主であると確信していたからでもあります。ヨーク公は私と違い、多くの皆様と同じように、妻と子供達のいる幸せな家庭に恵まれているのです。

この難しい決断を下すまでの間、母である皇太后と王族の皆様方は精神的な支えとなってくださいました。閣僚の皆様方、特にボールドウィン首相は格別の配慮を持って接してくださいました。私と閣僚そして議会の間で、憲法上の見解に齟齬はありません。

立憲君主の伝統にのっとり父の薫陶を受けてきた私が、憲法上の問題を引き起こすことなどできないからです。私が訪れた全ての地で、あらゆる階層の人々から真心を込めて接していただいたことに心から感謝しております。

いま、私はすべての公務から退き重荷を下ろしました。

私が故国に戻るまでしばらくの時が必要になるでしょう。

どこにいようと私は英国民と帝国の繁栄に深い関心を持ち、見守っていく所存でおります。

もし将来陛下にお仕えする機会があるならば、一個人として真摯にお仕えさせていただきたいと思っております。私達は新たな国王を迎えたのです。

国王と国民の皆様方の幸福と繁栄を心から願っております。

皆様方に神の祝福を。国王陛下万歳。

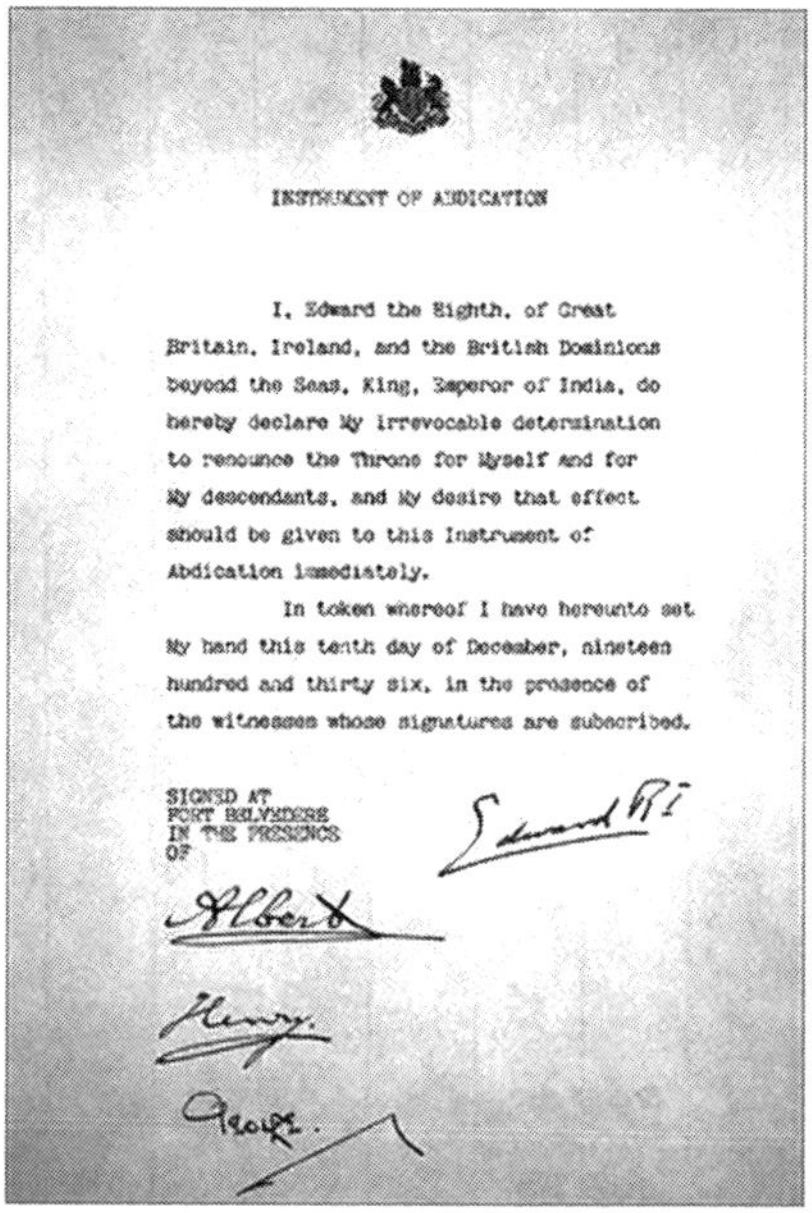
INSTRUMENT OF ABDICATION

I, Edward the Eighth, of Great Britain, Ireland, and the British Dominions beyond the Seas, King, Emperor of India, do hereby declare My irrevocable determination to renounce the Throne for Myself and for My descendants, and My desire that effect should be given to this Instrument of Abdication immediately.

In token whereof I have hereunto set My hand this tenth day of December, nineteen hundred and thirty six, in the presence of the witnesses whose signatures are subscribed.

SIGNED AT FORT BELVEDERE IN THE PRESENCE OF

Edward RI

Albert

Henry

George

退位の文書

この放送を終えたエドワードは、王族達と最後の食事をすませ、深夜にポーツマスの軍港からシンプソン夫人が身を隠しているパリへ向かったのです。直後は祖父エドワード7世以来親密だったロスチャイルド家が準備したウィーン郊外のエンツェスフェルト城で過ごし、その後パリブローニュの森の邸宅で引退生活を送っています。1937年3月8日にイギリス王室からDuke of Windsor（ウィンザー公爵）の称号を贈られますが、6月3日に結婚したウォレスはDutchess（公爵夫人）として認められることはなく、結婚式にはイギリス王室から出席者はありませんでした。

▼ウォリスの思惑

ウィンザー公としては、2、3年パリでの亡命生活を過ごせばイギリスに戻れるだろうと考えていたようですが、望んでもいなかった王位をおしつけられたジョージ6世と王妃のエリザベス、母后のメアリー王太后は事の顛末に大激怒。「許可を得ずに帰国するようなことがあれば、王室からの手当を打ち切る」と強攻策に出たため、帰国はかないませんでした。王室とは断絶状態が続き、父ジョージ5世の葬儀の際にウィンザー公は単身で出席せざるを得ませんでした。続く姪のエリザベスの戴冠式はパリの自宅でTV中継を見ていたと言われます。

ウォリスの名前を口にするのさえ憚られた王室では、あの人（The woman）と呼ばれていた彼女に、エリザベス女王と弟であるケント公夫人マリナ、妹のプリンセス・ロイヤル（メアリー）の3人名義で招待状が届けられたのは1965年のこと、ウィンザー公爵夫人として認められるまで20年近くの歳月が流れていました。

ペンシルバニアで生まれたウォリスは、幼い時に父が病死、母親と共に裕福な親戚の家で育つという不遇な子ども時代を過ごしています。上昇志向が強く人から注目されるのを好み、気絶したフリがとても上手だったといわれています。何かあったら、気絶して気を引くということだったのでしょう。21歳で海軍パイロットと結婚、夫のアルコール依存症で離婚。23歳で海運業を営む資産家アーネスト・シンプソンと再婚し、ロンドンへ。夫の伝手で社交界に顔を出すようになりました。そして皇太子と出会うのです。

聞くところによれば、彼女は少女時代ベッド脇のテーブルに皇太子の写真を飾っていたと言われます。野心的なウォレスは、シンデレラ・ストーリーを夢見ていたのかもしれません。エドワードとつき合いながらも年下の愛人がいたとか、ドイツの将校とも不倫していたとか、とかくの噂もありましたが、エドワードは王位を退いてまで彼女との結婚を望んだのです。

果たして彼女は本当にイギリス王妃になる気で、いやなれると思っていたのでしょうか？　Royal Mistress であっても贅沢な暮らしを続けることはできたはず。実際自宅に石を投げ込まれ身の危険を感じてパリに脱出する時に、「明日貴方の国民に告げてください。私は貴方を失ったということを」という手紙を残しているのです。ヤンチャが大目に見られる皇太子時代とは異なる「国王」という立場なら、真っ先にこれまでの愛人関係を清算するのは当然です。ウォリスは、王になれば捨てられるとは考えもせず、ただエドワードの愛情というか、執着だけで王妃におさまれると思っていたのでしょうか？　ウォリスが王妃になればジョージ5世によって禁じられていた宮殿への出入りが許されるだろうと、ウォリスを後押ししていたエメラルド・キュナードを中心とするアメリカ人女性達の思惑は、「国王の退位」という予想だにしなかった結末で見事に裏切られたのです。

▼「王冠を賭けた恋」のその後

「世紀の恋」とか「王冠を賭けた恋」と世界中の関心を集めた国王の恋愛沙汰でした。パリで引退生活を送っていたウィンザー公夫妻に、ドイツのヒトラーから招待状が届き、イギリス政府の反対を押し切って2人はドイツ訪問。ヒトラーの山荘ベルヒテスガーデンに滞在し、各地で大歓迎を受けます。滞在中の挨拶はナチス式敬礼を通していたとか。オーストリア併合、チェコスロバキア併合などドイツの覇権拡大をヨーロッパ各国が警戒していた時でしたから、イギリス政府は夫妻とドイツの接触を避けるべく、フランスのピアリッツ、ポルトガルのリスボンと夫妻を移動させました。対独強硬派のチャーチル首相の「ヨーロッパ戦争におけるウィンザー公の影響力を最小限に食い止めたい」という意見から、イギリス領のバハマ総督と駐在イギリス軍の総司令官に任命、名誉職である総督は閑職でいいかえれば「島流し」のようなもの。夫妻ともども現地人を嫌い、

ウィンザー公を見舞った
エリザベス女王とシンプソン夫人

差別的で冷たかったといわれます。それでも子どもの診療所を開設するといった活動で地元に貢献はしていましたが。

この頃のウォリスは、毛皮のコートに贅沢な宝石のアクセサリー、エルメスのバッグで身を固め、たびたびアメリカに買い物に出かけて顰蹙をかっていました。バハマならラム酒片手に人なつっこいイルカの餌付けに励み、一緒に海で遊びたいところですが、彼女は都会のナイトライフがお好みだったようです。当時ヨーロッパとイギリスの情勢がどのようなものであるかに思いを至らせれば、軽はずみなことはできなかったはずですが、アメリカ人のウォレスは自分を頑なに拒否するイギリスの事情など気にもかけなかったのかもしれません。

1972年、フランスを公式訪問されたエリザベス女王が、癌を患っていたウィンザー公をブローニュの森の自宅へ見舞われました。その10日後、ウィンザー公は亡くなりました。遺体はイギリスに送られ、葬儀はバッキンガム宮殿で行なわれることになり、ウォリスは初めて宮殿に滞在することを許されたのです。ウィンザー公は王族墓地に埋葬されました。生前訪れたことはあっても住まいとはなら

なかったウィンザー城。36年ぶりに訪れたロンドンを後にフランスの自宅に戻っていたウィンザー公夫人、胸中はさぞ複雑だったことでしょう。

シンプソン夫人（ウィンザー公夫人）はその14年後1986年90歳で亡くなり、葬儀はイギリス王族として執り行なわれ、王族墓地のウィンザー公の隣に埋葬されました。

世紀のスキャンダルといわれたお伽話でしたが、これで終わったわけではありません。

▼とんだ新説が！

21世紀になったばかりの2002年、アメリカFBI文書の公開によって、エドワード8世が退位してまで望んだ結婚相手のシンプソン夫人は、ドイツ諜報部のスパイだったという事実が明るみに出たのでした。しかもヒトラーの外務大臣リッペントロップのエージェントで、愛人でもあり、皇太子時代のエドワードにハニートラップをしかけたというのです。ヒトラーが当時のイギリスの国王をドイツ外務省のエージェントにしようとしていたことを、イギリスのスパイ摘発機関が嗅ぎつけて、それを国王に突きつけたのです。たとえ国王であっても国を裏切る者は許さない。この峻厳さが数百年にわたるあの国の存立と繁栄を支えるものでした。だからこそ、これを「悲恋物語」に仕立てて、王位を去らせたというのです。

しかしたとえ、「王室を守るため」であっても、歴史の真実を独占することは許されません。イギリスと和平を望んでいたというヒトラーにとって、皇太子を味方につけておくのは確かに得策でしょう。それが国王ともなると、鬼に金棒です。しかしドイツの目論みは、ウィンザー公を遠ざけようとするイギリス政府によって阻まれました。「王冠を賭けた恋」というラブ・ストーリーにはとんだ裏話があったようです。

1995年11月、イギリス紙『ガーディアン』が「カイザー・エドワード」と題し、エドワード8世がドイツと親密でスパイだった、という記事を掲載。また『オブザーバー』は「ウィンザー王室の恥・ナチスとの協力」と題し、60年ぶりに歴史の真実の一端を報じたのです（それぞれ11月12日、同13日付）。

エドワード8世とドイツの関係についてのイギリス側の公文書公開は100年ルールが適用され、2044年まで非公開となっています。公開される頃には、ウィンザー公夫妻のお話は遠い昔の出来事になっていることでしょう。「時計の針が逆戻りをしたとしても、私は同じ選択をするだろう」と仰せになったというウィンザー公。Prince Charming、王室の最高のＰＲマンだった頃、良い国王になってくださるだろうという国民の期待に反したのは、ご自身の意志だけではなく、政府と王室のプレッシャーもあったかもしれないのです。「お金持ちでハンサムな男性と結婚するのが夢」と言っていたシンプソン夫人は、ともかく「夢」はかなえました。鑑識眼のあるエドワードから折にふれてプレゼントされた宝石類は、彼女が亡くなった後のオークションで47億円。カルティエやヴァン・クーリフ・アーペルなど名だたるジュエラーに創らせたという繊細で精緻な職人技のブローチやブレスレットなどを目にされたこともおありでしょう。

王室で育ったエドワードは、有名なコイヌール、カリナンというダイヤモンドや大粒のエメラルド、ルビー、サファイア等々の宝石は見慣れていて、デリケートな職人技が活かされたジュエリーに関心を寄せられ、ご自身でもデザインをされたといわれますが（フラミンゴ、パンサー、タイガー等）、贈られたシンプソン夫人は石の大きさにこだわっていたといわれます。エドワードとしてはどうして大きな石を欲しがるのか、その理由がまったく理解できなかったようです。育ちの違いというか価値感の違いというか、晩年の夫婦仲は冷えきって険悪だったともいわれていますが、あながち作り話ではないかもしれません。

▼もし……

一時の情熱というか気の迷いで引くに引けない立場となったおふたり、世間体を気にして不倫も離婚もできずに、籠の鳥のような暮らしだったのかもしれないとも思えてきます。ヒトラーとの関係についていえば、彼は大英帝国は非ユダヤ系白人種がなしとげた偉大な政治的業績のひとつと考えていたようで、貴族的で冷静沈着、豊富な経験から生まれた大英帝国をそのままにしながら、ヨーロッパの支配権はイギリスから奪おうと目論んでいたようです。「私は大英帝国の王冠から、その真珠一粒といえども失われることを望まない。なぜならそれは人類の破局だからだ。私が傷つけたいと思わないもの、それは〝大英帝国〟だ」と記したとされます。

もし裏で手を結んでいたとしたら、ザ・ブリッツ（The

Blitz）という大空爆にも筋書きがあったのかも。空から見下ろして一目瞭然のバッキンガム宮殿には中庭に着弾しただけというのにも、妙に納得がいくような……。窓ガラスが割れて部屋の中にいたスタッフが怪我をしたということを聞いた覚えがありますが、「それにしても陛下、なかなか豪勢な爆撃でございました」と言った侍従がいたというのが、なんともイギリス的だと思えたものです。

歴史に"If"は禁句とされますが、もしエドワード8世がそのまま国王にとどまっていたら、「遊び」とファッションはセンス抜群であっても、深夜というか明け方まで遊んでは公務や政務に遅れたりすっぽかしたりしたことが多々あったという皇太子時代、そしてこらえ性のない性格を思うと、国王となってからも公務はすっぽかす、公文書はウィスキーのシミだらけだったというのですから、さぞかし手の焼ける君主になっていたのではないでしょうか。Royal Mistressとしてウォリスが支えていたら、良き国王になれたのでしょうか？　引退後はパリとニューヨークを往復し、パーティや晩餐会をたびたび主催していたという公爵夫妻ですが、ウィンザー公と直接会った人々はその愚鈍ぶりに驚いていたということです。

もしかしたらウォリスは、第二次世界大戦と戦後という厳しい現実と対峙するイギリスと王室を真面目な「善良王」弟のジョージ6世に委ね、ジョージ5世が期待していた孫のエリザベスに王位を継がせることで守ったといえるのかもしれません。

ともかく「もしアイツが王位に就いたら、1年以内に破滅するだろう」というジョージ5世の予言は的中し、在位は（1936年1月20日から12月11日の）326日で終わりを告げました。

▼マーガレット王女の悲劇

この「王冠を賭けた恋」騒動は、王室に前代未聞の汚点を残したばかりでなく、ジョージ6世の家族、特に長女のエリザベスには王族たるもののあるべき姿を強く刻みつける反面教師となったようなのです。

そのためとんだトバッチリを受けたのが妹のマーガレット王女でした。王位継承者である姉の陰で、さほど重要視はされず、さりとて気ままな振舞いはできず、話し相手の姉は公務で忙しく、独り取り残された思いで過ごされていたといいます。

父ジョージ6世の侍従武官ピーター・タウンゼント大佐との初恋は、彼が16歳も年上で離婚歴があることから、王族も英国政府もエドワード8世の記憶を新たにするものと大反対。もし結婚をするのならば、王族としての地位は剝奪、生活費は一切出さないというのです。しかもイギリス中が、この結婚に反対していました。

結局2人は別れるしかありませんでした。そして王女はまるで反動のように王室写真家のアンソニー・アームストロングと結婚するのですが、早々に破綻、お互いに不倫を繰り返した挙句に正式離婚。その後はパーティ三昧の生活で浮き名を流し、ゴシップ欄の常連となりました。美しく魅力的で慣習にとらわれないオープンな性格だったという王女、お若い時には毒舌のメディアから「どこのドラ息子と結婚するのだろう？」と噂されていた彼女でしたが、心から愛したのはタウンゼント大佐ただひとりと言われます。

マーガレット王女

姉のエリザベスが初恋を実らせてフィリップ殿下と幸せな結婚生活を過ごしているのを、どのような気持ちで見ておられたのか……。『ローマの休日』のモデルとも噂のあったプリンセスは、同じように王室内で孤独だったダイアナ妃が、唯一頼りにしていたお方でもありました。叔父さんのおかげで、過酷な人生を歩まざるを得なかった王女は2002年2月9日、エリザベス王太后に先立って逝去され、ウィンザー城セント・ジョージ礼拝堂に眠っておられます。

5 アメリカ人令嬢が残したもの

イギリス上流階級の頂点である王室をとんだスキャンダルに巻き込んだのは、アメリカ人エメラルド（モード）のサロンがきっかけでした。「世紀のロマンス」と騒がれたものですが、アメリカ人女性がイギリス上流社会に大きな影響を与え始めたのは、ウィンザー公の祖父エドワード7世の皇太子時代に遡ります。

▼チャーチルの母ジャネット・ジェローム

1873年8月12日、19歳でマールバラ公ジョン・スペンサー・チャーチルの三男ランドルフ・スペンサー・チャーチルと結婚したのは、アメリカの裕福な投資家の娘ジャネット・ジェローム。たった一度のダンスで、出会って3日で結婚を決めたという2人でしたが、公爵家にとってはアメリカ人でどこの馬の骨と知れない娘でしたし、爵位はあっても貧乏貴族の三男坊では先行き見込みなし、と両家とも大反対。結婚するまでに数カ月要しました。

この結婚が認められたのは、ジャネットの多額の持参金5万ポンド（現在なら1000万ドル）でした。公爵家といえどもかなり逼迫していましたし、結婚後に何らのサポートも期待できない三男坊でしたからなおさらでしょう。両家の弁護士が交渉を進める間にジャネットは妊娠したらしく、結婚からわずか32週と数日で長男が誕生します。名前はウィンストン・チャーチル、20世紀を代表する政治家です。

ジャネット・ジェローム

20歳にもならないうちに母親となったジャネットは子どもに関心がなく、乳母にまかせきりで社交に明け暮れる日々を過ごします。快活で美人のジャネットは社交界の花となり、関係した貴族や王族は100人を超えるともいわれます。その中には皇太子時代のエドワードも。不思議なことに彼女に接したほとんどの人は、彼女を楽しくて好ましい女性と捉えていました。

そんなジャネットが大の苦手としたのが、義理の母フランセス・アン。ロンドンデリー侯爵の娘ですから筋金いりのイギリス貴族。フランセスもジャネットを嫌っていました。19世紀の貴族の間では、アメリカ人女性は、アメリカ原住民とロンドンのガイエティ劇場で歌い踊るコーラスガールをミックスしたような不可思議な生き物と考えてられていたのです。ジャネットは、こうした考えにとらわれている人の前では、女性が賢さを見せてはいけないことを悟りました。彼女に好意的だったある男性貴族は、自信に溢れエネルギッシュで女性でありながら猛獣のような獰猛さがあったと言っています。肉食女子のハシリのようなお方です。

ジャネットは、結婚直前に議員となった夫を出世させるための活動を積極的に行ないました。公爵夫人から「主人をよろしく」と頼まれたら、断れるはずはありません。政界では山あり谷ありのランドルフ卿でしたが、1849年1月に亡くなります。死因は梅毒、亡くなる数年前から麻痺や幻影に悩まされていたランドルフをジャネットは献身的に看護していたといわれます。夫の死後、議員用のマントを受け取りに来た使いの者に「これは息子のためにとっておきます」と返却を拒んだという肝っ玉母さんです。

そういえばこのお母さん、夫が亡くなって5年後に息子と同い年の伯爵家と公爵家の血を引く近衛隊長ジョージ・コーンウォリス・ウエストと再婚。14年ほどで夫の不倫を理由に離婚。64歳になってイギリス軍人モンタギュー・ポーチと再々婚。新郎は息子より3歳年下というから驚きです。2人はジャネットが亡くなるまで添い遂げました。肉食女子の面目躍如ということですね。

ジャネットは、亡くなるまで社交界で活躍しますが、パーティや舞踏会に明け暮れていたわけではありません。看護活動に力を注ぎ、ボーア戦争では病院船に乗り込んで負傷兵を見舞うなど気丈な働きぶりで、この活動を称えたエドワード7世から"Dame of Grace"（貴婦人）というイギリスの上流婦人でも、なかなか頂戴できない称号を授与されています。彼女の存在は、後からやって来たアメリカの令嬢にとって心強いものだったでしょう。

▼ウィンストン・チャーチル

父を敬愛しその演説はすべて覚えたという息子のウィンストンは、将来父親は首相になると信じていて、その傍らで同じ仕事をするのが夢だったというのですが、父が亡くなりその願いは叶いませんでした。代わりに首相の椅子に座ったのはウィンストン本人でした。

偉大な政治家ウィンストン君の少年時代はというと、乱暴で手の焼ける子で「小さなブルドッグ」というのが寄宿学校でのあだ名でした。通信簿には「遅刻20回、振舞いVery Bad（最悪）、誰とでも喧嘩が絶えず、トラブルの種、やる気ナシ」と教育ママなら卒倒しそうな記載ばかり。いくつか学校を変わり最終的にサンドハースト王立陸軍学校を卒業し軍人となりますが、生涯の道ではないとして政治家を志して26歳で庶民派議員となり政界に乗り出しました。

ウィンストン・チャーチル

その詳細は省きますが、弁舌さわやかでウィットに富んだスピーチが得意でした。アメリカ議会の演説で、「皆様ご存知のとおり私の母はアメリカ人ですが、もし父がアメリカ人で母がイギリス人だったら、私はここの議員だったかもしれません」と切り出して喝采を受けました、訪米の目的は第二次大戦へのアメリカの参戦を促すことでした。今では誰にもおなじみのVサイン。このV for Victoryのサインはウィンストン・チャーチルに因るものです。

チャーチルは２０１６年世界のＣＥＯが選んだ尊敬するリーダーのトップに選ばれています。子どもの頃に目も当てられない成績で、政治家になっても失敗や追放されて浪人時代を過ごそうと、己の目指すところのためには平気で政党を替わり、信念を曲げなかったチャーチルは、イギリス人のいう政治家に必要な信念と実行力のある”Man of Commitment”を体現した人物として現代史に足跡を残しているのです。あのVサインとともに。

▼コンスエロ・ヴァンダービルト

海運業と鉄道事業で成功をおさめたヴァンダービルト家

コンスエロ・ヴァンダービルト

に生まれたコンスエロ。

　母のアルヴァは、どれほど財力があろうと「成上り」「にわか成金」「眉唾もの」と陰で揶揄されるのを心底嫌っていました。地位はお金では買えないことを痛感。何としても古くからの資産家の上流社会にもぐりこもうと、娘を誰よりも高貴な家柄に嫁がせると決心していました。このアルヴァさん、ヴェルサイユを模して建てたというニューポートの邸宅は別名マーブルハウス（その名の通り使われた大理石は1万4000㎥）。建築と装飾には現在の価格で3億3500万ドルというのですから、桁違いの成上りです。邸宅の完成披露パーティがどれほど豪華で贅沢だったかは想像に難くありませんが、シャンパンやオーデコロンの噴水をしつらえたというのはどうもやり過ぎのような……。イギリス貴族は、こんなことは絶対にしませんので。

　希望の星コンスエロは家庭教師によって厳しくしつけられました。ヨーロッパの言語、歴史、芸術など通常の科目に加えて、淑女の立ち居振る舞いと時間割が決まっていました。望むものは「自由」以外なら何でも手に入る贅沢な生活をさせたのです。一流のものを観賞し、一流のものに囲まれていれば審美眼は自ずと育つと、一流品に囲まれた暮らしをさせました。呆れたことにアルヴァは娘の学力を試そうと、オックスフォードとケンブリッジの入試問題を入手してテストをすることまでしています。コンスエロはかなりの得点で、ゆうゆうパスする学力があったようです。

　16歳になったコンスエロは美しい娘に成長していました。アルヴァは理想の相手を探し、やはりアメリカ人富豪の家から貴族に嫁いでいたレディ・パジェットに社交界への仲介を依頼します。

　アルヴァに連れられたコンスエロはパリでデビューを果たしていましたが、デビュタントとしてロンドンにやって来た時に衝撃を受けたといいます。令嬢達のドレスが上品で控え目なものだったフランスに比べて、イギリスでは肩を露わに見せ、バストを強調するように大胆にネックラインを下げていたからです。

レディ・パジェットは、コンスエロのお相手としてさほど魅力はないものの家系と称号は最高級という第9代マールバラ公爵チャールズ・スペンサー・チャーチルを候補とし、ごく内輪の食事の席をアレンジします。母とパジェットが準備したドレスとアクセサリーで着飾ったコンスエロでしたが、伯爵には何の魅力も感じなかったようです。ほぼ破産状態の公爵でしたから関心は彼女の持参金のみ。これでは会話が弾むはずもありません。実はコンスエロ、親には内緒でしたがニューポートのリゾートで知り合ったウィンスロップ・ラザフォードというアメリカ人青年とこっそりとおつきあいをしていて、結婚の約束までしていたのです。

第９代マールバラ公爵

　アルヴァは「公爵夫人になれるのよ」と猫なで声で説得しますが、コンスエロが頑として受け付けず、駆け落ちまで計画するのですが、侍女が告げ口したため母の知るところに。娘を自室に監禁して説得を続けたアルヴァですが、コンスエロも拒み続けます。そうこうするうちに、精神的に参ったのかアルヴァはやせ細り余命いくばくもないという状態に。驚いたコンスエロは不承不承公爵との結婚を承知したのです。げんきんなことにアルヴァはみるみる回復し、結婚式の準備に奔走します。

　１８９５年11月６日、ニューヨークで結婚。17歳だった彼女は結婚の宣誓の間中、ヴェールの下で涙を流していたと打ち明けています。公爵は、彼女の持参金２５０万ドルとヴァンダービルトの株式６３００万ドル分を手に、コンスエロを連れてロンドンに戻りました。翌１８９６年の夏、豪華絢爛なパーティが続く初めてのロンドンの社交シーズンをコンスエロはひっそりと過ごしたのです。

　アメリカ人が公爵夫人になれるわけがないと冷笑していた社交界は、コンスエロにとても冷ややかだったからです。コンスエロは厳格に優先順位を遵守する新しい世界に飛び込む準備などまったくできていませんでした。公爵夫人の地位は伯爵夫人より上、侯爵夫人より高い。公爵夫人、侯爵夫人、伯爵夫人の間には無限の区別が存在していて、その称号を得た年度も考慮にいれなければなりませんでしたし、年長の女性は若い女性より優先されますから、すべての順序を入れ替えなければならなくなったりもするのです（聞いているだけで、頭が痛くなります。これＡＩだったら即座に解決できるのでしょうか？）。

バルモラル城で開かれたあるパーティでのこと。コンスエロは女性達が〝お化粧直し〟で一旦食堂を退出して席にもどる時、夫の席がわからなくなってしまいました。入口でうろたえ、思わず立ちすくんでしまったのです。後から部屋に入ろうとしていた侯爵夫人に「尻込みするなんてなんて不作法なの。前に飛び出すのと同じくらい下品なことよ！」と叱られてしまったのです。

もしコンスエロがイギリス貴族の娘であったなら、「あらお席がわからなくなられましたの？　これだけのお客様ですもの仕方がありませんわ。公爵様のお席はあちらです」と教えてくれるか、「ご一緒いたしましょう」と先導してくれたはずです。侯爵夫人が、公爵夫人と親しくなりたくないはずはないのですから。でも侯爵夫人にとってコンスエロはアメリカ人で成上り者の娘にすぎないのに爵位は上、おまけに美人でファッションは完璧。何から何まで気に入らないのですから、ちょっと立ち止まったくらいでも嫌みを言う絶好のチャンスということに。やんごとない夫人達は「お育ちが違いますとねぇ」とテーブルでも、グラスの持ち方、ナイフ・フォークの使い方といった一挙手一投足に目を光らせていたに違いないのです。気の毒なコンスエロは、どれほど気疲れする居心地の悪い思いをしていたことでしょう。

贅沢と特権には、間違いを犯してはいけないというプレッシャーが四六時中ついて回るものです。地位や称号を気にかけなければならない場では、個人の人格など一掃してしまうリスクが潜んでいるのです。実際、厳密に体系化された世界では、チョットした人の過ちを笑いとばしてくれるような、鷹揚な人物にはなかなかお目にかかれないのが現実なのです。

それでもコンスエロは、公爵夫人の務めはなによりも優先させなければならないという事実を受け入れるようになります。そして後継ぎ10代公爵ジョンと弟のアイヴァという2人の男子を産むことで、大役を果たしました。

はじめから冷ややかな関係だった2人は１９２１年に離婚。コンスエロはフランス人陸軍将校ジャック・バルサンと再婚し彼が亡くなるまで添い遂げます。バルサンという名前どこかで聞いたことはありませんか？　あのココ・シャネルの若い頃の愛人で、17区のマルセルブ通り１６０番地に帽子のアトリエを開く（1909）援助をしたエティエンヌ・バルサン。ジャックは彼の弟です。コンスエロはパリ郊外で暮らしていましたから、カンボン通りのシャネルの店で服をオーダーしたことがあるかもしれないのです。世間は狭いというか、人の関わりって面白いものですね。

COLUMN

ブレナム宮殿

マールバラ公爵の居城は、ブレナム宮殿。初代マールバラ公爵ジョン・チャーチルがスペイン継承戦争で立てた軍功により下賜された宮殿で、２００年以上の歴史を持つ由緒ある宮殿です。部屋数２００以上というブレナム宮殿。イギリスの邸宅で宮殿がつくのはバッキンガムとブレナムだけです。

ブレナム宮殿
photo by Magnus Manske

庭の手入れ、建物や設備の修繕・補修と維持費は尋常ではないでしょう。逼迫していた公爵家ですから、９代公爵としてはコンスエロの持参金で大いに助けられたはずです。

▼ナンシー・ウィッチャー・ラングホーン

18歳で結婚しますが、うまくいかず離婚して実家に戻ります。母の死後イギリスを旅したナンシーはこの国が気に入り、父のすすめで妹とイギリスで暮らすことになります。イギリスの上流社会で利発なアメリカ女性と知られるようになったナンシーは、子ども達はイギリス流で育てたいとアメリカから移住しイギリス人となったウィリアム・ウォルドーフ・アスターの息子ウィリアム・アスターと出会い結婚します。12歳でアメリカで育ったウィリアムとは通じるものがあったのでしょう。そして不思議なことに2人の誕生日はまったく同じ1879年5月19日でした。

2人の新居となったクリブデン・ハウスは、世界最大ともされるダイヤモンドのあしらわれたティアラと同様、父からの結婚祝いでした。そのアスター子爵が亡くなると、夫が爵位を

ナンシー・ウィッチャー・ラングホーン

継ぎ貴族院に移ったため、空席となったプリマスの下院議員にナンシーが立候補。女性の労働時間の短縮と子ども達の栄養改善を訴えて見事当選、女性初の下院議員となります（マルキエビッチ伯爵夫人コンスタンツ・マルキエビッチが女性初とされます。ただ彼女はアイルランドの政治家で当選しても連合王国の下院には登院しなかったので、男性議員ばかりの紅一点ではナンシーが初ということになります）。

彼女とウィンストン・チャーチルとの応酬は、面白いですよ。

「もし貴方の妻だったら、飲み物に毒を入れるわ」というナンシーに、チャーチルは「もし君の夫だったら、喜んで飲み干す」。また議員の仮面舞踏会で、チャーチルがどんな仮面にするか思案中のとき、ナンシーは「素顔のままでお出でになられるのがいいのでは？」と返しています。

初登院から2年ほど経つと「君がこれほどまで、やれるとは思ってもいなかった」と実力を認めたチャーチルですが、「最初の頃、彼は一言も私に話しかけてくれなかったわ」と言うナンシーに、「入浴中でスポンジしか持っていないところに押し入られたような気分だった」と応えた

チャーチル、「そんな貴方の醜い姿、女性のほうが目を背けてしまうわよ」とやりあっています。

お互いに認め合ってはいても、相性の合わなかった2人ですが、「アラビアのロレンス」として知られるサー・トーマス・エドワード・ロレンスの葬儀の時には、お互いの手をとりあって涙を流していたというエピソードが残っています。

▼メアリー・ライター

メアリー・ライター

1870年、大手百貨店マーシャル・フィールズの共同経営者の娘として生まれたメアリーは、才色兼備で身のこなしや作法も申し分のない女性でした。アメリカの駐英大使によってロンドンの社交界に紹介された彼女は、貴族の男性と結婚することも考えるのですが、親の言うなりで不幸な結婚をするつもりはなく、結婚相手は自分で選ぶと決めていました。裕福なアメリカ令嬢との結婚を望む財政難のイギリス貴族は多勢いましたから、美人で財産のあるメアリーには次から次へと申込みがありました。それでも彼女はなかなか首を縦にふりませんでした、自分自身より財産が目当てとわかっていたからです。

そんなメアリーがエドワード7世の主催したパーティで、出会ったのがスカーズデール男爵の跡取りで保守党議員のジョージ・カーゾンでした（1891年勅許により、初代ケドルストン侯爵の爵位を得ます）。彼はメアリーをさほど気にしておらず、むしろ彼女のほうが積極的でした。1895年ワシントンで結婚するまでに、当初は持参金に惹かれていた彼もメアリーの優れた人間性に気づき始めていました。結婚後は、政治家の夫を支えたメアリーの抵抗し難い魅力は、ジョージのスピーチよりはるかに強力な武器だったと言われます。もちろんもうひとつの貢献である持参金は領地のケドルストンの修復にあてられたことでしょう。

「もしインドを失うようなことがあれば、イギリスはたちまち三流国に転落する」とインドを重視していたカーゾンは、インド担当相政務次官を務めた経験もある優れた政治家で、インド総督そしてイギリス首相になるのが夢だったいわれます。政治家の理想の伴侶といわれたメアリーの支えもあり、1898年念願のインド総督兼副王に任じられます。メアリーは総督夫人（Vicereine of India）となります。総督というのは、国王の代理です（当時はヴィクトリア女王ですが）。王室という貴族の頂点の仲間入りを果たし3億人の民を統治する立場に立ったのですから、アメリカ令嬢の出世頭です。美貌と人柄でインド中を魅了した彼女は、敬愛された総督夫人でした。

インドの詩人ラム・シャーマは、「まるで金の台座に収められたダイヤモンド、秋の夜空に輝く満月のよう"Like a diamond set in gold, the full moon in a clear autumnal sky."」という献辞で彼女を表現しています。

7年ほどのインド生活の後、イギリスに戻ったメアリーは体調を崩し、回復しないまま36歳で亡くなります。公私ともに最良のパートナーだった彼女を失ったカーゾンの喪失感はとても大きく、死後も一緒と2人が並んだ寝姿を墓石として彫らせたほどでしたが……、1917年アラバマ出身のグレース・エルヴィナ・ハインズという裕福な未亡人とちゃっかり再婚しています。

再婚はともかく、時間をかけて結婚後に愛情を育てていったメアリーは『ダウントン・アビー』の伯爵夫人コーラの主要なモデルになっています。

余談ですが、メアリーはコーラ同様、3人の娘に恵まれましたが、男子の跡取りには恵まれませんでした。スカーズデール子爵とスカーズデール男爵の爵位は特別継承法によって、ジョージの異母弟アルフレッド・カーゾンの息子リチャード・カーゾンが継承、甥ですからドラマと同じです。『猫のしっぽ、カエルの手』という番組で、京都大原で手作り暮らしをしているハーブ研究家のベニシア・スタンリー・スミスさんは、2代スカーズデール子爵のリチャードの三女のジュリアとデレク・スタンリー・スミスの娘、つまりお孫さんです。21世紀ともなると、とんだところで貴族の末裔に出くわすものですね。

▼コンスエロ・イズナガ

1853年アメリカに移住した裕福なキューバの農園主でルイジアナにも農場を所有しており、外交官でもあったアントニオとエレンの間にニューヨークで生まれたコンスエロは、花嫁探しにやってきた7代マンチェスター侯爵の後継ぎとなるマンデヴィル子爵ジョージ・モンタギューと出会い結婚します。気の毒なことに立派な爵位とケンブリッジシャー、キンボルトンの広大な領地にもかかわらず、台所は火の車という子爵でしたから、当然財産目当てでした。キンボルトン城は、ヘンリー8世の最初の妻キャサリン・オブ・アラゴンが離婚後、数年の間幽閉され亡くなったという城でもあります。ガイドによると、王冠を被り白い衣装をまとった彼女のゴーストが自室から現れて、大階段を上り下りする姿が見られるそうです。現在はキンボルトン学校の校舎になっています。

　子爵は高貴なお育ちにもかかわらず、ショーガールや娼婦との悪い評判が多々ありました。コンスエロのことは美人であることは認めるにしても「アメリカの野蛮な女性」としか思っていなかったようです。夫妻でイギリスに戻ったものの、彼女は留守がちな夫の帰りをおとなしく待ち続けるしかありませんでした。子爵はロンドンのいかがわしいクラブや賭博場で見かけられており、ショーガールと同棲していたといわれます。

コンスエロ・イズナガ

　１８９０年、父がなくなりジョージは伯爵となりますが、生活は改まりませんでした。それでも2人の間には長男のウィリアムと双子の娘アルヴァとアリスが生まれ、貴族の妻の義務である後継ぎはもうけたのです。子どもたちの笑い声で、静かだったお城に明るさが戻ったと喜んだコンスエロでしたが、子爵はあいかわらず、ロンドンで同棲生活を続けていました。夫に置き去りにされたような生活が続くなか、娘達を病気で亡くします。アルヴァは16歳、アリスは20歳でした。コンスエロはこれまで以上に社会奉仕に力を注ぐようになります。彼女を突き動かしたのは貧困対策が動機でしたが、最も関心を持ったことは教育と健康問題でした。エドワード7世も彼女の貢献を高く評価していました。キンボルトン城が学校になっているのも、彼女の活動が関係しているのかもしれません。

　１９０９年12月に彼女は亡くなるのですが、21日付のニューヨーク・タイムズにお気に入りのダイヤモンドとルビーのブレスレットを親しい友人であるアレクサンドラ王妃（エドワード7世の妃）に形見として受け取って欲しいと言い残したという記事が載っています。また１９０３年のカルティエ製のダイヤモンドとエメラルドのティアラは、ロンドンのヴィクトリア・アルバート・ミュージアムに展示されています。豪華なティアラを目にすると、夫を待ち続けた彼女の寂しい日々や相次いで娘を亡くした喪失感を抱いていた彼女の心境や伯爵夫人という2つの顔が思い浮かびます。キンボルトン教会のステンドグラスは、彼女が娘達を偲んでティファニーに創らせたもの、事あるごとに教会に足を運んで娘達と話をしていたのかもしれません。

▼メリー・ゴレ

1878年ニューヨークの不動産王で当時の大富豪のひとりであるオグデン・ゴレと母メリーの間に生まれたメリーは、前述のメアリー・ライター同様イギリス貴族との結婚を望んでいましたが、相手は自分が選ぶという決意は固いものでした。彼女のお眼鏡にかなったのは、ヘンリー・イニス・カー7代ロックスバラ公爵の長男、母は7代マールバラ公爵の四女でランドルフ・チャーチルの妹という生粋の貴族出の軍人でした。

メリー・ゴレ

1903年11月10日ニューヨークで結婚、この時メリーの相続財産はコンスエロ・ヴァンダービルトにつぐ2、000万ドルというとんでもないお金持ちでした。最新設備の揃った快適なニューヨークの暮らしから、スコットランドのフロア城へ。石造りのお城は寒いうえに、暖炉以外に暖房設備はありませんがメリーは、田舎の暮らしを気に入りとても楽しんでいたといいます。お城はメリーの好みで改装され、17世紀のゴブラン織りのタペストリーなど彼女の好みにあわせて飾られました。彼女の趣味はサーモン釣り。近くの川でヘンリーにフライフィッシングを教えられたことがきっかけで、よく釣りをしていました。

その腕前はなかなかのもので、日々の釣果を記録した立派な皮表紙のノートがお城に残されています。後継ぎ息子のジョージも誕生し、二人の結婚は珍しいほど平穏でハッピーなものでした。

▼フランセス・ワーク

1857年、著名な投資家でコーネリアス・ヴァンダービルトの支援者であるフランク・ワークの娘としてニューヨークで生まれました。上流社会で友人達も大富豪の子女ばかりという環境で、何不自由なく育ったフランセスは、父譲りの意志の強い女性でした。裕福でカジュアルな友人に囲まれていたフランセスにとって、着こなし上手でエレガント、礼儀正しいイギリス紳士は新鮮で強烈な印象を与えました。

そんな彼女が惹かれたのは、アイルランド貴族のジェームズ・バーク・ロッシュ3代ファーモイ男爵でした。博打好きの浪費家で評判のいい男ではありませんでしたが、フランセスは結婚すると決めていました。素行だけではなく、イギリス人、特に貴族は「働きもしない社会の寄生虫」と嫌悪していたほどの父フランクは断固反対。フランセスも強情で譲らず、最終的には娘に弱い男親の常でフランクが折れ、1880年2人はニューヨークで結婚しました。多額の持参金はジェームズの領地の維持と生活費に使われることはわかりきっていましたから、フランクの心境はいかばかりだってしょう。

フランセス・ワーク

フランクの予想通り、この結婚は破綻します。ジェームズの浪費はとどまらず博打で10万ドル（現在なら250万ドル）を失くした年には、「女々しくて能なしのイギリス人」に額に汗して働き築き上げた財産を奪われることを腹にすえかねたフランクは、ついに援助を打ち切ったのです。離婚の際、フランクはジェームズの借金を肩代わりするかわりに、2人の息子エドモンド・ジョージとフランシス・ジョージの親権を放棄させ、息子達はアメリカで養育し成人後はアメリカ国籍を取得することという条件を出しました。ジェームズはこれを承諾、離婚証書に署名しました。

イギリスやヨーロッパを嫌い“America First”だったフランクは、フランセスと2人の息子をアメリカに移住させ、大学もハーバードに通わせました。フランクは分厚い遺言書に、一族が大英帝国およびその領土内とヨーロッパに旅行することも居住することも禁止、孫達は成人に達したらアメリカ国籍を取得してアメリカ人となること、父の姓ロッシュは名乗らずワークの姓を継ぐことなどを細々と記して亡くなりました。
しかし、イギリスを嫌い、とにかくイギリスとの関係を一切断たせようとした祖父の遺言は守られるどころか、長男のエドモンドは遺言の無効を裁判所に申立て認められています。1920年実父のジェームズ（3代ファーモイ男爵）が亡くなるとさっさとイギリスに帰国。アイルランド貴族ファーモイ男爵の爵位を継ぎました。さらに祖父の遺志に逆らうかのように、スコットランドの軍人の娘ルースと結婚、次女フランセスは第8代スペンサー伯爵エドワード・ジョン・スペンサーに嫁ぎ二男三女をもうけます。三女の名はダイアナ、そう元チャールズ皇太子妃のあのダイアナです。彼女の長男ウィリアムと孫のジョージは、将来の国王になることが約束されています。あれほどイギリス貴族を嫌っていたフランク・ワークが、これを聞いたらどんな顔をするでしょうか。世の中って、ホントどうなるかわからないから面白いです。

COLUMN

ダイアナ妃の親族

特別出演：ダイアナ妃の父は8代スペンサー伯ですが、伯爵家を初代ジョン・スペンサーまで遡った長女ジョージアナ（1757～1806）のお話。彼女は第5代デヴォンシャー公爵ウィリアム・キャベンディッシュと結婚します。18世紀後半のロンドン社交界の花といわれた彼女の結婚生活は複雑で、親友のエリザベス・フォスターと夫の不倫に耐え続けるのですが、ついに第2代グレイ伯爵チャールズ・グレイと恋愛関係に。4人の子どもの末娘は、グレイ伯爵の子どもでした。
イライザと名付けられた娘は、伯爵家に引き取られ、陸軍中佐ロバート・エリスと結婚。このふたりの次女の子孫がヨーク公アンドルーの元夫人セーラです。つまり、ダイアナ妃とは遠縁の親族ということになります。さらにダイアナ妃の姉の夫ロバート・フェローズとセーラの父ロナルド・ファーガソンは従兄という間柄。たどっていくと、貴族は皆遠い親戚関係にあるのかもしれません。

▼貴族に嫁いだ令嬢の生活

20歳そこそこで貴族の家に嫁いだアメリカの令嬢達は、イギリスの大邸宅の女主人となったのですから、戸惑うことばかりだったのだろうと想像されます。おそらく侍女やメイドの数人は連れてきたかもしれませんが、数十人か下手をすると100人を超えるような使用人組織には、馴染むまでどれほどの時間がかかったことでしょう。もちろんアメリカのお屋敷でも多くの使用人が働いていたでしょうが、イギリスでは家だけではなく、領地があるのですから、狩猟場、厩舎、庭園、果樹船、農場に牧場などの「長」といわれる人達とは円滑な関係を築かなければなりません。なによりも屋敷の中で「誰」が「何」をしているかを把握していないと「指示」が上手く伝わらず、面倒なことになる可能性が大きいからです。

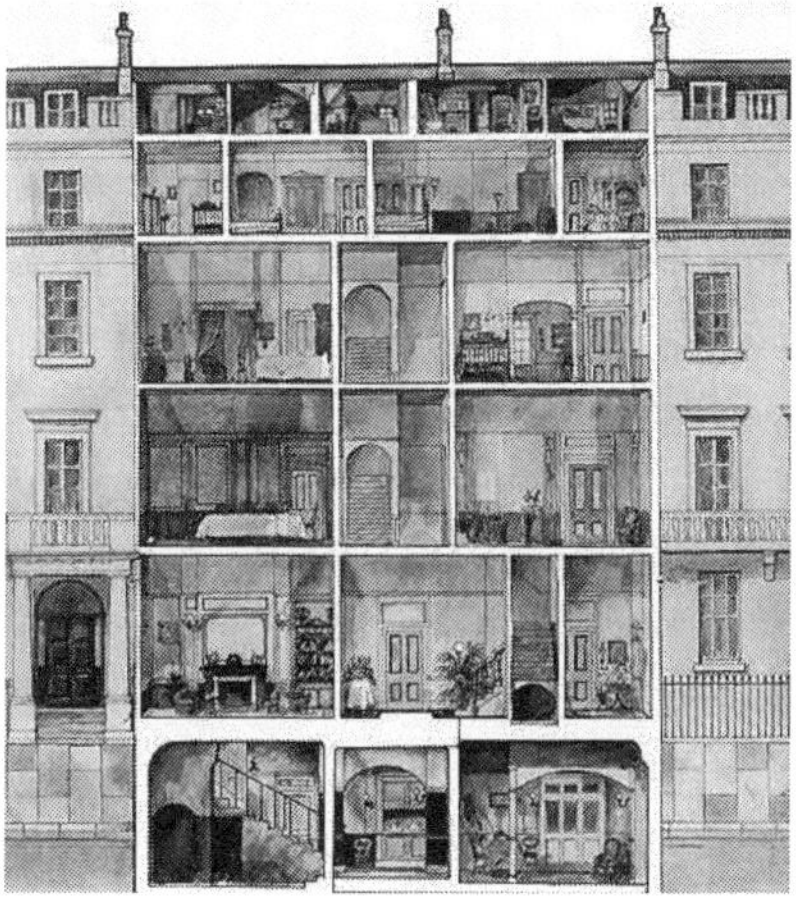

お屋敷内(一部)の図

「暖炉に火を入れて」なんて執事に頼んではいけません。執事の仕事ではないからです。頼むとすれば「○○に来るように伝えて」か「○○に火を入れるように言ってくださる?」と何かして欲しいことを担当者に伝えてということしかありません。つまり面倒で時間がかかります。イギリス貴族の忍耐強いという美徳は、「待つ」ことが当然とされた暮らしの中で培われてきたものかもしれません。

▼伝統と格式

新たに家族に加わった新参者より、長年お屋敷に勤める使用人達のほうが伝統と格式を知り尽くしているうえに、大いなるプライドを持っていたのですから、年若い新参者は婉曲なイジメの餌食でしょう。貴族の館の〝当主夫人〟という存在は、嫁いできて何らかの形で去って行く存在に過ぎません。その上、アメリカ人という異邦人、ワンランク下と見下していたに違いないので、呼ばれても聞こえないフリをするとか、あえて無視するような意地悪をしたかもしれません。できれば煩わされることのないように思い通りに操りたいと目論んでいたかも……。

『ダウントン・アビー』の中でも、伯爵夫人のコーラはアメリカの富豪の娘で伯爵家の財政危機を救ったという設定にもかかわらず、姑のヴァイオレットや意地悪オブライエン、下僕のトーマスなどに陰で「アメリカ人だから」と言われています。話の中でグランサム伯爵自身も、結婚は「財産目当て」だったことを認めているほどです。あにはからんや、彼女達はそのようなことではへこまないバイタリティと自信を持っていたのです。

伝統にこだわり続けるイギリスとは違い、アメリカではこだわりたくてもそれほどの歴史や伝統はありません、前進するのみです。

黎明期のエネルギーは強力で、誰もが未来は明るいと希望を抱けるのですから、産業は急速に発展し新しい産業と仕事が生まれます。ともかく人類未踏の発展の時期、人手はいくらでも必要でした。女性にもサポート的な役割とはいえ、秘書やタイピスト、電話交換手といった事務職の仕事が生まれました。これまで女性の仕事といえば家事使用人がほとんどだったイギリスでも、従来の枠から飛び出して新しい生き方を模索する女性達があらわれます。

ドラマの中でメイドのグェインが秘書になりたいとタイプを習得し、伯爵家の三女で政治や女性の社会進出に積極的なシビルに力を借りる場面があります。この2人の女性は、当時の女性に芽生えていた感情を象徴しているようです。ストーリーではグェインはタイプを通信教育で学んだようです。あの時代にも通信教育というものがあったのは驚きでした。彼女がお給料を貯めて手に入れたタイプライターが家政婦に見つかり、使用人フロアで物議をかもしたことにも驚ました。私物とはいえ使用人の身分に必要ないと思われていたのでしょう。使用人の長である執事と家政婦は、部下であり、仲間でもあると思っていたグェインが、居心地のよいお屋敷の外で働きたいと考えているなど、思いもよらなかったのでしょう。

使用人達が新たな職を得て転職していくというのは、お屋敷の主人にとっては人手を取られることですが、一方では経費節減というメリットもありました。

ただ人数の減少分の仕事が、他の人達の負担となっていたのは、ドラマの中でキッチンメイドのルーシーや下僕のトーマスやモールズリーが抵抗していたことにあらわれていました

Ⅲ 第一次世界大戦と英国貴族

1 第一次世界大戦の始まり

▼オーストリア大公暗殺

時代の変化に乗り遅れ気味で、財政的に四苦八苦しながらこれまでの暮らしをどうにか維持していた貴族達に打撃を与えたのが第一次世界大戦（１９１４〜１９１８）。ヨーロッパを主戦場とした人類史上初の大戦でした。

戦争にいたるきっかけは、１９１４年6月28日セルビア人民族主義者によるオーストリア大公フランツ・フェルディナンドの暗殺でした。事件が報じられた直後のパリやロンドンのカフェでは「オーストリア皇太子が暗殺されたようよ」「ええ、お気の毒ですわね。皇帝はなんて運が悪いのでしょう。ご長男のルドルフ殿下はマイヤーリンクで心中されましたでしょう、それからエリザベート皇后様が暗殺されて……。継承者に指名された弟のルードヴィヒ大公も亡くなられて。次に指名した甥のフランツ様まで暗殺ですのよ」「皇帝は、『この世はどこまで余を苦しめるのか』と、嘆き悲しんでおられるとお聞きましたわ」という具合で、まだ平穏でした。

そのうちロシアが介入し、イギリスでも男達は軍隊に徴収され、彼らを運ぶための鉄道敷設工事が急がれていました。陸地に囲まれたドイツでは、イギリスに対抗するために海軍を増強しています。当時の複雑な同盟・対立関係の中、ドミノ倒しのようにヨーロッパ各国が参戦、影響力のある政治家や実業家が水面下で必死の交渉を繰り返していたにもかかわらず、〝Splendid Isolation〟（栄光ある孤立）を標榜していたイギリスでさえ、8月4日ついにドイツに宣戦布告、開戦に踏み切ります。

セルビア人によるオーストリア大公の暗殺は、条約と同盟で複雑に結ばれた国々を巻き込み、さらには各国の〝国益〟を見込んだ思惑と相まって世界大戦へと拡大してしまったのです。

▼ロシアvsオーストリア

当時、オーストリア・ハプスブルグ家フランツ・ヨーゼフの甥フランツ・フェルディナンド大公は、領地であるボスニア・ヘルツェゴビナの首都サラエヴォを訪問していました。ボスニア・ヘルツェゴビナのセルビア人にとって6月28日は、1389年に先祖がトルコ軍に大敗した日として代々記憶に刻まれていた日でした。ボスニア・ヘルツェゴビナには、7世紀以来スラブ人種のクロアチア人も定住していて、キリスト教は東方教会、ローマ教会さらにイスラム教の影響を受ける地域であり、1878年の露吐戦争の戦後処理で名目上はオスマン帝国に属しているものの、ハプスブルグ帝国に占領されました。ところが1908年、オーストリアの外務大臣エーレンタールがこの地を勝手に併合したことで、不凍港が欲しいロシアと対立を深めた上に、セルビア人に深い屈辱感を芽生えさせたのです（占領であればセルビア人のままですが、併合されると帝国の人民となってしまうので）。

ロシアとの不協和音は、1877年の露吐戦争に先立ちます。このときオーストリアは、戦争に協力する見返りにボスニア・ヘルツェゴビナを領有する権利を与えられることになっていました。ところがオーストリアは何の協力もしなかった上に、勝手にこの地を併合してしまったことをロシアは腹に据えかねていました。そのためセルビアとオーストリア、ロシアとオーストリアは反目しあっていたのです。

皇太子を暗殺したのはセルビア人で、オーストリア国籍のガブリエル・プリンツィーブという19歳の学生、セルビア人の秘密結社「黒手組」（ツルナ・ロカ）のメンバーでした。

7月28日オーストリアが宣戦布告し、セルビアの首都ベオグラードを砲撃。これに対し7月31日、ロシア皇帝ニコライ2世は総動員令を発します。

オーストリア（フランツ・ヨーゼフ）に味方するドイツ（ウィルヘルム2世）は、それが防衛の妨げになると8月1日ロシアに宣戦布告。続いて8月3日、フランスに宣戦布告。中央同盟国のオスマン帝国とブルガリアが追随しました。

イギリスは1904年にフランスと友好協定を結んでいましたし、ロシアとは1907年に英露協商を締結していました。この協定のいずれもが、ドイツとの戦闘を決定的にするものでした。

▼ついにドイツに宣戦布告

そしてドイツが中立のベルギーに侵攻したことがきっかけとなり、１９１４年8月4日、ついにイギリスはドイツに宣戦布告したのでした。

イギリスと同盟を結んでいた日本、イタリアはドイツ・オーストリアと結んでいた三国同盟から脱退し、イギリス・フランスの呼びかけに応じてロンドン協定に調印。モンロー主義を貫いてヨーロッパの国際紛争に参加しなかったアメリカもオーストリアに宣戦布告。あっという間に中央同盟国対連合国の争いに発展してしまったのです。しかも帝国主義の時代でしたから、戦場は各国の植民地にまで拡大していきました。「戦争は始めたい時に始められるが、やめたい時にはやめられない」とマキャベリが指摘したように、半年もしないで終わるだろうという見通しはとんでもない誤算でした。

古代ギリシャの詩人ピンダロスの「戦争はその経験なき人には甘美である」の言葉通り、当初若者達は好戦ムードに沸き立ち、喜んで入隊を志願しました。時には年齢を偽ってまで。貴族や中流階級の子息の多くは将校になりますが、従者や下僕も志願兵となって屋敷にいた時と同様に身の周りの世話をすることもありました。「クリスマスまでには戻れるだろう」という楽観的な予想で兵士達は戦場に向かっていきました。

しかし終戦は１９１８年11月11日。ヨーロッパだけではなく、中東、アフリカ、中国、太平洋を巻き込み、4年以上の歳月と膨大な犠牲を要した戦いとなってしまったのです。

双方併せておよそ６５００万人が戦い、８００万人が戦死、病死者は２００万人、負傷者は２１２０万人、捕虜と不明者が７８０万人といわれます。民間では６６０万人ほどの犠牲者を出したとされます。

▼Noblesse Obligeによる志願

イギリスではどこの家族でも、男性が1人は亡くなっているという状況でした。夫と息子というように、家族の男性のすべてが亡くなったという家庭もありました。特に貴族の間では、“Noblesse Oblige”を果たすために、子息達が率先して志願したため命を落とすことが多かったのです。

前述したように、ヨーロッパの貴族社会には“Noblesse Oblige”という倫理観が定着していました。

この倫理観はヨーロッパに特有のものというわけでもなさそうで、11世紀の中国でも政治家范仲淹は「岳陽楼記」に先憂後楽（先天下之憂而憂後天下之樂：人々よりも先に国のことを心配し、人々が楽しんだ後で自身も楽しむべき）という、政治家や上に立つ者の心構えが残されています。権力や権威と義務と責任はコインの裏表のようなもの、現代のイギリスでも熱心に公の務めをこなすことが王族の評価に繋がっているのです。

この戦争におけるイギリス貴族の戦場での死亡率18・5％に比べると、全将兵の平均死亡率は8～9％程度だったとされます。貴族は、最前線で戦うことで義務を果たそうとしていたため、真っ先に飛び出していきましたから危険度が高かったのです（『王室・貴族・大衆』水谷三公著、中公新書）。

『ダウントン・アビー』の中で伯爵家の三女イーデスは、結婚が決まらないまま戦後を迎えて「ふさわしい（貴族の）男性はみんな亡くなってしまったもの」と言うのは、このNoblesse Oblige精神の故なのです。

▼ヨーロッパ全土が戦場に

戦場となったヨーロッパでは破壊された町や村、荒れ果てた農地が残さました。この戦争の経験はヨーロッパの人々の心に癒しようのない深い傷を残すことになります。

戦線の拡大につれて、さらに多くの兵士が必要になり、志願とはいえ、次第に半強制的に入隊させられるようになり、男手が不足するようになると、女性達がその代わりを務めなければならなくなります。農場や工場、トラックやバスの運転等々。これまで男の仕事とされてきたことでも女性達がやらなければなりませんでした。興味深いことに女性がバスを運転していた間の事故率は、男性のそれと比べてはるかに低いものだったという資料を見たことがあります。女性の運転のほうが、丁寧で慎重だったということかもしれません。皮肉なことにこの戦争は、女性の活躍の場を広げ社会進出を後押しすることになったのです。

▼戦場で活躍する女性

戦場で活躍した女性達もいました。基地の後方勤務と従軍看護婦です。最初の従軍看護婦は、クリミア戦争に参加したフローレンス・ナイチンゲール。病人の世話をする単なる「召使い」と考えられていた「看護人」を、専門知識を持つ「看護婦」として養成する必要性を訴え、1860年ナイチンゲール看護学校を設立。看護師の養成体制が徐々にととのえられたのです。そのためイギリスの従軍看護婦は、使命感に燃え勇敢でした。銃弾の飛び交う前線の救護所でも、傷病兵の手当を放り出して逃げだすようなことはありませんでした。

戦闘で傷ついたり病に倒れた兵士達は、とりあえず野戦病院で治療をされますが、負傷の程度によって治療の順番が決められ（トリアージュ方式）近くの治療院に送られたり、海外の戦闘地であれば船で本国（サウザンプトン港）に送り返されました。

ヴィクトリア女王の時代、2度にわたるボーア戦争がありました（1880〜1881、1899〜1902）。尊い犠牲を払い、激しい戦いから帰還した兵士達の窮状に愕然とさせられた女性がいました。エドワード2世病院の設立者である、アグネス・キーザーです。裕福で可愛らしく1870〜80年代に社交界の華として活躍していたアグネスは、エドワード皇太子の目にとまり一時は愛人でもありました。ボーア戦争が勃発すると、彼女の関心は社交界より〝看護〟へと向けられるようになります。

帰還兵の多くは、医療費を支払えず治療を受けられないまま放置されていたのが現実でした。アグネスは病院に私費を投じ、優秀な医師や外科医の協力を得るために皇太子の力を借りました。組織作りに長けた彼女は、1914年の開戦時には博愛主義者として知られ尊敬される存在になっていました。

2 ハイクレアのレディ・アルミナ

ボーア戦争の経験から、多くの看護施設や病院が必要になることは火を見るよりあきらかでした。第一次大戦の宣戦布告がなされた時点で、アレクサンドラ王妃帝国軍看護サービスには463人の熟練した看護婦が勤務していましたが、すぐにテリトリアル・ナーシング・サービスやその他のボランティア組織によって人員はさらに増加されたのです。開戦が報じられるやいなや、アグネスのもとにはすでに5軒のカントリー・ハウスから施設として使って欲しいという申し出が届いていましたし、その後も国中の裕福な女性達の多くが、施設の提供に応じ協力を惜しみませんでした。

レディ・アルミナ・カーナヴォン

『ダウントン・アビー』の舞台となったハイクレアもそのひとつでした。

当時の当主は第5代カーナヴォン伯爵（ジョージ・エドワード・スタンホープ・モリニュー・ハーバート）と夫人のレディ・アルミナでした。このレディ・アルミナはアメリカ人ではありませんが、莫大な借金と領地の維持で未曽有の財政危機に陥っていた伯爵家を救った女性なのです。

▼アルミナの両親と「名付けの親」

アルミナは1876年8月15日パリで、フレデリック・チャールズ・ウォムウェル（Frederick Charles Wombwell）大尉と、フランス人銀行家ボワイエの娘マリーの間に生まれました（マリーの母ミーナもフランス人銀行家とスペインの裕福な家庭の娘です）。幼少期をパリとロンドンで過ごしたアルミナは、10代になるとロンドンの高級住宅街メイフェアの中心ブルトン・ストリート20番地で暮らすようになります。

フレデリックの兄のジョージは男爵ですから、決して怪しげな家系ではありません。実際マリーの2人の姉妹は良縁を得てイギリスの名士に嫁いでいましたが、マリーの結婚だけが、うまくいかなかったのです。

アルミナの父フレデリック・ウォムウェルは準男爵の末息子でしたから、2人の結婚式には貴族階級の有名人も出席していました。しかしフレデリックは、大酒飲みの泥棒という〝外れクジ〟でした。2人の間にフレッド（ジュニア）と名付けられた息子が生まれましたが、フレッドシニアが犯罪を犯した後、マリーには負担が重過ぎるとされ養子に出されます。

こうした〝噂〟はインターネットのない時代あっても〝A little bird tells〟であっという間に広がってしまうものです。

「ご存知でいらっしゃいます？」「ええ、存じておりますわ。ちょっとおつき合いは控えさせていただきませんとね。宅とも話しておりましたの」

「さようですわねぇ、次の晩餐会にはご遠慮いただきませんとね」

「ええ、ご自身も顔を出されるのは体裁が悪いと思われているのではありませんこと？」

といったお上品な会話が交わされて、マリーは社交の場から閉め出されてしまったのです。

アルミナが誕生する以前からマリーとフレデリックはすでに疎遠になっており、時折姿を現わす程度にすぎませんでしたが、若く魅力的だったマリーは幼い娘を抱えて孤独な時を過ごさざるを得なくなります。

生涯独身を貫いたロスチャイルド家のアルフレッドが、夫とは疎遠になっていたマリーと出会ったのはアルミナが生まれる前のこと。彼女が夫の不面目によって社交界から拒絶され、ひとり静かなというか寂しい生活を送っていた頃のことでした。義理の兄のサー・ジョージが紹介したのか、同じ銀行家である父の伝手で出会ったのかはわかりません。ともかく朗らかで話題が豊富、演劇やオペラ観賞という趣味が同じでしたから、とても気の合う友人となったのです。

ロンドンのロスチャイルド家としては、疎遠とはいえとかくの噂の夫を持つマリー・ウォムウェルとつき合い始めたことは断じて承服できないことでした。

それでもアルフレッドとマリーは、気ままな関係を続けていました。アルフレッドは独身の自由を手放す気持ちなどまったくありませんでしたし、ユダヤ教徒の彼がローマ・カトリック信者の女性と結婚するなどあり得ることではなかったからです。

マリーに娘が生まれると、アルフレッドはやたらに可愛がりました。正式に彼の娘であるとは、生涯認めてはいません。ただアルミナという風変わりな名前が本当の父親を知る手がかりになります。マリーが敬愛する母は〝ミーナ〟と呼ばれていました。それに父親の名前のアルフレッドの始めの2文字を足しただけのことなのですから。

19世紀の男女の情事については、少なくとも上流階級の間では、思慮分別を保ってさえいれば寛容でした。離婚という不面目に比べれば、不倫など些細な悪にすぎなかったのです。

それでもロスチャイルズの一部の人は憤慨しました。おそらくはマリーの地位が低いということからでしょう。お洒落な高級住宅地メイフェアで、贅沢な暮らしを続けさせているばかりか、娘のアルミナを溺愛しているという事実は、家名を汚すには十分だったからです。

マリーは慇懃無礼な上流社会に受け入れられることはありませんでした（情事の件はさておき、決定的には夫が本来の地位から転落していったこと）。ともかくアルフレッドとの関係はグレーゾーンに置かれ、誰もが目をつぶり礼儀正しく気づかないフリを装っていたのです。

アルミナは、中流から上流の家庭ではごく当たり前とされた家庭学習で、女性教師に教育されました。読み書きがきちんとできること、〝客間〟で必要とされる社交術、つまり楽器演奏、ダンス、歌唱力、絵を描くといったことを身につけることでした。そしてフランス語は、フランス人の家庭で育ったアルミナには特に必要はありませんでしたが。

ロンドンでもパリでも、子ども時代のアルミナの誕生日には、必ずと言っていいほど〝名付け親〟のサー・アルフレッドがたくさんのプレゼントを携えて訪ねてきたものでした。次第に後援者に親しみを覚えるようになったアルミナは、成長してからも彼が大好きでした。そしてアルフレッドもアルミナが大のお気に入りでした。もしかしたらアルミナは出生にまつわる真実を聞かされていたとも考えられるのです。それはあまりにも公然の秘密でしたから。

世間の噂話など耳にすることもなく、恵まれた環境で育ったアルミナが年頃を迎え、社交界にデビューを果たして結婚相手を探す時期になると、〝名付け親〟アルフレッドは秘かに裏でさまざまな手を打ちました。

プライベートに開くコンサートやパーティ、オペラなどにアルミナを出席させ、批判的なロンドン社交界の目の届かないところで重要人物にこっそり紹介していました。〝名付け娘〟が結婚する際には、十分な支度金が準備されているということを秘かに知らしめるなど、着々と計画を進めていました。特に彼女には十分な支度金が準備されていること、そして莫大な財産がアルミナに譲られることが、確実に広まるよう綿密な計画を実行したのです。この結果、結婚市場におけるアルミナの立場は、注目に値すべきものとなっていたのです。

母親似でほっそりとした可愛らしいアルミナは、洗練されたエレガンスと贅沢な街パリ仕込みの溌剌とした魅力が漂っていました。

デビュタントのパーティで、背筋をピンと伸ばし、落ち着いた様子のアルミナが厳しく躾けられていたことは誰の目にも明らかでした。

▼5代カーナヴォン伯爵

「彼女が、例の……」とダンスを申込む男性達の中に、カーナヴォン伯爵の姿もありました。王室と親しく貴族の中でも最高位、ロンドン、ハンプシャー、ソマーセット、ノッティンガムシャー、ダービーシャーに広大な土地を所有し、その領地には贅沢な内装と多数の偉大な巨匠の絵画が壁面を飾る邸宅がありました。東洋から持ち帰った数々の室内装飾品、美しいフランス製の家具類。当然のことながら伯爵には年頃の娘を持つ親や親族から、あらゆる招待状が届けられていました。28歳という若さ、細身で長身のダンディな伯爵は、社交界の娘達にとって憧れの存在だったのです。そのことを知ってか知らずか、アルミナは特に伯爵とのダンスや会話を楽しみ、出会ったばかりの伯爵にすっかり魅了されてしまいました。彼女の境遇を考えれば、公式の場で年頃の男性から丁重に扱われたのは初めてだったのかもしれません。本来なら女性の両親がパーティや狩猟といった口実をもうけてお目当ての男性を誘うのがお決まりの社交界ですが、アルミナの事情は複雑です。果たして再会のチャンスは?

すかさずアルフレッドが助け船を出しました。ひと月ほど後、バッキンガムシャーの邸宅ホルトン・ハウスの週末パーティにふたりを招待したのです。

莫大な借金でもがいている伯爵としては、財産のない者との結婚は軽卒としか言えません。ロスチャイルドとのつながりがとかくの噂になっているばかりか、宮中舞踏会で強い印象を受けたアルミナが気にならないはずはありません。週末を一緒に過ごすことは、また少しお互いを知るチャンスになるかもしれません。伯爵は招待を快諾しました。アルミナにチャンスを与えるため、アルフレッドは招待客をごく親しい少数の友人に限定し巧妙かつ慎重に筋書きを用意していたのです。狙いは成功、伯爵も明るく溌剌としたアルミナに心を動かされたようでした。

それでもこの時代、時の流れは緩やかで「待つ」ということが当たり前だったのです。伯爵はホルトン・ハウスの週末の後、避寒のために海外旅行に出かけてしまいます。忙しく過ごす伯爵と違い、ほとんどお誘いのないアルミナは、母親と以前のように静かな生活に戻るしかありませんでした。アルフレッドはじっくり構えています。季節が巡りほぼ1年が経った11月、再びホルトン・ハウスのパーティにふたりを招待したのです。

そこで伯爵は、アルミナと母親を「ハイクレアで週末を過ごされませんか?」と誘いました。言ってみればこれは伯爵家による人物面接試験のようなもの、結婚相手として親族の了承を得るための招待です。

貴族の頂点である王室もこの慣例を守っているので、皇太子や王子達の噂のお相手がバルモラル城に招待されると「スワ、婚約か!」とマスコミが色めき立つのは、ダイアナ妃やキャサリン妃の婚約時の騒動でおわかりになるでしょう。賢明なアルミナには、この訪問に伯爵夫人の地位がかかっていることはよくわかっていたはずです。

そしてハイクレアを訪れたアルミナと(母の)マリーは、4代伯爵夫人のエルシー(エリザベス)に紹介されたのです。4代伯爵の先妻イブリンは4人目の子どもヴィクトリアの出産後に亡くなりました(ウィニフレッド、ジョージ、マーガレット、ヴィクトリア……家族の親しい友人だったヴィクトリア女王は、赤ん坊の名付け親になると申し出られてヴィクトリアと名付けられました)、4代伯爵が3年後に再婚したエリザベス・キャサリン・ハワードは叔父の娘で、伯爵より25歳年下の従妹でした。4代伯爵とエルシーの間には、オーブリーとマーヴィンという2人の男の子が生まれ、〝母親〟が似合う朗らかなエルシーと6人の子ども達はとても仲良く育ったのです。伯爵はこうした家族に対する責任も負っていたのです。

この時、招待されていた友人達は噂話を耳にしてはいましたが誰もがマリーとアルミナ母娘の完璧な振舞いに感服させられたのです。面接は見事に合格、伯爵はアルミナに結婚を申し込みました。

上流階級としては異例なことでしたが、この婚約はタイム紙には掲載されませんでした。伯爵家として、何か思うところがあったのでしょう。

アルミナへの婚約の贈り物は、カーナヴォン家に何代も受け継がれてきた素晴らしいパールのネックレスでした。ヴァン・ダイクが描いた初代伯爵夫人アンナ・ソフィアの肖像画は、このネックレスを身につけた姿です。

▼結婚のメリット

ロンドンに戻った伯爵は、結婚の取り決めのため早速アルフレッドを訪ねました。双方の弁護士達によって結婚契約が詳細に検討されました。伯爵との間で結ばれた結婚契約は、アルフレッド・ド・ロスチャイルドが署名しており、これまで同様、今後もアルミナは彼の莫大な財産によって守られることが確認されたのです。カーナヴォン伯爵はアルフレッド・ド・ロスチャイルドという後楯を持つ女性と結婚したことで、新たに数々の所領を手にされました。さらに伯爵は貴族としての生活を維持するために、必要に応じて資金援助を受けるという取り決めにも成功したのです。

最初の条項にはアルフレッド・ド・ロスチャイルドが、毎年£12,000をレディ・カーナヴォンもしくはカーナヴォン伯爵に支払うこと。もし伯爵夫人が伯爵に先立つようなことがあったとしても、伯爵の存命中は同額が支払われることが明記されました。ハイクレアの従僕達には、当時の年俸で£22が支払われることになりました。この年俸を含め、アルフレッドが伯爵に支払うのは現在の価値で換算すると£6,500,000（ほぼ10億円）になります。

こうした好条件は、伯爵が結婚前のかなりの借金を清算してくれれば、アルミナとの結婚生活を負債のない白紙の状態から始められるからとアルフレッドに頼みこんだ結果でした。

そして今後生まれてくる子ども達についての援助も、しっかりと話し合われました。アルフレッドは新婚の2人が、穏やかに楽しく裕福な暮らしを続けていくために、どのような要求にも応えるつもりでいましたから、伯爵の要望はすべて受け入れられたのです。

すべてが満足のいくように整えられると、伯爵はすぐに（スティーム）ヨットをチャーターして、親友のプリンス・ヴィクター・デュリープ・シィングと南アフリカを目指して航海に出かけてしまいました。

そして1985年6月26日水曜日、伯爵の29歳の誕生日にウェストミンスターの聖マーガレット教会で19歳になったばかりの可愛らしいアルミナ・ヴィクトリア・マリー・アレクサンドラ・ウォムウェルと第5代カーナヴォン伯爵ジョージ・エドワード・スタンホープ・モリニュー・ハーバート（ポーチェスター卿）は、結婚しました。

晴れ渡った空の下、千年の歴史を持つ白い石造りの教会は、着飾った参列者と豪華な花束で溢れかえりました。この年の社交イベントのベストとされた結婚式は、伯爵家と長いつきあいのエドワード皇太子も、もちろんご列席。まるでロンドンの社交界が引っ越してきたかのような豪華な顔ぶれが勢揃いしたのです。ここ数年隠遁生活を送っているヴィクトリア女王は、出席は遠慮されたものの、新婚カップルに自筆のお祝い状を送られました（女王の書簡は秘書が代筆し、女王は署名だけというのがほとんどなので、自筆のレターを送られたということで、いかに親しい間柄であるかがわかります）。

上流階級独特の婉曲な意地の悪さや悪意にもかかわらず、アルミナは貴族の中でも最高位の男性を花婿として迎え、伯爵夫人に生まれ変わったのです。

まったくの部外者だったウォムウェル嬢の社会的地位が最高位にまで跳ね上がったことに、不満の声がなかったはずはありません。が、そこは礼儀をわきまえた紳士淑女の集まりですから、式でも披露宴でもその話題が囁かれることは控えられました。それでも帰りの馬車の中は、さぞかし盛り上がっていたことでしょう。

▼王室のお墨つきを得るイベント

アルフレッドは、いまだに不満を持つ頑迷な貴族達にどうにかアルミナの結婚を認めさせようと手を尽くしていました。切り札は親友である皇太子のハイクレア訪問です。それは暗にアルミナの結婚に王室が承認を与えるという意味合いを持つからです。幸いなことにハイクレアはイギリス屈指の猟場としても知られていて、料理の素晴らしさと豊富さ、それにアルフレッドの一族が生産する最高級のワイン Chateau Mouton Rothchild については、皇太子も耳にされていました。

そして……ついに皇太子の秘書官が訪問の日時を確認してきました。王室は12月中旬の招待に応じるというのです。屋敷内の改装や伯爵との狩猟に同行などを経験し、どうにか屋敷になじんできたアルミナが、伯爵夫人としての真価が問われる一大イベントです、なんとしても成功させなければなりません。同じ思いのアルフレッドは、ほとんどつきっきりで細かいアドバイスを与えていました。

皇太子の訪問は王室の生活がそのまま移動するようなもの。何一つ不足のないように整えるのは莫大な物入りでもあります。まず皇太子の寝室を改装、なにしろ大食漢の殿下の胴回りは4フィート（122cm）。大きなベッドが特別注文されました。寝室には新しくフランスの家具を購入、隣接する化粧室も同様に改装されました。カーペット、磁器、照明、カーテンも新調され、放り出されたままだったビリヤード台も修復。煤が少なく、ほのかな香りが漂い、空気を清浄化するという蜜蝋キャンドルも数百本注文されました。

一連の行事のハイライトは、なんといっても「食事」でしょう。美食家の皇太子の舌を満足させ、完璧なサービスを行なうために滞在中はロンドンのサヴォイ・ホテルのシェフとウエイターを数日間雇い入れたのです。ワイン・シャンペン、肉類、鶏、卵、フルーツ、チョコレートなども、アルフレッドの指示した店から調達されました。

実際たった3日間の滞在に、現在の価値なら£360,000（およそ5000万円）という資金が投入されたのでした。

▼アルミナの〝おもてなし〟

アルミナは、皇太子滞在中の衣装も慎重に用意していました。なにしろ貴族の女性は毎日、朝用、午後の散歩、ティータイム用、そしてイブニング・ドレスと状況に合わせて5〜6回着替えることが習慣でしたので、その場に相応しい服に着替えるのが当たり前でした。『ダウントン・アビー』の中でも女性達は侍女の手を借りて、よく着替えていました。ふと思いついたのはこの着替えの習慣、フルレングスのドレスで歩き回るというのは、屋敷の中であっても靴を履いたままという生活で汚れるでしょうね。まして散歩で庭など歩けば裾は泥や芝がまとわりつきそうです。雨上がりなら、お上品に歩いたとしても裾は泥だらけになるでしょう。「その場に相応しい服を」というのは後からの口実で、実際は清潔で泥のついてない服に着替えたのでは、と思う次第です。

ドラマでは、前伯爵夫人ヴァイオレットが相手が女性でも男性でも、訪問客に「あなた着替えはお持ち?」とちょくちょく訊ねられます。孫娘達も「着替えないと、お祖母様に叱られるわ」と慌てることが。

「伝統は大切よ。それがなければ存在している理由はないわ」と仰せになるヴァイオレットの台詞の端々に、格式と伝統にこだわる貴族階級の精神が現れているのが興味深いところです。それでも事ある時は、一番大胆だったりする柔軟な姿勢の人生の達人であられるのが痛快ではありました。

ハイクレアのウォルナット製の扉の前で、伯爵の隣に立ったアルミナは馬車から降りられる皇太子を出迎えました。背後には薄暗い冬の光の中に、ぼんやりと霞む城。邸内は150以上のオイルランプとキャンドルが灯され、ギャラリー(美術品展示室)と改装されたばかりの応接室を暖かな光で満たしていました。

部屋に案内された皇太子は、魅力的な装飾で改装された応接室や、気ままに使える居心地の良い寝室などを大変お気に召され、アルミナにねぎらいの言葉をかけられたのです。とりあえず第一段階は無事にクリアしたのです。

そして晩餐、美食家の彼でさえ文句のつけようのない献立、コンソメスープで始まり、魚のコースが続きました。ターボット(ヨーロッパ産カレイ)のグリエ・デュグレール風(19世紀フランスで著名な料理人のひとり、ロスチャイルド家の料理人としても数年間過ごしています)。アントレは、パテと鶏肉、フォアグラを詰めてローストした猟鳥に添えられた色とりどりのハイクレア産野菜のサイドディッシュ。デザートはオレンジのスフレとアイスクリーム。皇太子は上機嫌で何もかもが気に入られたご様子でした。

食後に音楽室でバンドの演奏を楽しんだ後、キジやビーフなどの冷製肉の夜食がふるまわれました。このうえなく上機嫌な皇太子は、大満足で床につかれました。初の大役を果たした伯爵夫人アルミナは、とりあえずホッとしたことでしょう。

翌日は狩猟でした。そしてここはカーナヴォンの陣地なのです。ハイクレアの領地にはビッグスとウーレンという2本の大通りがあります。小高い石灰質の土地で耕作には向かないため、ウサギの群生地になっていました。つまりウサギ狩りには絶好の場所なのです。

猟銃は8挺、皇太子、ウエストモアランド卿、バークルー卿、チェルシー卿、セイモア・フォーテスキュー閣下、エドワード・コールブルック卿、M. ブーラストセルそしてカーナヴォン卿。彼らはおびただしい数の鳥とウサギを手にしました。なにしろ当時、狩猟の成果は質よりも量でしたから。

お屋敷のゲームブックには、すべて獲物の行き先が詳細に記録されています。何ひとつ無駄にすることはありません。ハウス・キーパーに伝えた数字の記録が残っているのです（面白いもので、どちらのお屋敷でも、狩猟や釣りの成果、獲物の送り先の記録が残されています。ページをめくると、城で開かれた狩猟が偲ばれます。何でも記録して書き残しておくと、歴史になるという一例ですね）。

訪問は大成功でした。これ以上の完璧さは望めないほどでしたから、カーナヴォンは新妻がこれほど上手く行事をとり仕切ったことを誇らしく思ったはずです。最高級の食事ともてなしで、ゲスト達を魅了したアルミナの〝おもてなし〟は、彼女が優れた統括者で有能なホステス（女主人）であることを証明したのです。そしてそのアルミナの能力は、後の大戦時に医療施設で発揮されることになるのです。

COLUMN

ここでまずいと定評のイギリスの食事について

「フランス人は食べるために生き、イギリス人は生きるために食べる」と言われるように、美食のフランスに比べるとイギリスの食事はマズイというのが世間の定説のようですが、果たしてそうでしょうか？

『ダウントン・アビー』の主人公である伯爵家では、料理長のパットモアさんがデイジーというアシスタントと大活躍。後からアイビーというメイドが加わって先輩のデイジーは、ちょっと辛くあたったりしていましたが、見ている限り結構美味しそうな食事を召し上がっていたような・……。使用人フロアの食事も、ちゃんとしたものでした。おそらく腕の良い料理人は接待の多い貴族の間で引っ張りだこだったことでしょう。

食材は領地で調達できるものと、フォートナム&メイスンのようなロンドンの食材店や地元の店から取り寄せていたようです。

フランスの貴族文化の影響が大きいイギリスでしたからメニューはどうしてフランス風になるでしょうし、フランス人の料理人も多かったというのですから、フランス料理は抵抗なく受け入れられていたのでしょう。

ディナーのメニューは

オードブル

スープ

魚

メインディッシュ

ロースト（塊で焼いた肉）

野菜料理（バターのソテーなど）

フルーツとチーズ

デザートは、アイスクリーム

コーヒーに食後酒

いくら美味しくても連日これではたまらないのか、伯爵家で「夕食は軽めにと伝えておいて」とか「夕食はいらないわ」とご婦人方が家政婦長に依頼する場面がありました。食事をするかしないかを料理長に伝えるのはエチケットでした。外出して帰宅時間が遅くなるような時も、伝えておかなければなりません。料理長としてはサーブされた時にベストな状態で味わえるようタイミングを見計らって調理するのですから、その期待を裏切るようなことをしてはいけないのです。その代わりというか、夜遅くまで起きているようなことがあると心優しい料理長は、サンドイッチとフルーツといった夜食を用意してくれていましたっけ。

領地の住民はおそらく野菜や小麦、卵、乳製品などは自給自足だったでしょうから、新鮮で美味しかったはず。ベーコンやソーセージなども食卓に並んでいたでしょう。ドラマの中でパットモアさんは、お屋敷を辞めたら自分でB&Bを始めることにしていました。実際彼女のように貴族の家で腕をふるった料理人が、B&Bや食事のできるパブを開くことも多かったため、そのレシピを受け継ぐお店や新鮮な食材が近くで手に入る郊外のお店の食事は〝美味しい〟ものです。

衰退していく貴族に代わって台頭してきた中産階級は、とにかく「肉好き」ビーフィーターで、「肉さえあればヨシ」ということだったらしく、ローストビーフとステーキは誇れるものに発展（料理というか〝肉〟そのものが美味しいということかもしれないので、選択眼が磨かれたということなのでしょうか）。ともかくヨーロッパ大陸からの旅行者も、「肉だけは美味しい」と認めていたほどなのです。

フィッシュ&チップス

『ダウントン・アビー』の後半になると、使用人達が独立していく様子が描かれています。それまでの貴族の暮らし方を続けられなくなったことだけではなく、使用人以外に新しい働き口ができたからです。領地の小作人にとっても同じことが起こり、都会に仕事を求めて移住する人が増加します。それまで自給していたような食事ではなく、食料品店で手に入れるしかありません。パン、オートミール、チーズにベーコンくらいでしょうか。

そしてフィッシュ&チップス。いわずとしれたイギリス名物です。白身のお魚のフライとフライドポテト(なぜかイギリスではフライドポテトをチップス、ポテトチップスはポテトクリスプスと呼んでいます)という揚げ物料理。ファスト・フードですから、袋に入れて貰い、上からモルト・ビネガーとお塩をタップリ振りかけて、袋を上下にシャカシャカして下のほうまでなじませて歩きながらとかどこかに腰をかけて食べる、というのが本来の姿。これがアツアツで美味しいんです。

そんな姿を横目で見ていた紳士の皆様は、「旨そうではあるが、あのような食し方はいかがなものか」と思われていたのでしょう。でも本音は「食べたい」。そんな御仁のために登場した“Sophisticated Fish & Chips”というお店では、テーブルがあり椅子に座ってナイフとフォークを使って食べられますし、パブでもメニューに加えているところもあります。

そういえばあの食事にこだわる礼儀正しいエルキュール・ポワロ氏、“The yellow iris”(黄色いアイリス)という作品の中でLe Jardin des Cygnes(ル・ジャルダン・デ・シーニュ)という味に定評のあるレストランで犯罪を暴いたのですが、そのゴタゴタで夕食を食べ損なってしまいます。夜も遅いので開いているお店などありません、「いいものがありますよ」と相棒のヘイスティングスが手に入れてきたのがフィッシュ&チップス。油まみれになる手を気にしながら「悪くないですな」と召し上がったポアロさん。本当はとても美味しかったはずです。なにしろ空腹に勝る調味料はなしとされるのですから。

フィッシュ&チップスの最初のお店は、1860年ロンドンの下町イーストエンドの「ジョセフ・マリン」と言われています。産業革命期の労働者にとってすぐに食べられて腹持ちがよく、手頃な食事でしたから瞬く間に広がり1913年には英国国際フィッシュ・アンド・チップス協会（The British National Federation of Fish Friers）が設立され、フィッシュ＆チップスのレシピや調理法が確立されたとされます。現在にいたる国民食ですね。

野菜

フィッシュ＆チップスのチップス（フライドポテト）は、ほとんどの肉料理や魚料理の付け合わせに登場します。時にはベイクドポテトやマッシュポテトに変身しますが、材料は同じジャガイモです。日本ではお米、麵類、パンを主食としおかずは副食と分けられますが、イギリスでは主食とか副食という考え方はありません。もしかしたら茹でてお塩をつけただけでもおいしいジャガイモは主食に近いのかもしれません。茹でるといえば、イギリスでは野菜は基本的に茹でるものだったようです。これは労働者階級の居住環境が非衛生的だったため、食べ物を加熱殺菌することが奨励されたからだとされます。

とにかく火を通し加熱すること、野菜は茹で肉や魚はウェルダンを通り越すほど焼くというのが定着してしまいました。さらに野菜の茹で方については、1861年に発売され1年間に6万部を売上げ、その後の10年で200万部、さらに再版を重ねて現在でも出版されている"Mrs. Beeton's Household Management"（ビートン夫人の家政読本）という家事の手引書がありまして、その中で「野菜は茹でる、とにかく何でも茹でるというのが鉄則」という記述があります。茹で時間は野菜の成長具合によりますが、若く繊維の柔らかいものは20分、成長して繊維質の多いものなら40分、と書かれているのです。この本、上流に憧れつつどうしていいかわからない中産階級の新米主婦の必需品でした。出版業を営む夫のために書き始めた家事と料理の本で、内容は今の女性誌のようなもの。ファッション、保育、畜産、毒、使用人の管理、科学、宗教、および産業主義に加えて900以上の料理レシピが紹介されています。

これほど売れた本ですから、どこの家庭も野菜は茹で過ぎでクタクタ、栄養素はお湯に流れ出てしまっていたことでしょう。そういえば野菜の茹で汁はスープに活用というお宅もありまして、「捨てちゃダメよ」と言われてビックリしたことがありました。誰もがそうするわけではないようですが、よくよく考えてみると〝出がらし〟状態の野菜より栄養は豊富かもしれません。

ところで「サンデー・ロースト」というイギリスの伝統的な食事があります。日曜日の午後、ローストしたお肉（牛・鶏・羊・豚、季節によって鴨や鵞鳥など）に、ジャガイモ、ヨークシャー・プディング、魚や野菜の詰め物、茹でるか焼いた野菜にグレービーというメニュー。余ったものはその週の食事に活用します。ここで茹で過ぎ野菜のスペシャル・メニューがあります、ベースはジャガイモ、スムースなマッシュポテトか荒く潰したジャガイモに残り野菜を刻んで入れて焼くというお好み焼きの親戚です。芽キャベツやブロッコリー、人参、豆……なんでも構わずジャガイモと混ぜて焼くだけですがBubble and Squeakという立派な伝統料理なんです。調理中にプチプチ（Bubble）とか、キュッキュ（Squeaking）という音がすることでつけられた名前というのもなんだか可愛いですね。

ブラウンソースでいただきますが、これエリザベス女王もサンデー・ローストの後には召し上がっているという伝統料理です。最近では冷凍でも販売されるようになりました。日本と同様おふくろの味が消えつつあるということでしょうか。

パンとマーマレード

ジャガイモがしゃしゃり出て来ると、パンの立場はどうなるか気になります。イギリスの食パンはとても薄くスライスされていて、日本のサンドイッチ用より薄いかもしれません。トーストスタンドにパンを立ててサーブされます。カリッ、サクッのトーストですから一口大に裂くのはほとんど不可能。どうしてもと頑張ると裂くというより割る感じです。バターを塗って、マーマレードをたっぷりのせていただきます。この時マーマレードは、一口分ずつ載せること。日本だと全体に薄く塗ってしまいがちですが、あくまでもたっぷり載せて……食べるのはパンではなくマーマレードなんです。

スクランブルエッグのようにフォークで食べにくいものも載せていただきます。あくまでも一口分ずつね。つまり薄いトーストは、食べにくいものを載せる台といえるかもしれません。

マーマレードではなくてジャムでも構わないのですが、

イギリスならマーマレードにこだわりたいところ。それもオレンジのマーマレード。これイギリス人のこだわりで、使われるのはセビリア産のオレンジ。苦みの強いセビルオレンジは、そのまま食べるのではなく薬に使われていたというのです。乾燥させた果皮を漢方で陳皮という原料にしていたのでしょう。

18世紀のある嵐の日、オレンジを満載した船がスコットランドの港ダンディに避難していました。これを目にした食品屋の主ジェームズ・キーラー氏は、一儲けしようとオレンジを買い占めたのですが、日にちが経って傷み始めています。「大変だ！　大損した」とキーラー氏は真っ青。「どうにかなるかもヨ」と奥さんのジャネットは、オレンジを刻み、たっぷりのお砂糖でグツグツ。食べてみると「オイシイ！」甘くてほんのりとした苦みが爽やか。キーラー一家はこれを大量生産して、お店で販売。手頃な価格で誰にでも手が届くダンディ・マーマレードは、大評判となりキーラー氏も胸をなでおろしたことでしょう。１７９７年にマーマレード製造会社を創立してしまいました。

アイデア・マダムのキーラー夫人、これでは終わりませんでした。マーマレードとドライフルーツを刻んで、アーモンドを飾ったフルーツケーキを考案。「ダンディ・ケーキ」と名付けられたケーキは焼き上がってから3週間以上寝かせて食べるというものですから、販路は拡大。このことからマーマレードはセビルオレンジで作るものというこだわりが生まれたのです。燦々と輝くスペインの太陽を思わせるオレンジの色、そして口に残る爽やかな苦みが一日の始まりに相応しいのでしょう、イギリスの朝食に欠かせない一品です。

セビルオレンジの出回る季節には、自宅用1年分とご近所さんへのおすそ分けなどマーマレードを手作りするお宅からは、オレンジの匂いが漂ってきて無性に食べたくなるものです。このマーマレード、甘さや苦みは皮の切り方で微妙に違ってくるため専門店では40種類以上も揃えていて、お気に入りを探すのも楽しみのひとつとか。たかがマーマレード、されどマーマレードなんです。

そのマーマレードは、パディントンというクマの大好物。いつも帽子の中にマーマレードのサンドイッチを隠しています。それがトラブルを引き起こすことも。パディントン駅には、ここでブラウン一家と出会ったパディントンの銅像があります。ヒースロー・エクスプレスに乗ることがあったら、見つけてあげてください。

そうそう、よろずコンテスト好きのイギリスですから The World's Original Marmalade Award（世界オリジナルマーマレード賞）コンテストまで始めてしまいました。世界中から応募できるというのですから、腕に自信のある方は応募されてはいかがでしょう。２０１５年にユズとダイダイのマーマレードで日本人が受賞していますよ。

アフタヌーンティー

マーマレードではなくジャムが必須のアフタヌーンティー。イギリスというと反射的に浮かぶアフタヌーンティーも貴族から広まったもの。１８４０年頃にベッドフォード公爵夫人のアンナ・マリアが始めた女性のための社交のティータイム。オペラや演劇といった夜の社交に出かけると、夕食は10時過ぎになってしまうので、お出かけ前の腹ごしらえでもありました。サンドイッチ、スコーン、ケーキに紅茶というメニューですが、これ結構お腹が張ります。

スコーンというパンとビスケットの合の子のようなもの、最近はフルーツやナッツ、チョコレートなどを混ぜ込んだものもありますが、正統なのはプレーンなもの。「吠えよ、オオカミ！」といわれるように、真ん中が膨らんでオオカミが口を開けたような焼き上がりのスコーンを半分に割り、クロテッドクリームというまさにクリーム色をしたバターでもなく生クリームでもないものをたっぷりと塗り、その上から酸味のあるストロベリージャムを山盛りにしてパクリ。

サンドイッチの中には、キューカンバー・サンドという薄切りのキュウリにお塩をふり、バターを塗ったパンに挟んだだけという情けないほどシンプルなものがありまして、これが極めて美味しいのです。バターとキュウリの塩味がなんともいえないハーモニー。このシンプルな味、残念ながら日本ではなかなか再現不能。キュウリとバターが違うからです。それになんといっても空気感。

そこで食べるから美味しいというものは、山ほどあるのではないでしょうか。旅先で食べたものが美味しかったからと、持ち帰って家で食べたら期待はずれで「あれぇ、こんなだったかしら?」とがっかりしたことってありませんか?

それに「美味しい」と感動した記憶は衝撃的で時間の経過と共に増幅されがちなもの。期待に胸を膨らませ口にしてみると「アレ?」と思うこともあるはずです（実際にシェフが代わったり、素材を落としたりして不味くなっていることもありますが）。どうやら強烈な記憶ほどあてにならないもののようです。

ステレオタイプな批判に対して

ともかくイギリスの食事は不味いというステレオタイプな評価をなぜ受けるのか、その理由は私にはわかりません。ピューリタンの女性が「食事などに人生の貴重な時間をかけるなどもったいない」と言ったことがきっかけだとか。「ジェントルマンたるもの暴飲暴食はせず、常に質素な食事を心がけるべき」と支配層が食事に関心を払わなかったから、食事はエネルギーの補給にすぎないという合理精神なのか。マナーや作法を重んじたため、味わいを楽しむフランス料理と違う「形式を楽しむ」ことが優先されたという説。食べ物のことで文句を言わないことで忍耐力を養ったとか、フィリップ殿下のご発言のように「イギリス女性は料理ができない」のが真実なのか。「イギリス人の舌は料理を味わうためではなく、毒舌を言うため」という味覚音痴なのでしょうか?

確か2005年7月でしたか、当時のフランス大統領ジャック・シラクは「われわれは食事の不味い国は信用できない。フィンランドについでその国（イギリスのことです）は料理が不味い。イギリスがヨーロッパの農業に貢献したのは、狂牛病だけだ」とご発言。ところはロシアカリーニングラード。フィンランドにはとんだバッチリですが、その場にいたのはプーチン大統領とドイツのシュレーダー首相。EUの補助金問題の対立や2012年のオリンピック開催地の候補地を争うイギリスへの皮肉だったのでしょう。気転を利かせたプーチン大統領「ハンバーガー（アメリカのことです）はどうかな?」シラク大統領「ハンバーガーもまったくダメだ」と仰せになったとか。こんな会談覗き見してみたいものです。

この発言に刺激されたのかどうかはわかりませんが、イギリスの食事はここ10年くらいの間に格段に美味しくなっています。

しかし、ファスト・フードや冷凍食品に頼り過ぎる家庭では、さまざまな健康問題が生じるようになりました。「食育」の大切さを広めようとヘルシークッキングを提唱し、学校給食の改善や、イギリス各地の農家を訪ねて形が悪くて出荷できないと捨てられてしまう野菜を「ただ形が悪いだけで、味は同じ」と地元のパブやレストランのシェフとメニューを開発し、捨てられる運命の野菜を安く販売してレシピを教えるといった「食革命」に取り組んでいるジェイミー・オリバーというシェフもいます。TVで放映される彼のクッキング番組では、作り方をとてもわかりやすく教えていますから「ちょっとやってみよう」と背中を押されるかもしれません。日本でも放映されていますし、クッキングブックやDVDも販売されていますからまだご存知でない方は一度手にされてみてはいかがでしょう。

美味しくなったワイン

イギリス料理のマイナスイメージへの対処にのりだしたイギリス政府は、2011年から「Food is Great：A Taste of Britain」というキャンペーンを世界に向けて展開、イギリス各地の素材とメニューを紹介しています。

面白いのは、いつもなら「あいつはスコッツだ（スコットランド人）」と区別するのに、スコットランドのウィスキーやスモークサーモン、蟹やロブスター、牡蠣などシーフードもちゃっかり紹介しています。そして地球温暖化の影響で葡萄栽培の北限がどんどん北に上がり、イギリスの葡萄が美味しくなってしまいました。つまりワインの品質が向上、ワイン&スピリッツ国際大会において、熟成スパークリング・ワインの部門で金賞を受賞してしまったというナイティンバーは、イギリス王室でも使われているものです。「私達はワインヤードで大切に葡萄を育てておりまして、もともと地続きだったフランスとは土壌が似ているのです。ですから葡萄の味も……」とコメント。それって氷河期の話だわ、マンモスにでも聞くしかありません。

フランスのワイン産地ボルドーやブルゴーニュでは温暖化に対応して、葡萄の種類を変えなくてはならないかもしれないと問題になっているというのに、イギリスに金賞をもっていかれて歯ぎしりしていたことでしょう。

でも決して「シャンパン」とは名乗れません。フランスの誇る「シャンパン」は、スパークリング・ワインの別格です。Appellation d'Origine Contrôlée（AOC）（アペラシオン・ドリジーヌ・コントロレ）の規定によれば、シャンパンと呼べるのはシャンパーニュ地方で栽培された7種のピノ系の葡萄を材料として醸造された「スパークリング・ワイン」だけだからです。いくら地続きと言ってもこの点はどうしようもないですよね。

オーガニック先進国のイギリスでは、食品のトレーサビリティについても関心が高まっていて産地、生産手法、運搬方法などにも気を使うようになっています。さまざまな活動の相乗効果で、イギリスの食生活はヘルシーで美味しいものに代わりつつあります。「神は肉も魚も野菜も最上の物をイギリスに与えた。しかし悪魔がコックを送ってきた」のは過去のものになりそうです。

▼おまけ

イギリスの食前のお祈り、For what we are about to receive, may the Lord make us thankful.（神よ、私達にこれからいただく物に対する感謝の心を抱かせてください）。これ、日本のいただきますと同じようなものです。いただきますは、これから食べる食材（肉、野菜、魚など食卓にのぼる物すべて）に対して、「あなたの命を私の命にさせていただきます」という感謝の気持ちを表わしたものとされます。食事の時は、せめて「いただきます」「ごちそうさま」は忘れたくないものですね。

▼長男〝ポーチィ〟の誕生

1898年11月7日、アルミナは待望の後継ぎを出産。1カ月を過ぎてから、洗礼を受けた彼の後見人は、アルフレッド・ド・ロスチャイルド、マリー・ウォムウェル、プリンス・ヴィクター・ドゥリープ・シィング、イートン以来のカーナヴォンの友人アッシュバートン卿でした。

ですから彼につけられたのは、ヘンリー・ジョージ（父にちなんだものですが、両方ともカーナヴォンには良い名前でした）・アルフレッド・マリウス・ヴィクター・フランシスという長いものになったのです。父の儀礼称号のポーチェスター男爵を名乗るので、通常は〝ポーチィ〟と呼ばれました。

ポーチィ誕生の日、ハイクレアの使用人達は伯爵の書斎の外に呼び集められました。伯爵がひとりひとりとお会いになるというのです。12人のキッチンメイドや馬丁達は、2階に上がったことさえありませんでしたから緊張でピリピリしていました。誰もが清潔な服装で緊張していました。名前を呼ばれると書斎に入り、身体をかがめるかお辞儀をして領主に挨拶をします。それから後継ぎ息子の誕生祝いとして全員にソブリン金貨が贈られました。

1901年には長女のイヴ（イヴリン・レオノラ・アルミナ）が誕生、ポーチィと一緒に育児室で乳母が育てることになりました。

▼ヴィクトリア女王の逝去

イヴが誕生した年の1月、ワイト島にある休日用の家でヴィクトリア女王が逝去されました。女王は子ども達と孫達に囲まれていました。息子のバーティ、次代国王エドワード7世となる皇太子は60歳を迎えようとしていました。最年長の孫、ドイツの皇帝ウィルヘルム2世も傍らに寄り添っていました。ウィルヘルム2世は13年後、敬愛した祖母の祖国を相手に戦争に突入することになります。

女王の在位はほぼ64年、国際社会のリーダーとしてのイギリスの地位を堅固にしたのです。彼女の名はいまでも繁栄の時代を意味しています。（大英）帝国全体の国民4億4000万人にとっても、女王の逝去は画期的な出来事だったのです。

女王の亡骸は、2日間ウィンザー城に安置されました。国中が悲しみの喪に服していました、成人は喪服に身を包み、店舗は黒と紫色の旗を掲げ、鉄柵は黒く塗り直されて暗い悲しみをよりいっそう深めていました。

2月2日、ウィンザー城内にあるセント・ジョージ教会で行なわれた国葬には、ヨーロッパ中の王室とイギリスが統治する国々の代表が並んでいたのでした。亡き女王と新国王への親愛の情が沸き上がるのと同時に一抹の不安を感じていたのです。これからどうなるのだろう？

イギリスはいまだに南アフリカのボーア戦争に巻き込まれていました。

世間の評判は悪く、イギリス陸軍は、組織作り、戦術、風土病の影響による戦意喪失といった被害から厳しい教訓を学ばされていたのです。

キッチナー卿の〝焦土〟作戦と陸軍の強制収容所は、人々の不安をいっそう掻き立てました。また（戦争）キャンペーンは、イギリスの貧困層の間には公衆衛生面の重大な危機が潜んでいることも明らかにしたのです。採用された新兵の40パーセントが、兵役には不適格とされたからです。

新国王が誕生して新しい世紀が始まり、近代社会が急速に迫っていました。自動車、航空機、労働運動の台頭そして地平線の彼方で胎動する社会主義、革命と戦争……。

▼伯爵の交通事故

変化はすぐそこまで迫っていましたが、貴族の暮らしは相変わらず社交と旅行が中心でした。伯爵の関心は馬から自動車へ。「モーター・カーナヴォン」というあだ名を頂戴するほどのめり込んでいました。輸入車の最高級車を何台も購入していました。中でもフランスのパナール・ルバッソールは大のお気に入りでした。スピード違反は数知れず、法廷に呼び出される常習者でした。

そしてイヴの誕生から間もない9月、ドイツ滞在中に深刻な事故を起こしてしまったのです。目の前の牛を避けようとして、草むらに隠れていた岩に激突、車から放り出された伯爵の足、手首、顎の骨は折れ、脳震盪を起こしていました。生命をとりとめたのは、奇跡に近いものだったのです。

報せを受けてすぐに駆けつけたアルミナは、最高の治療を受けさせるためロンドンに連れて帰りました。数回の手術を受けたのですが、健康状態ははかばかしくなく完全に回復することはできませんでした。この間、アルミナは終始かいがいしく夫の世話をし続けました。そして、自分には〝介護〟が向いていると気づかされたのです。

この事故の後すっかり気力を失った伯爵は杖なしでは歩けなくなり、免疫力が低下したせいで風邪をひきやすく、ウィルス性の病気が流行るとすぐに罹患するほど体力は衰えてしまいました。主治医の薦めでゴルフを始め、領地にゴルフコースを作ったり、趣味のカメラをいじっていましたが、旅行好きの伯爵には物足りないものでした。寒く湿ったイギリスの冬の間はどこか暖かい所で過ごしてはという医師の提案に、伯爵が選んだ先はエジプトでした。

▼エジプトへ

19世紀末まで、エジプトは旅行のコースに欠かせない観光地でした。17、8世紀に人々は骨董品を積み、あらゆることに興味を覚えて自国に戻ったものでした。ヨーロッパ中で東洋（オリエンタル）がエジプト・マニアを熱狂させたのです。その流れは19世紀にさらに盛り上がり、裕福なイギリス人旅行者は、ピラミッドや不思議な伝説、砂の下に埋もれ発見されるのを待つ遺跡などの水彩画を持ち帰って、友人達を驚かせたものでした。アレキサンドリア、ルクソール、カイロは、多勢の外国人の旅行者が訪れていました。

▼ナポレオンのエジプト遠征

ナポレオンが植民地獲得を狙った18世紀末のエジプト遠征で、「兵士諸君、ピラミッドの上から4000年の歴史が諸君を見下ろしている」と鼓舞したのは有名な話です。ナポレオンはこの遠征に、文学、幾何学、化学、物理学、機械、建築、地理、造船、植物学、医学、薬学、美術、音楽、文学、経済、印刷、オリエント学者といった専門家175名の学術調査団を同行させています。発掘した遺物はフランスに持ち帰ったものとイギリス大英博物館に収められたものがあります（エジプト美術の豊富なルーブルでは、ナポレオン軍はイギリスに敗れたたためエジプト遠征は大失敗、何も持ち帰れなかったと言っておりまして、現在のコレクションは1850年以降に発掘されたものと説明しています。エジプト学の礎となったロゼッタストーンもイギリスに略奪されましたが、解読したのはフランス人のジャン・フランソワ・シャンポリオンだったことで一矢報いたというところですかね）。

パリのコンコルド広場にあるオベリスクは、ラムセス2世がルクソール神殿脇に立てた1対の「クレオパトラの針」というオベリスクの1本で1836年10月26日国王ルイ・フィリップの臨席のもとに移築されたもの。この移築に許可を与えてくれたエジプト総督ムハンマド・アリに感謝の印として贈られた大きな時計はカイロの城塞（シタデル）に残っています（少なくとも略奪ではないということですね）。

余談ですが、ナポレオンはピラミッドの中で一夜を過ごし、自分の将来を暗示する夢を見たといわれます（ナポレオンがピラミッドに入ったはずはナイという説もあるので、ことの真偽は不明です）。この時、弱冠29歳でしたから、怖いものナシの上り坂だったでしょう。その後の破竹の勢いはピラミッドの一夜のせいでしょうか。

そのナポレオンが恐れていたのがサンジェルマン伯爵という時代を超えて登場する神出鬼没の人物でした。不老不死のタイムトラベラーである伯爵は、ソロモン王やシバの女王にも会っているとか、「永遠に旅をしているので、未来のことがわかる」と話していたと言われます。誰の目にも見えるらしく、失脚する前に宮殿にあらわれ「赤い服の男が来たと取り次ぐように」と謁見を申し出て2人きりで部屋にこもります。そしてドアの前に控えていた従者の耳に「まだ早い、早すぎる」と怯えたナポレオンの叫びが聞こえたとか。下り坂の人生を聞かされたのでしょう。ピラミッドは頂点に登り詰めるまでしか教えてくれなかったのかもしれません。

そうそうこのサンジェルマン伯爵、マリー・アントワネットにもアドバイスをしていたようです。彼女は処刑前の日記に「サンジェルマン伯爵の言うことを聞いていればよかった」と後悔の念を綴っています。その伯爵様、今は一体どこを彷徨っておられるのでしょう。できることなら世界の行く末を伺いたいのですが……。

▼スピリチュアリズム

19世紀末のエジプト旅行は、費用がかかるというだけではなく危険が伴う困難なものでもありました。イギリスからの旅は、まず列車でサウザンプトンに向かいます。そして船でドーヴァー海峡を渡ってフランスへ。列車でリビエラに行き、マルセイユからアレキサンドリアへは客船で。最後は再び列車でようやくカイロに到着となるのです。旅行者が富裕層に限られていたのもうなずけます。

神秘の国エジプトは１８５１年のロンドン万博を機にヨーロッパの人々を魅了していました。発掘品の中にある意匠を凝らしたさまざまの美しい副葬品は、死後の世界でも現世と同じ生活を送るためのものでした。これまで考えられてきた天国と地獄ではない「死後の世界」。悠久の歴史を持つ異文化は抗し難い魅力に溢れていたのです。クリスティの作品でもエジプトを舞台にした、『ナイルに死す』(Death on the Nile)、『死が最後にやってくる』(Death comes at last)、『エジプト墳墓の謎』(The adventure of the Egyptian Tomb) という作品でポアロ氏を活躍させています。発掘につき合わざるを得ないポアロ氏、暑さと湿気、舞い上がる砂、飛び交う虫に閉口していましたが……。

そしてスピリチュアリズム（オカルト）のブームが到来です。１８５０年代にアメリカから伝わった、心霊主義は瞬く間に大流行しました。神秘や不思議を覗く環境は十分でした。上流階級の間ではパーティの余興として、手相見を雇ったり、霊媒師を招いて「交霊会」が開かれました。「交霊会」では人々が円卓を囲んで手をつなぎ、霊媒師が呼び出した霊からのメッセージを受け取ろうとしていたのです。この時代のイギリスを語る時には欠かせない「交霊会」。クリスティ作品でも、『シタフォードの謎』、『もの言えぬ証人』、『エンドハウスの怪事件』、『蒼ざめた馬』などの作品に交霊会が登場しています。シャーロック・ホームズの著者、サー・アーサー・コナン・ドイル、トム・ソーヤの大冒険の作者マーク・トウェインのような有名人にも、愛好者がいたのです。

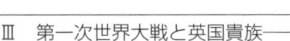

『ダウントン・アビー』の中では、スタッフルームで、トーキングボードという日本の「こっくりさん」のような占い用のボードが登場していました。さすが家政婦のヒューズさんは眉をひそめていましたが、使用人フロアでは興味津々でした。パットモアさんがデイジーの決心を促すために利用していました。おそらく気づいていたトーマスも知らぬ顔して調子を合わせていたのが不思議でしたし、素直なデイジーがお告げに従ったのも可愛いところです。厳しいところのあるパットモアさんですが、根は善良な人物だとほのぼのさせられました。こういう人が作るお料理なら、絶対に美味しいはずですね。

トーキングボード

交霊会はシャッターやカーテンで光を遮った暗い部屋で行なわれました。そこには張りつめた緊張感が漂います。実際にハイクレアで開かれたパーティに、ある女性の霊媒師が招かれたことがありました。招待客の中にハワード・カーターの姿もありました。交霊会が始まり、霊からのメッセージを受け取っているのかトランス状態になった女性が、突然おかしな声で誰にもわからない言葉で話し始めたところカーターが驚きの声を挙げたというのです。「これはコプト語だ！」（古代エジプト語）と。ほとんどが偽物だったという霊媒師ですが、ごく稀に本当の霊能力を持つ霊媒師もいたようです。

イギリスには紀元前３０００年から２０００年頃に古代ヨーロッパに住み現在のヨーロッパ各地に散らばっていったケルト人の文化や宗教観が語り継がれ、影響が残っています。彼らの宗教は自然崇拝、自然の何もかもに神様や妖精がいるのです。アーサー王のお話に登場するドルイドやドラゴン、アーサーに魔法の剣エクスカリバーを授けたのも湖の女神でした。１００年以上前から風景は変わっていないというイギリス郊外の村を歩いていると、妖精がいても不思議ではないという感覚にとらわれます。風の強い日に「今日はシルフィード（風の精）がお忙しそうね」と明るい笑顔の女性に出会って、ねじり鉢巻で動き回る妖精達の姿を想像すると「仕方がないか」と気分も一転。ものの捉え方ってさまざまだと気づかされました。「我が家の庭や池には、ずっと以前から主（ヌシ）が住んでいるの。姿は見えないけれど、時々悪戯をして存在を示しているのよ」なんて話をされると、ピーター・ラビットやクマのルパート、パディントンが誕生したり、ハリー・ポッターのような魔法使いのお話が生まれてくるお国柄だということがよくわかるのです。

そういえば、紅茶を入れる時ポットに入れる葉は人数分プラス1。それは紅茶の精のためのもの。ゆったりとした寛ぎをもたらしてくれるティータイムは、妖精のおかげかもしれません。

▼第18王朝の墓の発掘

カーナヴォン伯爵にとってエジプトは幼い頃から惹かれていた地でした。湿気もなく、空気はいつも清浄で乾いた地、最初に訪れて虜になった1889年、そして1898年アルミナが妊娠した休暇旅行。伯爵とエジプトは、深い縁で結ばれているようでした。

夏は自宅で過ごし、冬はエジプトという生活を3年ほど続けると、伯爵の健康は急速に回復し始めました。そして伯爵の冒険心が頭をもたげ、発掘許可を得て自身で遺跡の発掘に乗り出そうと決心します。伯爵のような重要人物でも、政府からすれば一私人にすぎません。発掘許可を得るのは生易しいものではありませんし、個人に許されるのはさほど重要視されていない区画が割り当てられるのはわかっていました。さらに必要な費用は莫大です。1901年に、ソマーセットの領地ピクストンとテットンの領地を売却していた伯爵は、発掘資金は十分に思われました。なにしろ物入りハイクレアの維持には、相変わらずアルミナの財産が使われているので心配する必要はなかったからです。

伯爵が人脈とコネを使って発掘許可を手にしたのは1906年のことでした。6週間という発掘期間の間、アルミナは共にいることで伯爵を勇気づけ励ましました。柔軟なアルミナは発掘に好奇心を持ち始めてはいましたが、メインのお楽しみはホテルで過ごす社交の時間でした。滞在していたウィンター・パレス・ホテルには、芸術家、政治家、スポーツマン、上品振った病人、収集家でいっぱいでしたから、上品な社交の場を好んだアルミナにとっても楽しめる場所だったのです。

初めての発掘に割り当てられたのはルクソール近郊の魅力のないゴミの山（の古墳）で、成果は猫のミイラ1体だけでした。伯爵はそのミイラをカイロ美術館に寄付してしまいました。

しかしこれに落胆する伯爵ではありませんから１９０７年、伯爵は再度発掘を試みます。エジプト産業省で遺跡を担当するガストン・マスペロ教授の尽力でデル・エル・バハリ（アラビア語で北の修道院、ハトシェプスト女王葬祭殿）に至る道のモスクに近い区画を選びました。伯爵は地元住民の噂話に熱心に耳を傾け、「火のない所に煙は立たない」と確信したからです。そして2週間の懸命な発掘の末、彼のチームはひとつの墓を発見しました。それは大変に重要な第18王朝の墓だと証明されたのです。王の息子テタキィ。そこには装飾のある礼拝堂があり、ほとんど手つかずの状態でした、中庭の壁の凹みにはシャブティの像（召使いの小さな像）、そしてさらに彩色された8人のシャブティが地下のアーチに向う廊下に並べられていたのです。カーナヴォンはとてつもなく興奮し、夢中になっていました。

アルミナは、夫が何か素晴らしいものを発見したというのがわかりました。苦労の末に、確実な結果を手にしたようです。アルミナは自分ができることで夫の成功を祝おうと、地元の社交界の人々を招いたパーティを思いつきました。

▼忘れられない祝宴

ある晩、カルナック神殿で忘れられないほど豪華なディナー・パーティが開かれたのです。ウィンター・パレス・ホテルの従業員全員を配置して、千夜一夜物語（アラビアンナイト）からインスピレーションを得た衣装を着せました。カーナヴォン夫妻はラムセス2世のアブ・シンベル神殿でゲストを出迎えたのです。

長いテーブルが持ち込まれ、パリッと糊の効いたリネンのテーブルクロスには、グラス、銀食器がセットされています。テーブルは部屋中に広がっていました。もちろん、食事もワインも最高級。マスペロの席はカーナヴォン夫妻と同じでエジプト学者のテーブルの筆頭でした。月明かりとキャンドルとランプに照らしだされる光景、アルミナはカルナック神殿のヒッポスタイル・ホールの列柱に安らぎの時をもたらしたのです。

食事が終わると来客達は神聖な湖（セイカード・レイク）に降りていきます。そこは静寂に満ちた聖所で瞑想にふける場所でした。帰途につく道すがらウィンター・パレスの息をのむよほど美しい光景に目を奪われます。まるでシェラザードのアラビアンナイトの物語から抜け出した精霊が魔法をかけたような光景が繰り広げられたのでした。ナポレオンならば、「諸君４０００年の歴史に囲まれているのだ」と言ったかもしれません。

▼エドワード朝の終焉

上流階級の価値と堕落を素晴らしい形で体現したエドワード朝は１９１０年5月6日、エドワード7世の逝去によって終わりを告げました。

新国王ジョージ5世は、文字通りヨーロッパ中の王室と深いつながりを持っていました。最年長の従兄弟はロシアのツァーリ、ひとりは第3代ドイツ帝国皇帝。ジョージ5世は、皇太子であった１９０４年にドイツが深刻な脅威となることを早くも確信していたのです。

それでも貴族は穏やかで、貴重な最後の時を享受していました。結婚生活17年を迎えたアルミナは36歳、健康状態が完璧ではない伯爵に代わってカーナヴォン家の「顔」となり、家長としての義務を肩代わりするほどにまで成長していたのです。彼女のエネルギーは、社交界の切り盛りや家庭の管理以外に充足を得られる何かを探し始めていました。

義弟のオーブリーがソマーセット・サウスの保守党の補欠選挙に立候補すると決めた１９１１年、アルミナはスピーチ原稿を書いたり、彼の代わりに選挙運動をするなど援助を惜しみませんでしたが、政治にはそれほど情熱をかき立てられなかったようです。数限りなくこなしてきたパーティや晩餐会の主催者役は、目をつぶっていてもできるほどの容易いことになっていました。イギリスにいると体調を崩してしまう伯爵に付き添いながら、心の奥底で時期が来たら実行しようとある計画を考え始めていました。それは１９１３年、母のマリーが亡くなるまで病床で看護したことで一層強いものになりました。これまで以上に看護が自分の使命と感じるようになっていたのです。

▼1914年

伯爵の体調や母の死でエジプト旅行が中断されたとはいえ、1914年はいつになく爽やかで過ごしやすい夏でした。恒例のハウス・パーティを開いたハイクレアでしたが、そこに張りつめたような緊張感が漂っていたのを誰もが感じていたのです。ヨーロッパは多くの人々の必死の努力にもかかわらず、戦争の瀬戸際にありました。王室同様、親族や友人がヨーロッパ各国に散らばっている貴族にとっては耐え難い苦痛であり、個人の力ではどうにもできない無力感に苛まされていたのでした。

▼ハイクレア医療施設

伯爵と母の看護を通して自分に与えられた使命は看護であると気づいたアルミナは、ハイクレアを負傷した兵士のための医療施設にと考えました。『ダウントン・アビー』のグランサム伯爵同様、気乗りしない様子の伯爵をどうにか説得し、人を介して準備に忙殺されているアグネス・キーザーに面会を求めました。理想的なお手本であるアグネスの助言を貰おうと決心していたアルミナは、新しい病院の準備で手一杯で時間がないと断られても、しつこく頼みこんだのです。なにしろ自分の思い通りにことが運ばないことなど、ほとんど経験していないのですから強引といえば強引です。ようやくアグネスから30分だけの立ち話ならと了解を得たアルミナは、彼女の意図を察しアイデアを簡潔に話したのです。組織化された病院の経験豊かな先輩から実際的な助言を得て、病院を後にしたアルミナは頭の中で幾つかのプランを練り始めていました。

兵士のための施設ですから、財政面はともかく管理面は軍の協力が必要です。軍用病院を設けると決めた時から、相談する相手は軍の最高司令官と決めていました。交渉は最高位の人にというのが、アルミナのモットーでした。

キッチナー伯爵のポスター

陸軍元帥、エジプト軍司令官キッチナー伯爵は、6月末のアルミナの昼食会の招待を受けて、軍隊秘書イヴリン・フィッツジェラルド大佐を伴って完璧なツィード・スーツに身を包んで現れました。高名な英雄はいまや64歳ですが、あの有名な「故国は君を必要としている」という兵隊募集のポスターに使われた肖像と同じ、鋭い目と完璧に手入れされた髭、背筋は真っ直ぐで堂々としていました。

彼はまたカーナヴォン家とアルフレッド・ド・ロスチャイルドの古くからの友人でもありました。アルミナは美味しい夏の昼食を準備して、自分がやりたいことを説明したのです。彼女には元帥の了解と支援が必要でした。元帥はアルミナの熱意と率直さに感銘を受けたのです。彼は南方軍団がその貢献を後押しすると約束し、彼女の申し出を受け入れてくれたのです。

▼財政面の支援

この成功にアルミナの高揚感は高まりました。まず基本の財政面です。それは、列車でロンドンに行きセント・スィズイン大通りのニュー・コートと呼ばれている会社を訪ねてアルフレッドに話をするだけという容易いことでした。これまでアルフレッドには、十分な時間とお金そして愛情を注いでもらっていましたので、アルミナから彼の援助を求めたことはほとんどありませんでした。例外的な一件はハイクレアの電気設備だけでした。アルフレッドは、いつものように黙って小切手帳を手に取り万年筆のキャップを回すのでした。

それにしても、今回は大金です。アルミナは設立資金として£25,000を用立ててくれるように頼みました。ためらうことなく彼は賛同し、喜んで援助をしてくれました。彼は対立を収拾させるのに懸命でしたが、すでにことは起こってしまっていました。そこでイギリスの戦いを支えることに意識を集中させようとしていたのです。

ホルトン・ハウスは、戦争の間陸軍に貸しだされました。そこは年内にキッチナー言うところの「最初の10万人の志願者」のための、防空壕を完備した訓練所として使われる予定です。また彼らの救援にあたる女性達にも、惜しみなく援助をしていました。

戦時に活躍する社交界の女性はアルミナだけだったわけではありません。レディ・サザーランドはフランスに野戦病院を建てましたし、不屈のカーナヴォン先代伯爵夫人エルシーはトルコのガリポリで残酷なダーダネルス戦役に巻き込まれた兵士達の、苦しみを和らげる上で重要な役割を果たしていました。

財政面の心配がなくなると、真っ先にとりかかったのは人出の確保でした。医師の確保は伯爵家のホームドクターに相談し、看護婦の手配は派遣代理店に依頼しました。社交界の大物の女性達が愛国的義務として、つぎつぎと医療施設を開いていましたから、看護婦は引く手あまたで苦労しました。アルミナは豊富な資金を武器に、最高の人材30人を雇いいれました。それも綺麗どころばかりを。

次にアルミナがとりかかったのは楽しい得意分野、看護婦達のお洒落なユニフォームでした。淡いピンクのウール地のワンピースに糊の効いた真っ白いエプロンと帽子。こうした細かいことが、ハイクレアを最先端の病院で、精神的に戦闘の恐怖も忘れさせてくれる施設であるという雰囲気を作り上げたのです。彼女は傷ついた兵士をひとりの人間として治療するには、医療と同じように空間と時間そして安らぎが必要であるという、現代でいうホリスティック医学（全体論的医学）を理解していたようです。

▼ホテル以上の医療施設

そして次なる準備は、ハイクレアを医療施設に変身させることでした。

城の南側の窓に日除けをつけ、2階の北西の角にある寝室、アランデルの間は手術室にする予定です。裏階段の前ですから、お湯など必要なものを急いで運ぶのに最適なスペースだったからです。広めの部屋には医療用のベッドを入れて、数名の負傷者を収容する共同の病棟としました。患者が20人までなら個室を与えられますが、その部屋も患者数が増えた時には2人部屋になります。2階と3階の来客用の寝室は、入院患者用の病室として準備されました。

患者達は寝心地の良いベッド、柔らかな羽根枕、清潔な寝具に包まれて、まるでこの屋敷の泊まり客であるかのように感じたことでしょう。

宿泊客の扱いには手慣れていたハイクレアとはいえ、メイド達の仕事は倍かそれ以上に跳ね上がりました。新入りの看護婦の部屋を整え、キッチンスタッフ、メイド、従僕、庭師までもの面倒を見なければなりませんから、彼らの仕事量は膨れ上がる一方でした。アルミナが入院患者のために決めたのは、食事は基本的に北側の書斎の大きなテーブルか、体調が優れない時には自室でということでした。いずれの場合も給仕を控えさせるというのです。これはまるで50人の招待客が城にやって来たようなものでした、しかも連日連夜。

書斎は娯楽室になりました。家具は動かさずに椅子だけを増やしたのです。おかげで患者達には、椅子に座って談笑したり、カードをしたり、読書を楽しむスペースができたのです。皮表皮の本が並ぶ木製の棚、東洋の敷物、ふかふかのソファー脇のテーブルにはランプが置かれていて、まるで暖炉の傍に座って寛いでいるかのようです。フランス窓から手入れの行き届いた庭園を眺めたり、外に出て足下の芝生の感触を楽しむことさえできたのです。

贅沢なカントリー・ハウスとして建てられた、ハイクレアのライフスタイルの全てが傷ついた兵士達に提供されたのです。アルミナは癒しの場としての城を考えていたのです、たとえば書斎の雰囲気や城のキッチンで作られる素晴らしい料理が、ロンドンから連れてこようとしている放射線医師と同じくらい大切なことがよくわかっていたからでした。

お屋敷が医療施設に提供されると、これまでの日常の秩序が保てるはずはありません。最も当惑したのは伯爵さらには執事のカーソンだったことは、ドラマからも伝わります。令嬢達やメイド達は、まごつきながらも柔軟な態度でそれぞれの役割を見つけていきます。特に次女のイーデスはためらいながらも兵士に声をかけ、自分が他人の役に立てることに気づきます。その思いやりが評価された時、姉のメアリーは至極不快なご様子でしたっけ。

そういえばドラマの中でタイタニックの沈没で亡くなったとされていたメアリーの婚約者パトリック・クローリーを名乗る負傷兵が現れました。本物なのか、はたまた友人のピーター・ゴードンがなりすましているのか……顔に火傷を負っているため決め手のないまま去っていくのですが、最後に残された手紙の署名は「P」。パトリックともピーターともとれるので、謎のまま。ドラマの中の幾つかの?の中で最高の?でした。

謎のパトリック。設定では年子のメアリーとイーデスの確執の一因と見受けられます。パトリックにせよマシューにせよ、婚約者としては反発を覚えるメアリー、イーデスが素直に好意を示すとそれがまた気に入らないという年の近い姉妹の複雑な心理。自分ではもうイラナイと妹に譲った服やアクセサリー、妹が気に入って愛用するとなんだか不愉快で、本当は必要でもないのに「返してよ」と言ったり、言われたりしたことありませんか? 年が近いと、男の兄弟より姉妹の関係は競争心が働いて微妙なようですね。末娘のシビルは、メアリーより4歳年下ですからいつまでたっても「おチビさん」という印象がぬぐえないまま、姉2人の確執とは無縁のままでした。

▼収容された兵士達は……

ハイクレア医療施設の最初の患者は9月半ばにやって来たシーフォース・ハイランダーズと英国砲兵隊の兵士達でした。骨折、弾丸による負傷、そしてすぐに戦争神経症と名付けられた、疑いようもないノイローゼ、今でいう心的外傷後ストレス障害PTSD（Post Traumatic Stress Disorder）でした。彼らがベッドに寝かされ目を覚ました時、天国に辿り着いたと思ったとしても不思議ではありませんでした。

1914年12月までにキッチナーの新しい軍隊には、100万人以上の兵籍が集まっていました、さらに1915年8月まで毎月10万人を徴兵し続けたのです。これと対照的に毎週2万4000人もの兵士が負傷して戻って来ていたのです。

フランスとベルギーの野戦病院は驚くほどお粗末で、多数の負傷兵を収容することはできそうにありませんでした。そして絶望的とも言えるほど、人手が不足していたのです。

1914年、イギリス軍医療部隊には、1509名の将校とその他の階級1万6331名が配属されていました。それぞれの階級はボーア戦争の功績を基に決められていました。

ベルギーでバクテリアの潜む土を掘り返す塹壕づくりは、壊疽をひきおこす原因でした。致死率の高い壊疽と破傷風は、野戦病院に運ばれた兵士の死亡原因の最大のものだったのです。腸チフスは西部戦線中で広まったため、隔離病棟だけでは収容しきれなくなることが頻発していました。そのため多くの兵が感染して亡くなったのです。

医師達は、専門分野で貢献するよりも何にでも手を貸してくれと言われることに憤慨していました。外科医が間に合わせのカバーの下に並べられているストレッチャーの列の間を歩いて、戦場で基本的な処置を受ける者、母国に戻って設備の良い病院で手術を受ける者、そして手の施しようがなくこのまま逝かせる者を判断しなければなりませんでした。

兵士にとっては負傷したことで治療を受けられるという利点はありましたが、救急車に乗せられて凸凹道を移動、運行している列車の一番近い駅に運ばれます。それから船でイギリスに戻るということになります。戦場からイギリスまでおよそ3週間、多くの兵士が旅の途中で命を落としたのです。

サウザンプトンは負傷兵が帰国する主要な港でした、そしてここから各地の施設に送られたのです。中にはハイクレアの客人だった貴族まで。

後にハイクレア医療施設の評判が知られるようになると、入院の許可を得るために裏から手を回さなければなりませんでしたが、戦争が始まったばかりの頃はタイミングさえよければ、ハイクレアに送られました。

国民皆医療以前の時代でしたから、すべての病院は富裕層からの融資や慈善団体の寄付で運営されていました。アルミナのような社交界の女性達は膨大な数の負傷兵を援助するために、必要とされるものを提供していたのです。

1914年9月、ハイクレアには12名の患者がいました。カーナヴォン伯爵夫人は、正面入口で皆を迎え部屋に案内しそれぞれが寛げるように気を配っていました。それから患者の家族に息子や夫の無事を知らせる電報を打つのです。アルミナは患者の家族達が待ちわびている知らせを送ることの時間が大好きでした。家族の心情を考えて、できるかぎり詳細を伝えるように心がけていたのです。

患者達は目を開いた瞬間からどこか特別な場所に居ることに気づいていました。目に飛び込んでくるのは、ベルギーの塹壕ではなくイギリスの公園を見渡しているような景色だったのですから。

最初の数日はハイクレアの部屋で、本を読むか自家製のビールや素晴らしい料理で過ごします。ベイジル・ジョーンズという患者のアルミナへの礼状は「必ずや貴女は成功されるでしょう。気がかりなのは、貴女の心が悲惨さで傷つけられることです」。彼は魅力的な看護婦について感謝の手紙を送ってきた数多い兵士の一人です。そしてシスター・バウドラーを選んで「とにかく、素晴らしい」と書いています。患者達は屋敷を提供してくれたアルミナに、どれほど感謝したことでしょう。ジョン・ポーランという兵士は「いろいろな所に顔を出して下さるので、病院ではなく自宅に居るように感じていました」と言っています。

アルミナは、患者ひとりひとりの足を洗ったり、着替えの手伝いや要望に耳を傾けるための看護婦を割り当てました。自分も実地訓練を受けて看護婦になりたいと願っていたほどでしたが、患者の状態を正確に把握できる巡回を非常に楽しみにしていたのです。

彼女は伯爵に自分の仕事を理解してもらうために、巡回に同行して貰うこともありました。患者にとって、日頃会うチャンスなどないはずの伯爵との面会は楽しみにもなっていたようです。伯爵としては戸惑うばかりだったかもしれません。このあたりの話はドラマでは、病院の合併を領地の人に説明するコーラのスピーチを、ローズに連れられた伯爵が会場のドアの外で聞いて彼女の働きぶりに感心するというように変えられていますが、意味するところは同じですね。アルミナは患者の家族にも、土曜の面会日にはできるだけお見舞いに来るようにと連絡していました。それは大病院の匿名性に対抗した、出来る限り患者の世話をしようとする試みでもありました。

アルミナの手法は理想的ではありますが、とにかく費用のかかるものでした。実のところ、それはロスチャイルドの金庫を定期的に消耗させてもいたのです。それでも、アルフレッドは気にもとめませんでした。一族の信条である博愛主義に加えて熱心な愛国者で、亡くなるまでの31年もの間クィーン・シャーロット病院の財務担当の理事を務めていたほどです。ハイクレアが開院して数週間、アルミナは休みをとってニュー・コートの父親に再度出資を頼みに出かけました。

アルフレッドのちょっとした抵抗はいつものことです。「可愛い娘さん、£25,000を渡したのはつい先月だよ。一体何に使ったのかね? 良いことに使ったのはわかっているよ、ただ気をつけるようにしておくれ」。アルミナがアルフレッドを安心させると、新たに£10,000を渡してくれたのです。城に帰ったアルミナは、すぐに必要なものを購入しました。薬品、包帯、医療品……戦争が続く中、手に入るものなら何でも必要だったのです。

▼激しさを増す戦争

この頃BEF(英国海外派遣軍)は、ベルギー西部のイープルでの戦いを始めていました。ロシア軍が東部戦線で大敗を喫して以来、西部戦線への攻撃が激化していたからです。連合軍が国境線の防備にあたっていましたが、かなり危うい状態で、ベルギー全域と北フランスの塹壕に100万以上の兵士が配置されていて、この戦いが当初の予想に反してクリスマスまでに終わりそうもないことは誰の目にも明らかでした。

伯爵は姉ウィニフレッドの甥のバート・メイトランドが

砲撃で命を落としたことを知ります。さらに領地でも、庭師だった2人の若者が志願し、それぞれインドとフランスで亡くなりました。犠牲者は多く、戦略上許される数をはるかに超えていたのです。アルミナは負傷者と死者の多くが従軍経験のある兵士であることに気づきました。戦闘に倒れた連合軍の手練兵士達は、肉片となって帰国していたのです。

アルミナは独特の方法でこの恐怖に立ち向かっていました、財力、決断力それにするべきことをできるだけ増やして、考える暇のないようにしていたのです。

ハイクレアでは、さらに専門医を必要としていました。10月中旬にアランデル・ルーム（手術室）の運営のため、帰国した兵士達の治療に高い義務感を持つ優秀な整形外科医を雇いました。病院に辿り着くまで生きていた第一次大戦の犠牲者の2／3は、爆弾の破片か、銃弾で骨まで傷つけられていました。

整形外科手術は手間のかかるものです。新任の医師ジョーンズはトーマス・スプリントと呼ばれる器具（トーマス型懸垂装具）を使う特殊な治療を断固として主張しました。トーマス・スプリントは彼の叔父ヒュー・トーマスが複雑骨折の治療過程で開発したもので、死亡率を80％から20％にまで引き下げたという実績のあるものです。

骨折で死亡するなど、今では考えるのも恐ろしいことですが、大戦中の野戦では頻繁に起きていたことなのです。体の中では大腿部の骨が一番長く、筋肉で覆われているため頑強ですが、大腿部を骨折すると筋肉が収縮して骨の付根を引っ張ります。これが危険な大量出血、神経破壊、猛烈な痛みを引き起こすのです。

ジョーンズの考えは、骨折した箇所の骨の端と端を引っ張って固定させることで痛みを和らげるというものでした。これは輝かしい成功をおさめ、ハイクレアだけではなく、戦時中数多くの命を救った治療法だったのです。この恩恵を受けた患者は大変に感謝し、他に必要としている人がいることを気にかけ、アルミナの施設に患者を紹介したものでした。

そのハイクレアが初めて患者の死に直面したのは12月になってからのこと。サウザンプトンの埠頭から運ばれてきたトンプソンという兵士があらゆる努力にもかかわらず手術後に死亡したのでした。患者が回復しそうもないとわかった時、アルミナは彼の娘に是非会いに来てハイクレアに滞在するようにと電報を打ちました。娘のアグネス・トンプソンは、「ハイクレアで過ごさせていただいた数日を決して忘れることはないでしょう。父の死に立ち会えたこと、そして貴女ご自身が父の看護にあたってくださったことを忘れることはできません。ご気分は良くなられたのでしょうか、とても具合が悪そうにお見受けいたしましたので」と感謝の手紙を送っています。

▼戦場のクリスマスでのエピソード

1914年クリスマス、アルミナはハイクレアを精一杯の飾り付けをして誰もが楽しめる特別な日になるよう努力していました。いつも通り大きなクリスマス・ツリーが客間に置かれ、テーブルには庭に咲いている花々を飾りました。ゲスト・ブックは負傷兵と親しい友人の名前でいっぱいでした。歩ける人達は、休みを取ることなどなかった看護婦達、メイド達や領地の使用人達と一緒に村の教会に礼拝に出かけて行きました。

調理場はクリスマスを祝う夕食の準備で、慌ただしい様子です。伯爵は施設に十分な食料を確保できるか気にかけていました。食料の確保が次第に深刻になりつつあったからです。それでも今日は食料の出し惜しみなどする日ではありません。執事と従僕達はスープ、鵞鳥のロースト、プラム・プディングを北の書斎で給仕にあたりました。後から伯爵夫妻も書斎に加わって、暖炉の傍で一緒にブランディを味わいながらクリスマスのひと時を過ごしたのです。

東部戦線では、ほとんど謎ともいえるおかしな会合が開かれていました。ドイツ兵とイギリス兵が中間地帯でクリスマスを祝おうと互いに呼びかけあったのです。信じられないことですが、兵士達はこの日を非公式ながら停戦とするように交渉したのです。武装解除した双方の兵士が丘に登って遺体を収拾しました。それから血溜まりと泥の中に遺体を並べて、互いに握手をして亡くなった仲間達を一緒に埋葬しようと約束をしていたのでした。

サッカーをやろうと言い出した兵士がいました。準備が始まり、ザワークラウトとソーセージがチョコレートと交換されました。

その夜、ハイクレアの患者達は暖かなベッドで眠れるという幸運の星の下に生まれたことに感謝していたことでしょう。

ブランディの余韻の心地よさ、プディング、きよしこの夜の旋律……それはドイツ軍とイギリス軍の塹壕でも歌われていました。

Silent night, Holy night,
All is calm, All is bright,
Round yon Virgin Mother and child,
Holy infant so tender and mild
Sleep in heavenly peace,
Sleep in heavenly peace

Stille Nacht, heilige Nacht!
Alles schläft, einsam wacht
Nur das traute, hochheilige Parr.
Holder Knabe im lockigen Harr,
Schlaf in himmlischer Ruh,
Schlaf in himmlischer Ruh.

西部戦線ではほぼ24時間、平和が保たれました。銃声も爆音もない静かな夜でした。それはほんの束の間にすぎなかったのですが……。

▼ますます深刻になる戦況

イープルの戦闘が始まったのは10月でした。11月になるとBEF（英国海外派遣軍）は壊滅的な損失に直面して戦術に混乱をきたしていました。

そして年が明け、1月の初め屋敷では20人の患者を迎え入れました。彼らのほとんどは、ボーバール第9歩兵隊と第8装備軍の兵士でしたが、同じ頃に入院した水兵がいました。その男はS・W・サクストンと呼ばれていましたが、とんでもない体験をしてここに運ばれて来たのです。イギリス海軍の戦艦フォーミダーブルに乗船していた彼は、元日の訓練中にドイツのUｰボートの魚雷攻撃を受けたのです。艦は沈みました、サクストンはプロペラの羽根を掴んでいましたが、本能的に遠くのトロール船に向かって泳ぎ出していました。どうにか泳ぎきったのですが、船に上がる力は残っていなかったのです。諦めて溺れそうになっていた彼を、突然の大波が船のデッキに押し上げたのです。骨折とショック、そして低体温症のサクストンはアルミナの施設に搬送されたのです。彼は運のいい一人でした。フォーミダーブルは大戦中で最初に沈められた戦艦で、750名の乗員のうち助かったのは199名だったのですから。

サクストンはすぐにハイクレアに馴染みめざましい回復を見せたので、軍に復帰する前に回復期の患者が過ごす施設に移されました。アルミナの知人達が運営する回復期の患者用の施設は、あちこちにありましたから、治療の履歴によって行き先を決めていたのです。伯爵付きの運転手が、毛布と備品を手に列車に乗る彼らを駅まで送っていきました。運転手のトロットマンが、直接赴任先まで送っていくことやアルミナが付き添うこともありました。息子を家まで送り届けてくれた女性が誰なのかわからなかった両親が、治療し回復させてくれた施設の伯爵夫人だったと気づいて、感謝の手紙を送ったこともありました。

1915年1月の末までに、イギリス軍最高司令部は傷の癒えたBEF（英国海外派遣軍）の兵士を、ほとんどが死に直面することになる前線には戻さないという決定を下しました。兵士達はイギリスに留まってキッチナーの新たな兵力の訓練にあたるのです。何十万もの兵士が必要でした。途方もない数の兵士が死にむかって突き進んでいたのです。この年、戦線はイタリア、バルカンそして中東へと広がり、ますます深刻になっていったのです。

▼6週間の休養

ハイクレアでは、誰もが疲れ切っていました。看護婦達は塞ぎ込み、使用人達も極限状態にありました。アルミナも患者を受け入れて以来、働きづめでした。肉体的にも精神的にも疲れ切っていた全員が、休息を必要としていたのです。アルミナは6週間の閉鎖を決意します。そうすれば3月には新たな患者の受け入れが可能になるからでした。

伯爵夫妻は休養のため、エジプトに向かいました。容易ではありませんでしたが、まだ北アフリカへの渡航は可能だったからです。馴染みのシェファード・ホテルに滞在し、夫妻は健康を取り戻していました。

気がかりなことにエジプトが富裕層の旅行先から、次なる戦闘の場に変わろうとしていることでした。トルコの首都コンスタンティノープルを陥落するために、海軍と陸軍双方の戦力を結集しようとする動きがあり、黒海を通るロシアへの海路を確保する必要があったからです。おかげで東部戦線で戦うロシアには補給が行き届いていました。これで西部戦線への攻撃を多少は減らすことはできるかもしれませんが、見込みのない手詰まりの状況でした。後に海軍大臣となる、若き日のウィンストン・チャーチルは、この計画の立案者の一人でした。

カイロには数千というニュージーランド、オーストラリアの志願兵が溢れていました。彼らはANZAC（Australia New Zealand Army Corps、オーストラリア・ニュージーランド軍団）の兵士で、翌年ダーダネルス海峡で信じられないほどの損害を被ることになるのでした。彼らを目にしたアルミナにはこの若者達の帰還した時の変貌ぶりがわかっていました。切断しなければならない足、弾丸でズタズタになった神経。同じ光景を再び目にするのだと思うと胸が張り裂けそうでした。アルミナは早くハイクレアに戻って、力を尽くそうと固く心を決めたのです。

予定通り3月初めまでに、ハイクレアは再編成されました。アルミナの留守中は、動かせない重傷患者だけが数名の看護婦と共に留まっていました。他の患者を回復期用の施設に見送ってから、スタッフ全員が休養をとったのです。

▼ドイツ軍による毒ガス攻撃とガリポリの崖

休息の時は長くは続きませんでした。4月までに連合軍はフランスと地中海で多大な損害を被り、病院はいままで以上に忙しくなってしまったからです。

西部戦線ではイープルで2度目の戦闘が始まっていました。ドイツ軍は連合国側の国境線を突破するための大規模攻撃を開始。そして4月22日恐ろしい新兵器を持ち込んだのです。毒ガス。ドイツ軍は連合国側に168トンのクロライン・ガス（塩素ガス）を放出し、大砲撃をかけたのです。それは予想だにしなかった恐怖でした。ガスが塹壕に降り注いでから10分も経たないうちに、5000人のフランス兵が死亡しました。さらに1万人は目が見えなくなり、逃げ出そうともがいていたのです。何もかもが大混乱でした。

防毒マスクを装着していたドイツ軍は逃げ惑う哀れなフランス兵達を刺殺したのです。連合軍は完全に不意打ちをくらわされました。翌月ドイツ軍は3マイル進攻しました。繰り返される毒ガスの攻撃は、イギリス海外派遣軍（BEF）にもすさまじい損害をもたらしました。連合軍兵士の

2／3にあたる10万人が死亡し、まったく新しい治療を必要とする症状の数千人がイギリスに送還されたのです。1917年の秋、ドイツ軍はさらなる毒ガス、マスタード・ガスを使用。イープル近郊で初めて使われたため「イペリット」とも呼ばれています。

地中海でも事態は一向に改善されませんでした。ドイツ軍が初めて毒ガスを使った3日後、イギリス、フランス、ANZACの軍隊がそびえ立つガリポリの崖の下に到着し、浜に向かって上陸を開始しました。トルコ軍は崖の頂に砲台を据え、浜に機関銃の支柱を建てられるのを防ぐために有刺鉄線を張り巡らせていました。

最初の軍団が船を降りて浜に向かって歩き出すと、トルコ陸軍が発砲を始めたのです。数百人の連合軍兵士が死亡、流れた血が海を真っ赤に染めました。最初に下船した200人の兵士のうち、浜に上陸できたのはわずか21人でした。どうにか浜に上陸した兵士に機銃掃射が襲いかかります。彼らは反撃しようにも弾丸が尽きていたのです。第57オットマン歩兵隊は一掃されました。連隊は全ての兵を失いました。彼らには銃剣以外に戦う術がなかったからです。彼らの犠牲は、次なる部隊の到着を少しばかり遅らせただけで、戦闘はだらだらと続けられたのです。

連合軍で生き残った兵士は、崖の下の狭い岩壁にぴったりと張り付いて仲間の死体をただ見ているしかありません。担架を持った衛生兵が混乱をかき分けて負傷兵を探しています。上陸を試みた最初の数日で、予想していた迅速な勝利などあり得ないことは明らかでした。戦闘は続いていましたが、両軍に多数の犠牲者を出す、残酷な災厄でしかありませんでした。連合軍兵士を乗せていた船は、浮かぶ病院、浮かぶ死体置き場となったのです。

伯爵の腹違いの弟オーブリー・ハーバートはその場に居たのです。戦闘をくぐり抜け、周囲で展開する地獄絵図にもかかわらず、戦う気力を十分に保とうとしている兵士でいっぱいの塹壕を通り過ぎて慎重に進みました。オーブリーはトルコ軍の司令官に、死体を埋葬するための休戦交渉をしようとしていたのです。ひと月後、ガリポリに着いたオーブリーは、後にトルコ共和国初代大統領アタチュルクとして知られる、ムスタファ・ケマルとの交渉にこぎつけました。オーブリーはトルコ軍がカーベ・テペから3000の遺体を収拾するまでの間人質になると申し出たのです。

戦闘は何カ月も続けられました。膨大な命が失われ先行きの見えないまま。オーブリーは崖の上の夏を切り抜けましたが、9月初めに重い病に倒れます。あの悪名高いガリポリの気候を思えば、驚くには値しません。焼けつくほどの暑さは、周囲に散らばった死体の腐敗を早め、さらに別の疾患を引き起こしたのです。冬は寒く、霙がまるで嵐のように降り注ぐのです。浅い墓は洗い流されて、膨れた死体が塹壕に押し流されているのでした。

▼デイビッド・キャンベルの死闘

それまでに連合軍は、戦闘が実は失敗だったという事実に直面せざるを得ませんでした。壊滅的な被害を受けた攻撃の後、10月以来撤退が叫ばれていました。8月以来、何の進展もないことは司令官にとっての政治的問題になりつつありましたが、それでもなお増援軍を送るべきだという主張があったのです。

その中にデイビッド・キャンベルがいました。アイルランドの自宅からガリポリの修羅場へ向かった男です。

キャンベルはキッチナーの呼びかけに応えて、ロイヤル・アイリッシュ・ライフルに入隊しています。ダブリンとハイクレアに近いベイジングストークで訓練を受けた後、大隊はアレキサンドリアを経由してダーダネルス海峡に向かいました。誰もこの船旅が目指すものを知りませんでした、その頃のイギリスの新聞は国による宣伝が支配的だったからです。キャンベルは灼熱のただ中の8月5日にガリポリに着きました。浜辺では半マイル先からでも、死臭が漂っているのがわかります。2日後上陸した彼らのまわりでは砲弾が飛び交い、神経は張りつめていました。たまに崖が静まり返ると輝く海の素晴らしい景色が目に入ります。内陸で上がる火の手で、どこから砲弾が飛んで来るのかは判断できました。

スブラの頂を奪うという使命をおったキャンベルは、ふくらはぎを撃たれましたが、足を撃たれた仲間の兵が傷を手当してくれました。デイビッドもその兵の足を手当てしますが、銃弾は相変わらず雨のように降り注いでいます。

前方の小麦畑には、兵士の死体が転がっていました。案の定、デイビッドは再び銃撃されました。銃弾は彼の足を貫通したのです。動くこともできず、2カ所から出血は止まらず、デイビッドは意識を失いました。意識が戻った時、彼を手当してくれた兵士は死んでいました。

彼は来た道を這って戻ろうと決めました。血まみれの兵士の間を通り抜けるのですが、それほど進まないうちに力が抜けていくのがわかりました。大量に出血したため体力を消耗してしまったのです。その時デイビッドは体が持ち上がるのを感じました。グルカ人の肩に乗せられて運ばれていたのです。銃弾を避け、一気に応急手当所に向かっていました。

辿り着くまでに2時間かかり、デイビッドはまたしても足を撃たれますが、とにかくやり遂げたのです。グルカ人は、デイビッドを手当所に預けると、命を救ってくれたお礼も聞き終わらないうちに、まるで溶けるように人混みにまぎれてしまいました、

衛生兵が手当をしてくれましたが、そこに担架が残っていませんでしたから、2人の負傷兵の間を力が尽きてよろめくまで片足で跳ぶしかありませんでした。

疲れきったデイビッドは、介護人の助けをかりてなんとか救急車の停車場まで行きつき、ようやく担架に寝かされました。そしてその夜、負傷兵や死んでいく兵達の叫びやうめき声の中で、なんとか眠ろうとしたのでした。

朝になると、担架搬送人が生きている兵士達を避難所に移送し始めました。避難所までは浜を横切らなければなりません。またしても射撃手の牽制射撃が浴びせられるのです。担架搬送人は生きて避難所まで、ただ担架に横たわっているだけの負傷兵を運べるかどうかわかりませんでした。とにかく一発一発の弾丸がこの世で耳にする最後の音になるかもしれないのです。灼熱の太陽が照りつける中、彼らには水もありませんでした。デイビットは生き残る唯一の術は、避難所まで引きずって行ってもらうことだと思いつきました。どうにか無事に着いたデイビッドはすぐに手当をしてもらえました。ここに生きて辿り着く負傷兵はほとんどいませんでしたから、医療班は暇だったのです。病院船は満員でしたが、士官のひとりがトロール漁船を使うことにしたので幸いそれに乗り込むことができました。幸運なことに、翌日にはイギリス軍の病院船に乗船していました。彼は3人の士官と同室が割当てられたのですが、その夜3人は死亡、すぐに別の3人と入れ替わりました。

5月初めには、ダーダネルスの戦いの犠牲者は予想をはるかに超えた壊滅的なものだったことが、誰の目にも明らかになったのです。「トルコにはたいした事ができるわけがない」と自信たっぷりに言い放ったサー・ジョンの予想は、笑えるほどの大間違いだったのです。

アルミナは生涯を捧げる仕事を見つけたことはわかっていましたが、同時に心の奥底から沸き上がる苛立ちも感じ

ていました。犠牲はあまりにも多く、できることはほんのわずかにすぎなかったからです。届くのは悪い知らせばかり。領地の若者の戦死が知らされると代わりの若者が入隊していき、銃の扱いに慣れている猟場の番人達は新しく組織された機関銃隊に選ばれ入隊に応じているのです。

▼惨憺たる1915年

戦略上の失敗、進展のなさ、士気を蝕む犠牲者の数にもかかわらず1915年末の世間の空気は依然として断固たるものでしたから、志願兵には事欠きませんでした。ところが、どれほど熱狂的で楽観的な愛国者でも落ち込む事実が明らかにされました。連合軍は西部戦線で9万人の犠牲を出したのに対し、ドイツ軍は2万5000人でした。イギリス海外派遣隊（BEF）指令官のサー・ジョン・フレンチはうろたえるばかりでしたので、仲間であるイギリス軍とフランス軍によって解任されてしまいました。彼は12月にイギリスに呼び戻されました。後任はサー・ダグラス・ヘイグです。

ダーダネルスの状況は、以前と変わらない膠着状態でした。最終的にキッチナーは撤退を許可しました。皮肉なことに、犠牲者の少なかった作戦の一部だけが唯一の成功とされたのです。それでもANZACと地中海遠征軍（MEF）はおよそ連隊の70％にあたる3万5000人を失っていたのです。恐ろしい病気による死者も含めるとほぼ50万人という犠牲をはらったのでした。

この恐ろしい災厄は自由党政権を崩壊させる引き金となりました。ウィンストン・チャーチルは、ガリポリの戦闘を推進したひとりでしたから、海軍大臣を辞職せざるを得ない状況に追い込まれます。陸軍大臣のキッチナーも2点の失敗を厳しく追及されたのです。〝無敵〟で名を馳せた英雄が、名声を取り戻すことはありませんでした。イギリスは絶望的なほど衰退していたのです。

▼医療施設をロンドンに移転

思わしくない戦況のまま1915年は過ぎていきました。ハイクレアの運営は上手くいっていました。選び抜かれた看護婦と優秀な医師が最新の手術で数えられないほどの患者の命を救っていましたがすでに限界でした。効率的な運営をしていたとはいえ、増え続ける患者のためには拡張が必要でした。そのためアルミナは医療施設をロンドンに移すと決めたのです。患者には一定のスペースが必要で、付き添う看護婦の割合の高さも重要なことはわかっていましたが、美しい庭やここで育てられた野菜や果物も〝癒し〟の要素と信じていたアルミナにとって、ハイクレアを諦めるのは残念で仕方がないことでした。

新しい施設は近くに公園のある場所を選び、食料はハイクレアから取り寄せることにしました。メイフェアのブライアンストン・ストリート48の素敵なタウンハウスを借りることにしたのです。柵の向こう側には落ち着いた公園があるという理想的なスペースでした。所有しているカドガン財団の記録では、カーナヴォン伯爵夫人からの申し出を「受けるのをためらった」ということですが、もし断れば軍司令部から認めるように圧力がかけられるかもしれないので、渋々同意したとのことです。

ハイクレアに比べて優位なことは、30分もかからない所に専門医が居るため診療科目を増やしてより広い範囲の患者に対応する設備が揃えられることでした。アルミナは手術室に患者を運ぶためのエレベーターを設置し、X線装置も手配しました。それから職員達をロンドンに移動させて、監督官を置きました。アルミナは収容人数を倍にするために、こだわっていた全室を個室にすることを諦め、2人もしくは4人部屋にしています。患者達には自宅ほどではないにせよ施設ではなく「家」のように感じてほしかったのです。寝心地の良いベッド、上質の寝具、家族が自分のものを送ってくれるまでの間に使う予備のパジャマや衣類にも気を配ったのです。

アルミナは、患者と家族の連絡を何よりも優先させました。自分で手紙を書けない患者に代わって、近況を知らせる電報や手紙を送り続けていたのです。新しい医療施設では彼女の予想通り、患者達は広場の公園で時を過ごし、毎日ハイクレアから届けられる新鮮な野菜やチーズで食事を楽しみました。ロンドンの医療施設をキッチナー卿とシスター・アグネス・キーザーが訪れた時、案内をしていたアルミナはさぞかし誇らしかったことでしょう。

一方、ハイクレアは元の生活に戻ろうとしていました。施設は移動したとはいえ、戦争はまだ激しいまま続けられています。週末に家族が揃うハイクレアでは、人を招待したり、出かける気分にはなれないため、使用人の仕事は減る一方でした。使用人の中には結婚して屋敷を辞めた女性もいましたが、領地で働く夫に召集がかかるのではとビクビクしていました。伝えられる知らせは、戦闘で亡くなった犠牲者の名簿でした。犠牲は必要だとわかってはいても、最愛の人を失うかもしれないという恐怖はいかばかりでしょう。時が経つにつれ戦争への嫌悪感が高まり、犠牲に対する世間の考えは変わりつつありました。

仕事で気を紛らわそうと、アルミナはブライアンストン・スクエアに没頭していました。施設の備品をハイクレアから持ち込み、彼女の資金を使って病床や寝具、食器などを増やしたのです。看護婦と使用人の給与は、アルフレッドが支払い続けていました。ハイクレアでは、調理人と12人のメイドと従者がいました。さらに最新式の設備を設置する資金と救命に必要なすべての医療用品の費用も負担していたのです。

▼アルフレッドと従軍牧師ベイツ氏

この頃アルフレッドは、精神的にとても不安定になっていました。生涯心気症（ヒポコンデリー）でしたが、いまでは本当に苦しんでおり、開戦以来心の病に罹っていたのです。強い結びつきがありながら遠く離れている親族は、彼が恐れていたように敵側の立場にありました。彼が生きてきた世界、銀行、大陸の料理を楽しみながら家族で過ごす休日、そして活動的な社会生活……そのすべてが徹底的に壊されてしまったのです。アルフレッドの唯一の慰めは、アルミナの仕事を支援することでした。彼はアルミナの医療施設を維持することに、全力を傾けたのです。

アルフレッドの支援で導入したX線機器は、アルミナの自慢でした。X線は１８９５年に発見され、軍の外科医にとってその有効性は明らかでした。（体内に残っている）銃弾の位置が正確にわかるのですから、探しまわる手間が省けてとても役に立ったのです。ブライアンストン・スクエアには、骨折と銃創において最新鋭の治療を施す設備が揃えられていましたから、治療を必要とする患者の要望に応えることができたのです。

２月、フェルデンの戦闘が始まります。やがて犠牲者は30万６０００人を数えました。ベイツという男がアルミナの施設に搬送されて来ました。聖職者のハロルド・ベイツは従軍牧師を務めていました。40代後半で、引っ込み思案で禁欲的な人間でしたが、大戦中彼が目にしたことや、何をしたのかを一切話そうとはしませんでした。彼は１９１４年8月から第6連隊付きで西部戦線に赴いたのです。１９１５年の後半、イープルで足を撃たれて負傷したのでした。

軍隊の行くところに従軍牧師は同行します。ただ大戦中は必要に迫られて彼らの仕事の範囲が広がっていきました。人類史上初めて、多数の男達が何週間も何カ月も残虐な戦場で暮らしたのです。絶望した彼らには慰めや手引きが必要でした。そうして武器を持たない非戦闘員の牧師達ですら、恐怖のただ中に置かれたのです。ベイツ氏は麻薬に頼る寸前で、とんでもなく不潔でした。ブライアンストン・スクエアで7カ月間アルミナの世話になりました。彼は教会に身を捧げた聖職者でしたから、1960年代に亡くなるまで英国国教会に仕えました。

医療施設においても、彼は決意と威厳を持って義務を遂行していました。アルミナの巡回に同行した時からベッドを離れ、ダラダラ過ごすのをやめたのです。X線機器や手術、手厚い看護にかかわらず、長身で体格の良いベイツ氏は足が不自由なまま残りの人生を送りました。杖を手放さず、階段ではいつも苦労していたそうです。彼が退院できるまでに回復すると、負傷のため除隊になりました。このベイツ氏、ドラマの中の伯爵の従者ベイツの外見上のモデルになっているようですね。

▼伯爵の義弟オーブリー・ハーバードの役割

ベイツ氏の戦いは終わりましたが、(伯爵の義弟)オーブリー・ハーバートはガリポリの戦いのあとのうんざりするほどの幻滅感にもかかわらず、威勢よく中東に戻って行きました。1916年、彼はエジプト総督及び地中海総督である皇太子エドワードと一緒にメソポタニアに向けて出帆しました。オーブリーがジョージ5世と王妃メアリーの長男に会うのは初めてでした。オーブリーは優男の皇太子に少しがっかりしたようですが、「家にいるとどうしても塹壕にいる人達のことを考えてしまうので、家にはいたくない」と話す皇太子の想像力には感銘を受けたようでした。

地中海におけるイギリス軍の関与は、油田の防衛が始まりでした。現在のイラクの油田です。重要視されたのは、海軍の戦闘が大量に石油を必要としていたからでした。しかし、それは屈辱的な禍にきりもみ降下で突入するようなものだったのです。オーブリーは外国語の技量と地域に関する知識で、再び必要不可欠な存在になっていました。

第6インド連隊がタウンゼント将軍指揮の下、ボンベイの基地から戦地に向かっていましたが、食料品の支給も輸送手段もひどくお粗末でした。軍の問題は段階的に拡大していたのです。大幅な予算削減は結果として大惨事を引き起こすことになります。オーブリーは嫌な予感がしていましたが、それが間違いであるのを願っていました。到着すると、陸軍省にいる最高の友人マーク・サイクル卿に手紙を書きました。「ところで、此処の状況は本当に惨めったらしい」。

タウンゼント将軍ははるかに優れたトルコ軍から防衛するため、クート・アルアマーラまで撤退しました。包囲作戦を突破しようとした作戦は失敗でした。連隊は飢えていました。食料などの空中投下も行なわれましたが、4月には兵士の食料は1日4オンスに減らされ、体力の消耗による病気に蝕まれていました。降伏する以外に選択肢はありませんでした。

オーブリーは軍事諜報部の長ビーチ大佐に宛てて、交渉にあたるタウンゼント将軍に同行したい旨の書簡を送りました。トルコ軍将校の中に知り合いがいたからです。返事を待つ間、イギリス軍の陣営で捕虜になったトルコ兵と面会し、彼らの士気が非常に高いことに気づかされていました。ガリポリ、サロニカそしてクートの戦いの後ですから、彼らは必ず勝つと信じているのでした。

しかし、オーブリーの反応は、数々の失敗をものともしない、イギリス軍と世間が固執している決意の典型でした。自信たっぷりのトルコ兵に「どの戦争でも緒戦では負けるのが我が国の習慣で、最後にはイギリスが勝利する」と応じていたのです。

オーブリーがガリポリに着いた日から1年後、T・E・ロレンスに再会しました。そして一緒にトルコ軍最高司令部に条件交渉に赴くことになったのです。2人が望んだのは、負傷兵を送還するための停戦協定に限られていたのですが、イギリス政府はさらに長期の休戦を期待していたようです。2人にはオスマン帝国にこれ以上の攻撃をしないという保証をとりつけるため£2,000,000までの（賠償金）権限が与えられました。

しかし捕虜交換のための停戦は認められましたが、これ以外の申し出はことごとく拒否されてしまいました。

1916年4月29日、タウンゼント将軍は降伏しました。1万3000人のイギリス兵とインド兵が捕虜となったのです。

イギリス軍にとっては、とてつもなく恥さらしな出来事でした。死体でいっぱいのティグリス川を見渡して、オーブリーでさえ国にも好機があるという微かな望みを持ち続けるのが難しくなっていました。ティグリス川の水は川岸を洗い、往来する小船を上下に揺らしています。コレラが発生し、すでに衰弱しきった兵士に襲いかかりました。戦争中の捕虜1万3000人のうち半分以上が飢えとコレラの犠牲になったのです。

オーブリーは7月初めにイギリスに帰国、ハイクレアに戻って来ました。兄に会いたかったのです。彼の生活は、軍での立ち位置を確立した後でさえ兵士の命乞いをする男に過ぎませんでした。オーブリーは兄と根本的な話をする必要を痛感していたのです。

伯爵は義弟が無事に戻って、何が起こっているのか正確な話を聞けることを喜びました。伯爵は傍観者でしかいられないことに、苛立っていたのです。この苛立ち、ドラマの中でグランサム伯爵が軍の名誉職に甘んじなければならずご不満な様子だったのと似ています。

▼1916年――Kの戦死とソンムの戦い

1916年夏、キッチナー卿が乗船していた走行巡洋艦ハンプシャーがオークニー諸島の西で避雷して沈没。キッチナー卿と幕僚あわせて655名の乗員のうち643名が戦死という悲劇的な出来事が起こります。国中が悲しみに包まれました。

Kと呼ばれていた彼は、すでに非のうちどころのないオーラはなくしていたかもしれませんが、戦死によって神話が蘇りました。実のところ第一次世界大戦の開戦時に、少なくとも戦争が3年以上続き、これまでの戦争からは予想もつかない犠牲が必要になるという正確な見通しを持っていたのはキッチナー卿だけだったのです。イギリスがドイツの船舶通商路を封鎖したことで食料の供給が不足しはじめていました、海戦は悪い方向に広がっていたのです。

Kの戦死がイギリス軍の士気に大きな打撃を与えました。手詰まりで打つ手がないまま続けられる戦い……この先どれほど悪い方向に進んでいくのでしょう。

ソンムの戦いは、フランスにおける手詰まり状況の決定的な打開策としてヘイグ将軍が立案したものです。しかしながら、この作戦は破滅的で無駄な努力の典型としてイギリス人とカナダ人の記憶に刻まれただけでした。開戦初日、1916年7月1日イギリス軍は6万人の犠牲を出しました。わずか1日の戦闘の犠牲者としてはこれまでで最高のものでした。

戦闘部隊の第一ニューファンドランド連隊はほぼ全滅でした。801名のうち500名が殺されました。戦闘は4カ月半も続き、似たようなことが何度も何度も繰り返されたのです。共に入隊し、深いつながりで結ばれていた共同体の兵士達は一掃され、帰還することのない失われた世代をつくりだしてしまいました。帝国の何千もの家庭と同様、ハイクレアでも今までにないほどの自己犠牲の精神が試されようとしていました。

国中のあらゆる病院に多大な影響が及びました。7月には400人の医師が負傷するか殺され、すでに恐ろしいほど任務をこなしていた医療隊への重圧は増すばかりでした。負傷者はほんのわずかな食料を渡されて、イギリスに送還されていました。

ソンムを特徴づけるのは大砲の使用と、戦車という新兵器が登場したことでした。この新兵器のおかげで、兵士達は身体的な負傷とおなじほど精神的に不安をかきたてられる戦争神経症（ノイローゼ）に悩まされることになったのです。人間の身体がこの機械化された大量殺戮用の新兵器に耐えられるはずはありません。精神に異常をきたす兵士の数は増え始めます。

これまで外科的治療をしてきた患者の回復では、目を見張るような効果を上げていたブライアンストン・スクエアでしたが、ソンムの戦場で複合的な負傷を負うか、深刻な心的外傷を受けた大勢の士官達が送り込まれたことでさらなる医療の幅が求められるようになりました。病院に関する限り熱心に能力を傾けて前向きでいられたのですが、ここでまたPTSDへの対処という新たな課題が突きつけられたのです。

▼ソンムの戦闘の終結

戦況は悪化する一方で、どの家にも訃報が届けられました。伯爵家でも相次ぐ友人の死に麻痺してしまったかのようでしたが、11月に従兄弟のブロン・ハーバートが戦闘中に命を落としたという知らせには打ちのめされました。イギリス陸軍航空隊に勤務していたブロンと親しかったオーブリー・ハーバートの受けた打撃は大きなものでした。オーブリーは神経過敏で、ガリポリの戦闘で目にしたことが脳裏をよぎったり、戦争の虚しさを痛感したりすると苛立ちをつのらせていたのです。

そして「軍事的解決（力による解決）は失敗し、これ以上続けることはできない」という見解を表明したのです。全ての事実がこれを裏付けているにもかかわらず、一般受けする意見ではありませんでした。下院議員の職にあり、真剣に仕事に取り組んでいたオーブリーでしたが、政府は信頼に値しないものになっていました。

12月、優柔不断で戦略が定まらず、戦争の決着がつかないことで非難が高まりアスキス氏は辞職します。キッチナー卿の死後、陸軍大臣を引き継いだディビット・ロイド・ジョージが保守党と連合した自由党首相（挙国一致内閣）に就任したのでした。

（国家の）頂点の仕事を手がけるには良い時期とはいえませんでした。世間は落ち着かず、全員が明らかに混乱していました。戦争は大きな災厄でした。その上ダブリンのイースター・アップリスティングが、（アイルランド）国内法を再び持ち出したのです。それはこの50年以上、歴代のイギリス首相を繰り返し悩ませ続けた悪夢でした。すべてを覆う暗い陰は、想像も及ばないほど分厚くイギリスを覆い尽くしていたのです。

ソンムの戦闘はようやく１９１６年11月、すべてを使い果たして終わりました。41万５０００名のイギリス軍と（カナダ、ニュージーランドなどの）自治領軍の兵士が戦闘中に殺されるか、負傷するか行方不明になりました。

この戦いに参加したすべての国の犠牲者の総数は１５０万人と推測されます。

▼アメリカの参戦まで

海軍の戦闘はドイツ軍によって激化していました。海上を制圧することはイギリスへの物資の供給ルートを遮断することになるからです。１９１７年2月、ドイツでは〝見つけ次第沈める〟作戦が採られ、民間の船舶も狙われました。大西洋ではアメリカの船までもが沈められました。ドイツはイギリス軍の士気が崩れ去る前に、中立のアメリカを挑発しすぎたのです。

ドイツ軍最高司令部の判断は誤りでした。１９１８年４月６日ついにアメリカは同盟軍に宣戦布告をしたのです。

これが最終的に戦争を終結させることになるのですが、アメリカの参戦当初にドイツが優勢だったことは変えようのない事実でした。

ロシアでは暴動が起きていました。

東部戦線におけるロシア軍の戦闘能力は、１９１５年以降次第に衰え壊滅寸前でした。１９１７年3月、戦争を嫌い政府の指導力に不満を持つロシア人が暴動を起こしたのです。皇帝（ニコライ2世）は退位に追い込まれ、ロシア軍は戦争に勝利することだけが目標になったのです。暫定政府は同盟軍に対して多大な要求をつきつけます。それがレーニンやボルシェビキが権力を掌握する10月革命の下地となったのです。

ブライアンストン・スクエアの病院は、これまでにないほどの忙しさでした。1、2月にはソンムで負傷し、回復期の患者施設に移送できるようになるまで、看護を必要とする兵士達が入院していました。中には5カ月間も入院していた負傷兵もいたほどでした。負傷兵は連日フランスから移送されてきました。兵士達は、また負傷したらこの施設に入院させてほしいとアルミナに懇願していました。誰もが戦争はすぐに終わるはずはないと気づいていて、戦線に戻りたくはなかったのでした。戦争が常態化するという気にさえなり始めていたのでした。

アルミナは、できるだけ患者の枕元に座って話をしたり、話を聞いたり、カードで遊ぶよう看護婦達に指示します。彼女の生活信条は、1日をできるだけ忙しく過ごすというものでしたが、残念ながら選択肢はごくわずかしかありませんでした。

2月には、「48」大隊の入院患者達を高揚させる出来事がありました。ジョージ国王とメアリー女王が訪問されたのです。もちろんアルミナは国王夫妻と面識はありました。戴冠式に最高のシルクのドレスと宝石をつけて参列していたのですから。その日彼女は扉の前の上り階段で、看護婦の制服と糊の効いた大きな帽子に、長いエプロンをつけた姿で出迎えました。特徴であるくせ毛と満面の笑顔だけは変わっていませんでした。彼女が素敵（な女性）でいられる機会を逃すことはなかったからです。そして丁寧に来賓を迎えました。

国王夫妻は病棟を訪ねられて患者、医師、看護婦のひとりひとりに話しかけられていました。それから最高の設備と看護の高い水準について説明を受けられたのです。アルミナはこの栄誉に得意満面でした。そして国王の賛辞を聞かれた叔父にあたるアーサー皇太子・コンノート侯爵が1週間後に病院を訪問されたことも大いなる励みになりました。

国王夫妻はルイス・バッテンバーグ提督と英国陸軍医療部隊の高官トーマス・マイルズ卿を同伴されていました。バッテンバーグ提督はジョージ5世の従兄弟であり、ドイツの皇太子でした。提督は開戦時には、英国海軍に40年以上勤めており、1912年以来海軍本部一等武官委員の職にありました。彼は海軍の戦闘作戦計画の立案を手がけたのですが、反ドイツの気運の高まりで辞任を余儀なくされたのです。

アルフレッド・ド・ロスチャイルドは、これは2つの陣営の対立だと気づいていました、イギリス王室は王室内に忠誠に欠ける人間がいるのではないかという動きに対抗しなければなりませんでした。

この問題は1917年に反ドイツ感情が頂点に達した時点で、ジョージ国王が王室名をドイツ色の強い「サックス・コーバーグ・ゴーダ」から、居城にちなんだ「ウィンザー」に変更すると声明を発表することにまで発展するのです。

1917年、忠誠心はさらに厄介な問題になっていました。1916年1月に発布された兵役法によれば、19～21歳の独身男性は徴兵の義務があり、そして5月には既婚者で子どものいない男性にも適用されるように改正されたのです。実際1917年まで陸軍は崩れつつある戦線に送る80万人の新兵追加の目標を達成してはいたのですが、従軍していた兵士達には休暇を取る権利がありました。その権利を行使できなかった兵達の不満が、膨れ上がっていたのです。軍はその不満を解消するため、休暇中の兵士の交代要員を必要としていたのです。

▼メッシーナでの消耗戦

東部戦線では、若者達の遺体が積み重なっていました。1917年7月イープルに近いメッシーナ（の尾根）で、大砲攻撃の前に坑道を埋めるという戦術を採ったイギリス軍は目覚ましい成果をおさめました。しかし次の攻撃までに8週間の遅れが出てしまったため、進攻の気勢はそがれてしまいます。メッシーナの戦力的成功で、犠牲者が比較的少なかったため期待は高まりました。パッシェンデールでは大規模な準備砲撃が脆弱な地表を引き裂いてしまったため元の沼地に戻ってしまっていました。

　戦闘は7月31日に開始され11月初旬まで続きました。それは情け容赦のない消耗戦で、互いに砲弾を防衛線である中間地帯の無人の地に向けて日夜撃ち合うだけでした。乾燥する夏でも沼沢性の大地は爆弾で破壊され、おびただしい弾孔が残されました。その孔を塞いでいたのは、水や泥そして兵士達の死体でした。そしてやってきた雨の季節、8月には、2、3日の例外はあるにせよ、連日雨が降り続きます。泥からは逃がれようがありません。塹壕は崩れ、埋めた死体が地中から浮き上がって、並んで浮いたり沈んだりを繰り返すのでした。

　どこにも救いはありませんでした、耳をつんざく騒音、差し迫る危機、毒ガス攻撃の脅威。放出される量によっては毒ガスは単なる刺激物ですが、多量だと恐るべき窒息性のガスで目が見えなくなるのです。大量のガス攻撃の場合、吸い込んだガスが肺を溶かしてしまうため溺死してしまいます。大戦中の死因は考えられないほどさまざまでした。

▼1917年の戦況

オーブリーのような平和主義者の意見に真剣に耳を傾けられるようになったのは、１９１７年後半になってからでした。連合国側の見通しは日に日に悪くなるばかりでした。陸軍元帥マーシャルは、ドイツ軍は崩壊寸前で、消耗戦ではあっても効果はあるとしていましたが、実際には何の成果も得られなかったのです。

　実際、戦争の拡大はドイツ軍に利する2つの事情があったのです。まず見事な兵站戦術を駆使して、たった2カ月でイタリアを破り、オーストリア・ハンガリー帝国の崩壊をわずかばかり先延ばししていたこと。そして12月、和平を模索するロシアを破ったことでした。ウクライナ・グルジア、バルティックの3州がドイツの保護領となり、40師団を東部から西部戦線に移動させることができたのです。同盟軍は、終戦が近いことを確信します。そして最後の大仕事、西部戦線を突破して連合軍を打ち負かしたのです。

　イギリス軍の士気が低かろうはずはありませんでしたが、１９１７年、10万名のイギリス兵士が、戦死あるいは負傷していました。その年の暮れ、手に入れた貴重な土地を失いました。沈鬱な空気が北フランスのあちこちに漂っていました。イギリス軍はカンブレーの戦いで機動性を増すために戦車を活用し、導火線も使いました。空からの偵察も計画されていたのでした。ところがイギリス軍はドイツ軍の突撃隊員の怒濤の反撃に合い、当初の勝利は束の間のものとなっていました。

アラビア半島の戦闘が、イギリス軽騎兵にとってはおそらく最後の戦いになりました。ほんの数カ月前陸軍元帥ヘイグは、軽騎隊にパッシェンデールを突破するまで待機し、攻撃用に隊列を整えておくように命令を下した時から、急ぎドイツの塹壕に対抗したいという衝動をなんとか抑え込んでいたのです。

意気込みに反して突破はできませんでした。馬達の掻く粘土質の土は水分が抜けて固くなるだけでした。そのため北フランスで軽騎隊を使う計画は断念せざるを得なかったのです。

しかし中東の砂漠地帯の砂地では違っていました。守りの固い塹壕はありませんでした。ポーチィ（アルミナの息子）の連隊はインドからバスラに派遣された軍隊と合流し、500マイル離れたバグダッドに向けて出発します。戦場でひと暴れしようという意気込みは、非情な暑さの中で瞬く間に消え去ってしまいました。出発したとはいえ、ポーチィと兵士は前日ヒートショック（熱射病）で360人が死亡したと聞かされます。昼間は焼け付くような暑さですが、夜間は凍りつくような寒さで、赤痢、マラリア、サンドフライ（サシチョウバエ）熱が蔓延しているのです。

オスマン軍の側面を切り離すため、ユーフラテス川から離れた砂漠の奥深くまで騎乗した兵士達が進み、ポーチィと部下達が敗走して来るトルコ軍をアレッポの丘で待ち伏せしていました。この作戦で連合軍最高司令部はよく訓練された馬と兵士がいかに有効であるかを証明したのです。作戦は予想通りの成果を挙げ、オスマントルコ第50大隊は敗北しました。犠牲者の少ないこの戦闘でさえ、まだ少年のポーチィにとってはフランスやベルギーの殺戮戦より危険な冒険だったのです。そこには戦慄以外なにもなかったのですから。

ポーチィは村全体のアラブ人が戦いを避け避難している、砂漠の丘にある洞窟に近づきました。彼らはオスマン軍によって完全に隔離され、数百人もが飢えのために死んでいたのです。やせ衰えた死体でいっぱいの洞窟を目にしたポーチィには、とても生存者がいるとは思えなかったのですが、中にはまだかろうじて生にすがっている者がいたのです。成り行き任せの楽天的なイギリスとインドの混成の連隊は、ここで飢え死にしそうな村の男や女子ども達をそのままにしてはおけませんでした。兵糧のコンデンスミルクを与えようと必死になりますが、村人達の身体は衰弱しすぎていました。生き残っていた村人達は皆、兵士の腕の中で息絶えたのです。

また東部戦線の死闘では、さらに多くの命が失われていました。

第7軽馬兵隊はトルコに派兵されていました。メソポタミアではクタル・アマラの屈辱的な敗北以来、イギリスとインドの兵士あわせて数千の命が危険にさらされていました。油田を固守する必要性からオスマン軍の攻撃が弛むことはなく一進一退が続きました。その地域に展開されていた20万の兵力が1917年3月にバグダット陥落に成功したのです。ポーチィは、巷間噂されるオスマン帝国の反撃に備える必要があったので、増強される旅団に合流することになります。

戦争は誰も彼をも苦しめました、戦場ではいつでも必要なものが与えられるわけではないのですから、それでもブライアンストン・スクエアは苦痛を和らげる専門知識と忍耐と安らぎに満ちた空間であり続けていました。兵士が戦場で体験したことと、ほとんど超現実的なアルミナの看護の対比は、飢えている村人とコンデンスミルクのように胸の悪くなるほどの現実との乖離だったのです。

1917年、それは最もつらい年の終わりでした。世界中の戦場はどこも死体の山でした。そして街中では未亡人が増えるばかりでした。

ドラマの中でアシスタントシェフのデイジーは、死期が近いウィリアムと結婚します。複雑な心境でためらうデイジーですが、ベッドに寝たきりのウィリアムと式を挙げます。デイジーを好きだったウィリアムの真意は、結婚することで寡婦年金を渡すということにもありました。突然式を挙げる2人に立合い人の牧師は「年金欲しさではないか」とグズグズ抵抗します。この時のヴァイオレット様の一言、「いいこと。貴方が生活できるのは伯爵家のおかげよ。教会を飾る花も伯爵家の庭のものよ」と一喝。式は無事に執り行なわれました。戦時中という異常な事態の中だからこそ、主従を超えて生まれた一体感を感じさせホロリとさせるお話でした。

いつも強気で怖いものナシのヴァイオレット様も涙ぐんで、「風邪をひいたみたい」と照れ隠しされていましたっけ。これはあくまでもひとつの例としても、多くのお屋敷でさまざまな絆が生まれていたであろうことを思わせるエピソードでした。

▼アルフレッドの死

実際に誰が戦争に勝ったとしても、勝利とは一体何なのか誰にもわからなくなっていました。道徳心の低下と精神的な疲弊があまりに大きく、戦争に意義を見いだすことなど到底できるものではなかったからです。

明けて1918年1月、友人と狩りに出かけた伯爵は昼食後に腹痛で苦しみ出します（ドラマでは夕食でしたね）。伯爵は、ブライアンストン・スクエアに運ばれすぐに手術を受けたため生命に別状はありませんでした。ただ伯爵と引き換えのように、アルフレッド・ド・ロスチャイルドが3週間後に亡くなります。年老いたアルフレッドは戦争勃発以来、生きる歓びを失ったまま取り戻すことはできませんでした。ただひたすらアルミナを支援することだけが、彼の心の慰めだったのです。

▼戦争の「終わり」の始まり

大陸から伝えられる知らせは悪いものばかりでした。同盟軍が決定的な勝利を手にするためには、連合軍を勝利に導くのに十分な兵力を持つアメリカ軍がフランスに到着する前の今が好機と判断していました。ルーデンドルフ将軍は西部戦線における春の戦いを計画していて、全ての兵力を戦いに投入しました。

75万人の準備が整い3月21日に、大量の砲撃がイギリス軍に襲いかかりました。ドイツ軍は40㎞前進し、イギリス軍はアミエンまで後退。この3年間ほんのわずかに移動していたソンミ以上の撤退でした。それはあたりの風景がはっきりと見えた時でした。ドイツ軍の重い大砲が泥に沈み始めたため攻撃の手が弛んだのです。赤い2階建てバスに乗ったイギリス軍の援軍がアミエンに送られており、状況を判断するために停車していました。

それは後から考えてみると、戦争の終わりの始まりでした。3月26日連合軍最高司令官に任命されたのはフランスの将軍フェルディナンド・フォッシュ将軍。陸軍元帥マーシャル・ヘイグは指揮権を失いました。

ドイツ軍は依然として進攻を続け、4月13日ヘイグは連隊に「土壇場に追いつめられた」と告げ、すべての兵は最後まで戦うよう訴えたのです。連合軍の兵士達が死ぬほど必要としていた、パーシング将軍率いるアメリカ軍の後援部隊の配備が間に合うように祈るばかりでした。

リースの戦いで、ドイツ軍は少なくとも11万の兵士を失いましたが、連合軍の被害はそれ以上でした。しかし4月末には、限度を超えて拡がりすぎたドイツ軍が供給不足に陥っていることは明らかでした。イギリス軍は数年間防備に徹してきた領土を失っていました。イギリス軍はその土地は農耕に適さない沼地だとしか認めなかったのですが。4月29日まで、ドイツ軍の進攻は時折休むことはあっても続いていたのです。

戦争の結果は予断を許さないようでした。両軍は総力を結集し、さらに予備兵を召集します。ランドルフは断固としてフランス軍に対抗し、最北端のエーヌを目指して進軍します。そして驚きが待っていたのです。

ドイツ軍はマルヌ川に到着、パリはもう目の前でした。ウィルヘルム皇帝は得意気でした。ドイツ軍の勝利は近いと確信したからです。しかし、皇帝のその思いはほんの束の間の夢に過ぎなかったのです。

▼分岐点

7月18日のシャトー・ティエリの戦いは、戦争当初にみられたように残虐なものだったのです。ようやくアメリカ遠征軍（ＡＥＦ）が到着しました、数百数千の健康で休息十分の兵士達です。ここが分岐点でした。アメリカ軍の機関銃がセネガルのフランス植民地軍と並んで戦いドイツ軍を打ち負かし、撤退させました。最終的に連合軍が、指導権を握ったのです。

１９１８年の夏にはあちこちで戦略的な勝利を収めたのですが、ブライアンストン・スクエアでは相次いで兵士が亡くなり、施設は満員でした。

ドイツ軍は連合軍が１９１７年の甚大な被害に苦しんでおり、それは英仏軍が１９１８年に大掛かりな攻撃を仕掛けてくる前兆であると確信していました。

ドイツ軍は先の増援のアメリカ軍を叩かなければならないことはよくわかっていました。ただアメリカ軍のフランスにおける展開は１９１９年までは十分な人員が揃わないはずだと想定していたのです。

1918年の連合軍の行動は、予想通りドイツ軍の進攻に対応するだけに制限されました。アメリカ軍は自国の隊をフランス軍やイギリス軍の大隊と混成させたがらず、アメリカ軍が入港しフランスの土地を踏むまで待つというのですから、連合軍は憤慨していました。前線では押し戻されるか、占拠されるかでしたから、議論がダラダラと続けられていたのです。

そしてアメリカ軍の到着は1919年前半だろうというドイツの予測は、決定的な大誤算だったことが明らかになります。

▼連合軍、勝利を宣言

1918年8月、ほんとうに戦争は大詰めを迎えていました。それまでに毎月20万のアメリカ人兵士が送られており、イギリス軍は中東やイタリアから帰還させた兵力で強化されていました。イギリス海軍の海上封鎖は、ドイツ国民の士気をくじいていました。同盟軍の決定は一連の敗北を覆い隠すことでした。

ついに4年に及ぶ大量の殺人が終わりを迎え、勝利がやって来たのです。3カ月間の厳しく決定的な戦いに払われたドイツ軍の犠牲は、戦死、捕虜、負傷した兵士など20万を数えることになりました。連合軍がヒンデンブルグ・ラインの要塞群を破壊した時、ドイツ軍は退却を始めたのです。10月までに連合軍は勝利を宣言しました。

4カ月前には、部下の兵士達がパリを陥落する寸前だったルーデンドルフ将軍は、ノイローゼになっていました。

オーストリア・ハンガリー帝国の国々は独立を宣言。

これからは政治家の出番です。長々しく、辛い交渉で数百万の人々を飲み込んだ戦争を終わらせる条件交渉が始まるのです。

ウィルヘルム皇帝は11月9日に退位、1918年11月11日11時、銃声は止みました。殿隊《しんがり》の戦いは、まさにその瞬間まで続きましたが、戦争は終わりました。

ドイツ軍はアメリカ首相ウッドロー・ウィルソンの和平提案の場に臨みます。フランス軍のフォッシュ将軍も同席していました。パリ北部の郊外に停められた、（フォッシュ将軍の）専用車両で停戦の書面に署名したのです。この一報はすぐに軍隊にもたらされ、各国から集められていた数十万の兵士達は、本当にこの戦争が終わりを告げたことを信じられない気持ちで聞いていたのです。

3 大戦後

▼ヴェルサイユ講和会議

あまりに長く続いた戦いでしたから、始めは誰もが信じられない思いだったのもやむを得ないことでした。フランダースの戦場からハイクレアの使用人ホールまで、どこもかしこも高揚感が溢れていました。デヴィット・ロイド・ジョージは、停戦の公式声明を11月11日午前10時20分に発表しました。街にはたくさんの国旗が飾られ、花火が打ち上げられ活気が戻ってきました。デイリーメール紙の表現によればロンドンは、「歓喜に狂乱する」人々で溢れかえっていました。人々が、社会の疲弊という厳しい現実に気づくまでには数日間も数週間もかかったのです。中東、北アフリカ、ヨーロッパ全土、数百万人が縦横に移動して家に帰ろうとしていました。そして働き手を失った家族は、大黒柱のいない生活に直面することになるのです。

緊張した日々が4年も続き、その度合いがほとんど極限に達した時、ヴェルサイユ講和会議が始まりました。いまこそ問いかけるべき時なのです、一体の何のための戦争だったのかと……?

ようやく戦争が終わったという時に、スペイン風邪が流行します。夏頃からその被害が話題になってはいたのですが、感染した多数の人々は怖れで精神的にも傷ついていました。破壊されたヨーロッパを襲った致命的なインフルエンザの大流行は、つい最近終結したばかりの戦争以上の犠牲者を出したのです。北極から大西洋の島々まで世界中で、少なくとも5000万人が命を落としたのです。『ダウントン・アビー』の中でも伯爵夫人コーラとマシューの婚約者ラビニア、使用人達がスペイン風邪に。ラビニアの存在が後にダウントンを救うことになるのですが。この一件で〝自己中〟ぶりを発揮するメアリーにはゲンナリさせられました。

インフルエンザの原因は戦争ではありませんが、免疫力が低下した兵士達が4年間も集団で暮らしていたという事実が感染を拡大させました。重症のインフルエンザ患者は入院させられるか、負傷兵でも自宅に帰されるかでした。感染は大陸内から世界中に拡大したのでした。普通の人々より健康な若者達に影響が広がるという異常な事態でした。また患者の分泌物に触れる機会の多い看護婦達にとっても脅威だったのです。

ブライアンストン・スクエアの施設にスペイン風邪で入院した若者は、3年半の戦いをくぐり抜け故国に戻ったというのに、和平調停の数週間後にインフルエンザで命を落とすという不運な若者達でした。

その施設も、戦争にかかわったすべての施設や設備のように近いうちに解散しなければなりません。ハイクレア以来、苦労を共にしてきた医師や看護婦達にとって、終戦の喜びと同時に一抹の寂しさも感じさせる「閉鎖」です。

▼アルフレッドの遺産整理

その年の終わり、アルミナは遺産相続を進めていました。アルフレッド・ド・ロスチャイルドは、何もかもを彼女に残していたのです。生前同様、亡くなっても気前がよかったのです。友人達と家族にかなりの遺贈をした上で、£50,000を寄付、そのうち£25,000を軍隊の若者を助成するためにキッチナー記念財団に贈られました。大英博物館にはジョシュア・レイノルズの素晴らしい絵画が寄付されたのです。アルフレッドが愛してやまなかったホルトン・ハウスはロスチャイルドで唯一大邸宅を持っていなかった甥のライオネルに、シーモア・ハウスは、邸内にあるなにもかもを併せてアルミナに贈られたのです。

メイフェアのシーモア・ハウスは非の打ち所のない大きな屋敷で、素晴らしい美術品と値のつけようもない絵画で埋め尽くされています。その中にはアルフレッドがアルミナに家宝として決して売却してはいけないと言っていた作品もありました。これに加えてアルフレッドは、伯爵夫妻宛てに非課税の£50,000の遺贈を、ポーチーとレディ・イヴリンにはそれぞれ遺産として£25,000を残していたのです。

これは目が飛び出るほどの高額な数字です、1918年ハイクレアの庭師の年俸が£24、調理人の最高額でも£150でしたから。この気前の良いアルフレッドの贈与がイギリスロスチャイルズの屋台骨を傾けたと、ロスチャイルドの親族は憤慨したといわれます。

こうしてカーナヴォン家のロンドンの住居はシーモア・ハウスとなり、バークレー・スクエアは売却されました。すべてアルミナは、すぐに改装準備に取りかかりました。すべてが美術館にあっても不思議ではないほどの高級家具に囲まれた申し分のない住居でした。12月になるとアルミナは、弁護士のフレール事務所のアルフレッド・ド・ロスチャイルドの弁護士に、助力を求める手紙を書きました。シーモア・ハウスは修理を必要としていましたし、病院も多額の負債を抱えているということを説明し、2点の絵画、彼女が持っている限り免税ですが、売却で生じる税金を計算した上で手放すことにしたのです。

アルフレッドの遺言執行者は、優秀な法廷弁護人エドワード・マーシャル・ホール卿でした。彼は明確な態度で、このアルミナの傲慢ともいえる要求を聞き入れませんでした。アルフレッドの「売ってはならない」という条件にもかかわらず、アルミナは絵画を売却し税金を負担したのです。それは敬愛する支援者がいなくなってしまった人生という現実に直面したアルミナ流の対処でした。

彼女に欠点があるとすれば、お金に無頓着だったことでしょう。彼女はお金を渡す時には気前がよく、使うのを楽しんでさえいました。それはとても簡単にお金を手にすることができたからでした。アルフレッドの死が意味することは、アルミナが彼にお金の使い途を説明する必要がなくなったということにすぎなかったのです。

▼施設の閉鎖

アルミナは施設を片付け始めました。公式には1919年2月15日に閉鎖されています。医師、看護婦そして最後の患者数名をアーサー皇太子・コンノート侯爵が再び訪ねられました。前回の訪問がとても印象深く、ここで目にした光景に心を打たれたからということでした。彼はスタッフの働きに、個人的に感謝を伝えるために訪問されたのでした

アルミナは4年半の間に共に働いたことのある外科医全員に、感謝の手紙を送りました。名前と勤務した期間が彫られた銀製の茶缶が、ハイクレアとブライアンストン・スクエアの思い出の品として添えられていました。

大戦中に必要とされる医療を提供するために、本当にたくさんの人達が働いていたのです。アルミナには医師と看護婦がいなければできなかったということが、わかりすぎるほどよくわかっていました。もちろんこうした努力が王

室にも認められたのは誇らしいことでしたし、アルミナも充実した日々を過ごしていたことは事実です。個人的に患者のお葬式に参列したり、患者がまるで自宅にいるかのように寛いでいるか、壊疽の患者に自分の手で着替えをさせるといった細かい心配りは、彼らのためにアルミナが何の見返りも期待せずにやってきたことなのです。ただ誰かの（あるいは社会の）役に立ちたいという心の底から沸き上がる熱意と、分け隔てなく人を思いやる優しさが彼女を突き動かしたのでしょう。そして忘れてはいけないのが、アルフレッド・ド・ロスチャイルドの気前のよいサポートが最高級の設備と環境を実現させたということです。『ダウントン・アビー』にアルミナは登場しませんが、彼女の存在は伯爵夫人のコーラ、三女のシビル、クローリー夫人といった複数の人物に投影されているように思えるのです。

▼5年ぶりのエジプト

アルミナのハイクレアへの財政的なサポートは、相変わらず続いています。施設を閉鎖し2月には最後の患者を信頼できる回復施設に移送しました。最後まで残っていた看護婦達も他に職場を見つけていました。休息が必要な伯爵夫妻は、冬のロンドンを避けようと1915年以来初めてエジプトに向かうことにしたのです。途中立ち寄ったパリは終戦処理の交渉中で、あらゆる交戦国の代表団が戦争についての政治的な詳細を入念に調べ上げていたのです。北フランスとベルギーでは、戦死者のための墓地を建設中でした。

夫妻はマルセイユへ行き、船でチュニジアのビゼルトを経由してアレキサンドリアに向かいました。戦争は何カ月も前に終わっていましたが、旅行をするとなるといろいろと不便なことが起こるものです。伯爵の船は、戦時中傷病兵の輸送に使われていて、返却前に船内の消毒がされていませんでした。民間人から徴用したものはすべて原状復帰してほしいという圧力がかかり、多少は改善されたとはいえ、伯爵の船はおそろしく非衛生的でした。感染症で死亡した遺体を何度も運んでいたのですから。

ともかくアレキサンドリアで無事に下船した伯爵は、久方ぶりに乾燥した空気に包まれました。聞こえてくるのは、あの騒々しい不協和音。それでもここも、すっかり変わっていました。終戦はエジプト人の中に、新しい民族（国家）主義や独立の気運を助長するという結果をもたらしたのです。

ルクソールでおち会うハワード・カーターと伯爵は、王家の谷での仕事の再開をどれほど待ちこがれていたことでしょう。彼らが谷の発掘に承認を得たのは戦争の始まる直前でした。落ち着けない苛立ちを抱えた長い5年間でした。彼らの気持ちは、2つの思いで揺れていました。発掘はどうなるのか、何度も繰り返し言われたように、これまでの努力はまったく無駄になってしまうのか、それとも……。彼らは長年抱いてきた夢を、たとえ一度でも発掘することなしに諦める気など持ち合わせてはいなかったのです。

伯爵は発掘現場に近いカーターの家に滞在することにします。「カーター城」と呼ばれている家は、9年前にカーナヴォン伯爵が送ったイギリスの煉瓦を使って建てられたものです。伝統的なエジプト風の設計に現代的な快適さを追求し、中庭の中央には涼しさを保つためのドーム（丸天井）が作られていました。アルミナはアレキサンドリアで合流した娘のイヴと、ウィンター・パレスに滞在すると決めていました。

2人の男達は、再び一緒に作業を始められるという喜びでいっぱいでした。2人とも、王家の谷にはまだ見つかっていない財宝がたくさんあると信じていたからです。彼らが直感的に試掘に選んだのは、トゥトメス一世の墳墓の前でした。毎朝夜明けとともに、進行具合を確かめにロバにまたがって出かけるのです。

なじみのあるウィンター・パレスの豪華さは、アルミナの体力を回復させてはくれましたが、夫や娘と一緒に過ごすかつての生活に戻ることにも戸惑いを覚えていました。アルミナはこの5年間、疲れもみせずに医療施設と取り組んできました。その仕事は終わりましたが、何か世の中のためになることをしているというあの感覚を忘れることはできなかったのです。

いつしか心の奥で、次なる医療施設の構想を練り始めていました。献身的介護の必要性は簡単に消え去るはずはありませんから、彼女は何らかの形で続けたかったのです。それは父アルフレッドの慈善の心を受け継ぐことでもありました。ただここエジプトでは、発掘現場の参加者に徹し夫を支えようと決めていました。

2月26日、彼らはラムセス2世の息子であるメルネプター王の墓への入口で盗品の隠し場を発見しました。中には13個のアラバスター（雪花石膏）製の壺が埋められていたのです。レディ・カーナヴォンは砂の中に膝をついて、自分の手で掘り出すのを手伝いました。なんとワクワクすることでしょう。しかしこれは彼らが待ち望んでいた新発見ではありませんでした。

▼エジプト革命

エジプトの不安定な政情は悪くなる一方でしたから、カーナヴォン伯爵は妻と娘の安全が気になり始めました。1919年3月9日、エジプト人の民族主義者（ワフド党）サアド・ザグルール（パシャ・イブン・イブラーヒム）に率いられた革命（エジプト革命）が起きたのです。

彼は長年エジプト政府の高官で、極端な民族主義者とイギリスの支配的な力の間を慎重に進んでいました。しかし1918年1月8日のウィルソン大統領の有名な「14ヶ条の平和原則」の演説が、すべてを変えてしまったのです。

戦時中イギリスは拡がりつつあるエジプト民族主義を理解しようともせず、「エジプトはイギリスの保護国である」と宣言したのです。ところがエジプト人はウッドロー・ウィルソン大統領の「平和を愛するすべての国、とりわけ米国のように……己の生活を送ることを望み、己の憲法を制定することを望み……正義によって保証される」という演説の内容に力づけられたのです。終戦とフランスでの和平会議は、彼らにとって最高のお膳立てでした。

ザグルールは独立運動を始め、エジプトの自治権を求めてヴェルサイユに代表団を送るのですが、彼の活動を嫌ったイギリスは、1919年3月に支配力を行使して逮捕したうえマルタ島に亡命させたのです。この処置は事態を悪化させただけでした。エジプト中で学生デモ、ゼネスト、暴動が起きたのです。ひと月もしないうちにヨーロッパ人数名と、数百人のエジプト人が殺されました。

ザグルール逮捕後の混乱の真っ只中、カーナヴォン伯爵はアルミナとイヴを家に帰すと決めました。2人がポートサイドから出発できるように手配しましたが、アルミナから無事に乗船しイギリスに向かっているという電報を受け取るまで安心はできませんでした。伯爵はカイロに残りました。彼はこの地域の政治に深く関与していましたし、イギリス側にもエジプト側にも重要人物の知り合いが多かったからでした。伯爵は彼らをハイクレアでもてなしたこともありましたし、時には他の屋敷のハウス・パーティで顔を合わせていたこともあったからです。

将軍のアレンビー卿がカイロの混乱を鎮めるようにとの命令を受けてロンドンを発った1919年3月25日、カーナヴォン伯爵は調停役を務めました。彼は高官達やエジプト王ファード1世と食事をしたのですが、国王は30分の昼食に12皿のコースを出したカーナヴォンの仕切りに大層なご立腹でありました……。

どうやら外交の駆け引きが、なんとかその場をおさめそうでした。

ザグルールは4月7日にイギリスによって自由の身となり、1919年4月11日にその目的を達成。ヴェルサイユ講和会議にエジプトの自治権を要求する代表団を率いて出席することになります。

彼らが到着したその日、皮肉なことにアメリカではイギリスがエジプトを保護国とするのを認める声明が発表されたのでした。パリでは誰もザグルールの主張を相手にしませんでした。賠償金をドイツから引き出すことが主たる目的でしたから、それ以外のことは脇へ追いやられたのです。

このことがドイツと中東の長期の安定化にとって、致命的だったことは後に明らかになります。そして中東問題は、21世紀の現在にまで続き、ますますややこしい様相を呈しているのです。

▼社交界の復活とヴェルサイユ条約

1919年6月、伯爵の息子ポーチィがメソポタミアから戻ってきました。本人は2年半ぶりのヒーローの帰還という歓待を期待していたのかもしれませんが、母のアルミナは、「あら、ビックリしたわ」と声を上げ、看護婦気分がぬけきらないせいでしょうか、制服は燻蒸消毒してあるのか、シラミの駆除をしたのかと訊ねる始末。シラミ駆除は、戦争から帰還する兵士に船上で実施されていたものでした。

つまらないことではありません、サンドフライの来襲のようにとても不愉快なうえに、チフスを媒介するのです。大戦中のヨーロッパでおびただしい死亡者を出しているのですから、彼女が心配したのも当然でしょう。呆気にとられたポーチィでしたが、祖国に戻れなかった多勢の若者を知っているからこそ、手放しで喜べない母の心情もわかっていたのです。

息子が戻りハイクレアが落ち着きを取り戻すと、18歳になったイヴは社交界デビューに向けた準備を始めました。伯爵は家族が揃ったことと発掘の再開に上機嫌でした。

1919年6月28日、ヴェルサイユ宮殿の鏡の間で、ついに講和条約が締結されました。何カ月も激しい議論を戦わし、各国の要求や野心が膨れ上がったり萎んだりを繰り返してきました。中東は連合軍の都合で分割されてしまいました。今日まで影響を及ぼす惨憺たる結果です。ドイツは幾つかの領土を失いました。これがドイツを刺激し憤激させますが、さらに数十億金マルク（ドイツ帝国で1873~1914まで使われた通貨単位）の罰金が課されたのです。フランスは隣国を圧倒しようと決意していましたし、イギリスは膨大な戦費の負債を賠償させようと目論んでいたのです。

連合国が要求した賠償金の額はあまりに大きすぎると受けとめたのはドイツばかりではなく、交渉にあたった財務省代表のジョン・メイナード・ケインズもそう考えていました。1924年と1929年に賠償金額は減額されましたが、それまでにドイツ国民の感情は切迫していて、あのヒットラーが選挙で選ばれたのはわずか4年後のことでした。

社交界では、数年ぶりに夏のパーティ・シーズンが戻ってきました。それでも、以前とは何かが違っていました。旧体制の下で数百万の男達が死に、普通の人々が憤り、嘆き、不景気と耐乏生活に心底怒りを覚えていたのです。

1919年には、多くのストライキが起こりました。6月には紡績工場の50万人以上がデモ行進し、8月に警察は空になりました、9月は鉄道員に順番が廻りました。賃金は安く仕事はほとんどありません、現実に目覚めた退役軍人達は道端で物乞いをしていたのです。

伯爵でさえお金の心配をしなければならなくなりました。無論桁違いな数字ではありませんでしたが、農作物による収入は戦前から減少していましたし、1919年の税金はロイド・ジョージの立法によって、かなり高額になりました。1918年5月には、ブレッドビーの家の家具を少し売却していましたし、いままたブレッドビーの蔵書の一部がサザビーを通して売却されていました。伯爵は、アルミナにこれ以上の収入はなく、財産を管理するなどということが彼女にふさわしいことではないとよくわかっていたのです。

▼終戦記念日

1920年11月11日終戦記念日、この日は国中が喪に服して犠牲となった兵士達に哀悼を表した日でした。数百人、数千人が通りに並んで、6頭の黒馬が引く砲車の上の行方不明だったイギリス人兵士達の棺に敬意をはらうのです。行列はロンドン中を回ります。国王ジョージ5世は世界大戦戦没者記念碑の除幕式を行ないました。その後2分間の黙禱が捧げられ、行方不明だった兵士達の遺体はフランスの墓碑銘が刻まれていない墓から運ばれ、最後の永眠の地に向かって行きました。棺には、ヴィクトリア十字勲章の受勲者100名が付き添い、荘厳な儀式をもってウェストミンスター寺院に埋葬されました。ジョージ5世はフランドルの戦場の土を、一摑み墓所に入れました。戦死して埋葬場所が不明のままだった兵士の家族にとって、このように敬意が払われたことで、わずかながらも心の安らぎを得ることができたのです。

そして、この時悲嘆にくれる国に一つの区切りがついたのです。国中の人々はいまだに傷ついたままでしたが、少なくとも国は死者への敬意を表わしたのです。ドラマの中では、料理長のパットモアの甥が戦死しています。志願したにもかかわらず敵前逃亡で味方から射殺されたため、戦没者慰霊碑に名前が刻まれないという事実に落ち込んでいました。伯爵の思いやりのある配慮で解決してホッとしました。

現在でも11 月11日は世界各地で、大戦終結を祝い戦死者に敬意を払う行事が行なわれています。イギリス連邦では“Remembrance Day”、フランスでは“Jour de l'Armistice”、アメリカでは“Veterans Day”です。100年という歳月が流れても、この大戦が残した傷跡は忘れることのできないものなのです。ベルダン、ソンム、マルヌ、パッシェンデール、イープル、カンブレー、コーカサス、ダーダネルス、メソポタミア、ガリポリといった激戦地は、今でも苦い思い出とともに語られます。

ちょっと気になって日本ではどうなっているか調べてみたところ、「第一次世界大戦が停戦したことを記念し、特にヨーロッパ各地でこの日が祝日や記念日になっている」とサラッと書いてありました。https://ja.wikipedia.org/毎日が何かしらの記念日とこじつけられているので、30以上の記念日が設定されているようです。ヨーロッパの戦争といわれる第一次世界大戦における日本人の犠牲はWikipedia によると死者は415人、戦傷者は907人とありました。

遠く離れた大陸での戦争で、日本に直接の被害がなかったこともありこの大戦に対する日本人の関心は稀薄なのでしょうか。どのような形であれ、つい3、4代前のご先祖が関わらざるを得なかった大戦は、ヨーロッパでは忘れることのできない歴史です。彼らの考え方を理解する上でも、大雑把に知っていて損はないはずですが、その気にならないとなかなか学習するチャンスがないのが残念です。

▼ツタンカーメン墓の発掘

1921年1月、カーナヴォン伯爵はエジプトに出かけました。世情はいままでにないほど不安定になっていました。イギリスは保護国としての権利を諦めなければならないような雲行きです。イギリスはファード国王がライバルを首相に任命したことに抗議のデモを組織したとして、サアド・ザクルールに2度目の亡命をさせていました。国民の反発は前回同様、激しい暴動を引き起こしました。伯爵がカイロに到着した時、入れ違いにアレンビー卿は内閣にエジプトの独立を認めさせるため、カイロを離れざるを得なかったのです。

発掘は相変わらず困難で消耗する作業でした。待ち望んでいた王家の谷の発掘を承認されたにもかかわらず、カーターとカーナヴォンはこれといったものを見つけられないまま無情にも時は過ぎていきます。伯爵の財政面もかなり深刻になっていました。これまでにエジプトで要した出費は莫大なものでした。1921年7月には、ブレッドビー・ホールの家具を売却していましたし、デュルバートンの農地を1エーカー£5で、住宅建設用に売却していました（住宅建設用に土地を売却する件は、ドラマにも登場していました）。

土地は手放した伯爵でしたが、エジプトの芸術品は決して売ろうとはしませんでした。彼の所蔵品は私的なものとしては世界最高クラスのもので、女王タイの墓から掘り出したファイアンス焼きの聖杯、宝石、4000年ほど前のものと思われる第12王朝の青銅製の鏡、とても美しい琥珀と金の彫像、幾つかの装飾用の壺、繊細な曲線が可愛らしい動物とトトメス3世のアメン神の彫像等がコレクションされていました。

数カ月間悩んだ末に、伯爵は王家の谷の発掘から手を引く決意をします。理由はいたってシンプル。続けるだけの資金が底をついていたからでした。1922年までに伯爵が要した費用は、およそ£50,000（現在の£10,000,000、18億?）がエジプトでの14年間の発掘につぎ込まれていたのでした。これは、財産のある人間にとってもかなり深刻な支出でした。彼はすでに相続した土地の4分の3を手放していましたから、残されているのはあと1度だけの発掘費用でした。

イギリスが保護権を手放したので、エジプトは独立国家の宣言をしていました。そしてイギリスの貴族や考古学者は次第に少なくなり、発掘は博物館や政府の仕事になっていたのです。その上、カーターと2人で長年その存在を信じていた墳墓も財宝も、いまだに発見には至っていないのです。

伯爵は心を鬼にして、ハイクレアのハウス・パーティで、カーターに決意を伝えました。カーターは驚愕しますが、どう説得しても伯爵の決心を変えることはできないと悟り、自分が最後の発掘の資金を出すと言い出したのです。それはこの古くからの友人の破産を意味することでもありました。伯爵は持てるすべてを危険に晒してでもというカーターの熱意に心を動かされ、最後の発掘の資金を出すことにしたのです。

ラムセス6世の墓の近くにまだ手つかずの地域があるという事実に賭けたのでした。カーナヴォンとカーターの栄光の夢にとって、最後のチャンスです。2人はいつもの年よりも早く始めることにしました。それというのも1月になるとラムセス6世の墓には大勢の訪問者がやって来るため、調査が困難になるからでした。

カーターは10月27日金曜日にルクソールに到着し、翌週の水曜日に作業を始めました。11月6日月曜日、発掘を始めて1週間も経たないうちに、カーターはカーナヴォンに2人の人生を変えることになる電報を打ったのです。

遂に、谷にて素晴らしい発見あり、
完全に封印され手つかず、
到着まで元に戻す。
おめでとう

電報を受け取った伯爵は、すぐさま出発しました。いつも同行していたアルミナは、体調がすぐれないためハイクレアに残ることにして、娘のイヴがー緒でした。11月24日金曜日、伯爵とレディ・イヴリンがカイロに到着。誰もが緊張と興奮で、張りつめていました。11月26日の午後、階段を降りた4人（カーナヴォン、カーター、イヴ、カレンダー：カーターの助手）は、はやる気持ちを抑えて戸口の前に立ちました。

カーターが扉に小さな穴を開け、そこから蝋燭の灯りを入れてみたのです。彼のこの発見の瞬間は、何度も繰り返し新聞で取り上げられています。「私の目が慣れてくるに従って、部屋の中の様子が次第に霧の中から明らかになってきた。不思議な動物、彫像そして金――どこもかしこも金色の輝きに照らされていた。私は驚きで声も出なかった、そしてカーナヴォン伯爵……と心配そうに声をかけられた『何か見えますか？』私は『見える。途方もなく素晴らしいものが』と口にするのが精一杯だった」。

カーターと3人の仲間は、はちきれんばかりに喜びました。心臓は早鐘のように高鳴っています。カーターはイヴが覗けるように穴を大きくしました。イヴは部屋中を見回しています。さらに光に慣れると、そこに供え物を置く巨大な台が置かれていて、風変わりな頭像やそこかしこに多数の箱があることがはっきりと見え始めたのです。カーターは、これ以上自分を抑えることはできませんでした。壁を引き剝がして、部屋に入れるように穴を大きくしていました。どうにか這い上がると、部屋の中をゆっくりと歩き始めました。

蝋燭を頭上高く掲げると、部屋の四隅がはっきり見えるようになりました。他の3人も続いて部屋に入り、揺らめく蝋燭の炎に照らし出されたものに目を奪われてただ立ち尽くしていたのでした。「私達が特別で未発見のなにか重要なものを見つけたのは、確かだった」。カーナヴォンは書き続けます。「そこには並外れて美しい玉座があった。表現できないほどの繊細さと優美さ……エジプト芸術が頂点に達した時代のものだと思われる」と。ようやく15年をかけた探索の末、ファラオ（王）の財宝を発見したのでした。（暗闇に）目がすっかり慣れると、一体今目にしているものは何なのかと考え始めていました。

もし、そうではないとしても、ここにあるべきものがないのは明らかだと、全員が気づいたのです。石棺がなかったのです。それは他にも部屋があるということを意味していました、おそらくは墳墓全体が……。

それから彼らはあるものを見つけ出しました。「等身大の2体の像の間の、壁の下のほうが封印されていた……破壊の跡があり、小柄な男なら通ることができるほどだった。おそらく何千年も前に内室に入った泥棒の仕業と思われる」。３０００年前の泥棒にできたことが、難しいはずはありません。カーター、レディ・イヴリンとカーナヴォンの3人は、ただ穴を大きくして滑り込めばよかったのです。彼らの目を惹きつけたのは金で巻かれた2体の等身大の像でした。どうやらツタンカーメン王が埋葬されている部屋を見つけたようでした。圧倒されたカーナヴォンは、作業の停止を命じました。これ以上進めるには慎重な手順が必要でしたから、カーターも同意しました。

部屋を出た一行は、陰っていく陽射しの下で互いに見つめ合って立ち尽くしていました。誰もが高揚した気持ちのままでした。カーナヴォンとカーターは、背中を叩きあって互いに祝福を交わしていました。カーターは興奮で破裂してしまいそうな様子です。アーサー・カレンダーは彼の幸運が信じられないようでしたし、イヴは大好きな父親のために大喜びしていましたが、アルミナに伝える時、彼女がこの場にいなかったことをどれほど残念がるか想像していたのです。

ウィンター・パレス・ホテルに戻った伯爵は妻に電話をかけました。そしてアルミナに彼の言っていることを理解させる前に、自分自身が納得できるまで何度も繰り返さなければならなかったのです。

あれほどのものを目にした後で、誰が眠れるというのでしょう。その夜遅くに、こっそりと祝いの小さな宴会を開いたのです。鍵をかけた部屋の中で。

▼世紀の大発見

翌朝、カーターはこの地域の古代部門の調査責任者エンゲルバッハに、経緯を知らせたのですが、王家の谷は掘り尽くされたと信じていたエンゲルバッハは、わざわざ金曜日の午後に出かけるほどの価値があるまいと代理の人間を送っただけでした。

その日の夕方、彼らは部屋に入り全てをつぶさに観察したのです。後にカーターが、著書『ツタンカーメンの墓』に記述したように、「今私が立っている所を最後に人が踏みしめてから3000年、いやもしかしたら4000年という歳月が過ぎ去っているだろう。それでもなお……まるで塗り立てのような表面に残された指あと、黒ずんだランプ、敷居の上の別れの花束――まるで昨日のことのように思える。……時でさえここで目にしている、愛情の小さな証を完全に消し去ることはできないのだ」。この花輪は、後にツタンカーメンの妻アンケセナーメンが置いたのではないかと推察されています。カーターは、この花束が妻からのものだと直感したからこそ、愛情の小さな証と表現したのかもしれません。

伯爵とカーターは興奮してはいましたが、少し冷静になるとこれから先に待ち受ける膨大な仕事について考えを巡らすようになりました。ここから運び出し、記録を残し、どのように小さなものであってもきちんと保存するためには一団の専門家が必要でした。何しろどれひとつとっても3200年前のものなのですから。また、すぐに墓の安全も確保しなければなりません。伯爵は安全確保のため警護所を設置し、発掘隊のメンバーのひとりはほとんど住込み状態で過ごすことになりました。

公にされたのは11月29日の水曜日でした。カーターが案内するランチ付きのツアーのようなもので、大げさにはしなかったのです。招待されていたタイムズ紙の通信員アーサー・マートンは、この大発見をこれまでにないほど紙面を割いて報じました。そして、世界中の新聞がルクソールに押し寄せました。記者達には、部屋が取れなければホテルの庭に野営してでも取材をするようにという指令が飛んでいたのです。

伯爵は娘とともにロンドンに戻り、今後の手順を検討することにしました。現場を離れるのは後ろ髪を引かれる思いでしたが、カーターに後を託してエジプトを離れたのです。ロンドンに戻った伯爵は12月22日、国王の要請で、バッキンガム宮殿に出向いて発見の一部始終を王室に報告することになりました。国王ジョージ5世とメアリー王妃は、もっと詳しく、もっと詳しくと、微に入り細をうがって説明を求められたのです。伯爵は、価格をつけることなど不可能な美術品や、卓越した職人の技が見てとれる前室の芸術品について、例を挙げて説明したのでした。伯爵は国王に、さらに発掘を続け本当にファラオの墓であることを明らかにすると請け合ったのです。

クリスマスが終わり、エジプトで作業を再開したカーターは、協力者としてニューヨーク、メトロポリタン美術館のリスゴー氏、シカゴ大学の著名なジェームス・ブレステッド教授を含めた4人のアメリカ人のエジプト学者を受け入れました。他に専属のカメラマンとエジプト政府から化学の専門家も加わります。一行は発掘、搬出、梱包、輸送に必要なものを手配しました。

カーターは押し寄せる記者達に邪魔されることをとても嫌がっていました。なにしろ彼は、慎重に進めなければならない複雑な作業にとりかかろうとしていたのです。12月27日、一行は最初の対象物を取り出して、セティ2世の墓に運び始めました、そこでカイロに移送する前に必要な処置を施すためでした。

カーターは、控えの間から慎重に取り出すことに没頭していました。しかし絶え間なく押しかけてくる記者達やVIPと称する人達。彼らはいつも〝特別通行証〟を持っていると思い込んでいるのです。ある意味の野次馬に対処しなければならなくなり、気が狂いそうでした。

運搬作業は慎重に進めなければならず、神経をつかう作業で精神的にもとても疲れるものでした。室内は狭苦しいばかりでなく暑く、運ぶ物はとても繊細でしたから。ひとつひとつに異なる難しさがありました。どうすれば風化（崩壊）を免れるか、どうすればビーズに糸を通せるか、乾燥した外気に触れた木材が縮むのをどう防げばいいのか。カーターにとっては、こうした取り組みがメディアに対応するよりはるかに重要なことだったのです。

▼公開

伯爵はロンドンで、パテ・シネマ、大英博物館とニューヨーク、メトロポリタンの館長達、そしてタイムズ紙と撮影について話をしていました。発掘現場の撮影やインタビューを特定の一社に絞り、そこから他紙に配信をするという方法で、独占権による一定の対価を得て、今後も費用がかかり続ける発掘や労働条件の向上のための資金作りのひとつの手法でした。うまくいけば、一社だけを相手にすればいいのですから、カーターを煩わせることもなくなるかもしれないのです。

しかし、この計画はまったく逆効果でした。タイムズ紙以外の新聞は、歴史上最も大きな物語から閉め出されることに激怒したのです。彼らは追いうちに拍車をかけ、伯爵とカーターの計画を中傷することさえ始めたのです。「彼らは傲慢な冒険者達で、王家の谷から観光客を閉め出すつもりでいる」という表現まで使ったのです。

伯爵はこうした不毛な論争を重ねることに嫌気がさし、エジプトに戻ると決めました。アルミナは顎の手術を受けるため、今回もイヴが付き添います。ルクソールの小さな駅に着いた伯爵とイヴは、レッド・カーペットで歓迎されました。花束が贈られ、世界中の新聞のフラッシュが2人に瞬いたのです。伯爵とカーターは群衆の端のほうを歩き出していました。幾つかの新聞の批判は痛烈さを増すばかりで、エジプト考古学局との関係に悪影響を与えそうなものでした。伯爵はカーターと作業員を残してカイロに行き、この件を外交的に処理して、埋葬室を開く準備に取りかからなければなりません。

その日は2月16日金曜日と決められました。

控えの間は全てが運び出されてガランとしていましたが、金箔に覆われた2体の守護像だけが残されていました。部屋を抜けて、封印されたツタンカーメンの埋葬室の入口へ。墓の入口には20人ほどが集まっていました。伯爵、レディ・イヴリン、マーヴィン・ハーバート卿（カーナボンの義兄弟）、リチャード・ベセル卿（伯爵の私設秘書、膨大な文書処理のために最近雇われた）、ハワード・カーター、アーサー・メイス、アーサー・カレンダー、ブレステッド教授、ハリー・バートンと彼のカメラマン、アラン・ガーディナー医師、メトロポリタン美術館のリスゴー氏とウィンロック氏、ウィリアム・ガースティン卿、ジョージ5世国王の侍従チャールズ・カスト卿、考古学局からM・ラカウ、エンゲルバッハ氏と3人の検査官、そしてフウァド国王の政府代表H・E・アブド・エル・ハリム・パシャ・スレーマン。

カーターは石積みの入口の石を取り除き始めました。上から下へ。彼は前回3人が通り抜けた隙間を利用して出入りのための階段を築いていました。およそ30分後、入口からわずか2、3フィートのところに見えてきたのは金の延べ板のようでした。カーターは対象物の保護と、その上で作業が進められるようにラカウとカレンダーの手を借りてマットレスを入れています。

さらに2時間、慎重な作業は果てしなく続けられました。そして作業が完了した時、彼らの目に飛び込んで来たのは金製の聖堂でした。それは控えの間と同じ程度の大きさで4フィートほど下がった所に建てられていました。

カーター、伯爵とラカウの3人は腰を屈めて、電気のコードをたぐり寄せると細い通路に入っていきました。部屋の壁には、死者の書にある幾つかの場面が実物より大きく、鮮やかな色彩で描かれています。隅には、亡くなったファラオが地下世界を渡るのに必要な7本の櫂が飾られています。聖域の2枚の扉にはカルトゥーシュとヒエログリフが刻まれています。扉は閂《かんぬき》とロープでしっかりと閉じられていました。ゆっくりと閂を引き抜き、ロープを緩めていきます、外扉を引くと、中にはまるで巣の中のいる小鳥のようにもうひとつ封印されたままの金製の聖域があったのです。残っていた人達が後に続きました、イヴは最後に埋葬室に入りました。

　カーターはさらに奥まった部屋に注目しました。そこは宝物庫。ミイラの内蔵を収めた淡いクリーム色のアラバスター（雪花石膏）製の壺もあるはずです。カーターがこれまで目にした中でも、恐ろしいほど美しい作品だったと評した壺です。

　埋葬室は人でいっぱいになりました。誰もがこの圧倒されるほどの驚きを特別に味わう感動で言葉を失っていました。彼らは今最も神聖な場所にいるのです。消え去ってしまった世界の煌びやかな亡骸を見つめながら。

　一日には十分すぎるほどの感動でしょう。これ以上進めるためには、石棺そのものを動かさなければなりません。伯爵とカーターは、

ツタンカーメン王

葬礼の場は敬意をもって規則を守らなければならないことを心得ていましたし、何よりも王家の谷という永遠の安息地はそのまま保存しなければならないのです。たったいま目にしたものに驚愕したまま、一行は引き上げることにしたのです。
　新たな発見があると新聞と人が押し寄せ、カーターは苛立ちます。すると伯爵は落ち込むという悪循環が繰り返されていました。事態を改善するため、2人は1週間の休暇に合意しました。作業員にも骨休めは必要だからです。カーターは自宅でゆっくり過ごすことにしましたが、伯爵はダハビヤー（ナイルの帆船）を雇い少人数でアスワンまでクルージングに出かけました。疲れていた彼には、川風とのんびりした帆船の船足はとても心地良いものでした。ただひとつ、苛立ったのは夜間に襲来する蚊でした。ルクソールに到着する前、年季の入ったお気に入りの象牙の柄のついた剃刀で髭を剃っていた伯爵はチクリと左頬を蚊に刺されたのです。
　3月6日、休暇を終えたカーターはすっかり冷静になっていました。伯爵は疲労感がとれず気分が悪いとこぼしていましたが、次の段階に進むことには積極的でした。とこ

ろが数日経っても伯爵の体調は思わしくなく、娘のいるカイロのホテルに移ることにしました。そこには同行してきた医師のガーディナーも滞在していました。

日が経つにつれ伯爵の病状は悪化し、首筋のリンパ腺が腫れ始めていました。ルクソールのカーターは、伯爵が敗血症で深刻な状況にあるとの報せを受けすぐにカイロに向かいました。父の回復を願いながら、イヴはインドにいる兄ポーチィと母にも連絡を取りました。2人とも急遽、カイロに向かいました。

▼伯爵の死

伯爵の病状は一進一退が続き、気分が良くなると髭を剃ると言い出すほどでした。ポーチィが到着した時、肺繊維症を発症していた伯爵はうわ言を口にするだけでした。4月5日木曜日早朝、伯爵はわずかの間持ち直しました。「呼ばれたようだ、いま支度をしている」と呟きその直後、息を引き取りました。

ちょうどその頃ハイクレアでは、伯爵お気に入りの愛犬スージィが1度遠吠えをすると、いつも眠っていた家政婦の部屋まで歩いて行きました。そして、そこでパッタリと死んだのです。スージィには、伯爵が亡くなったことがわかったのでしょうか？　それともツタンカーメンの……？

ドラマの中にも少しだけエジプトとの関わりを示唆するシーンがありました。孫のシビルにスフィンクスを教えるシーン。そして伯爵の愛犬の名前、アイシス（Isis）というのはイスラム過激組織ではなくエジプト神話の女神の名前です。伯爵夫人がプレゼントした仔犬はティイ（アメンホテプ3世の王妃）と名付けられました。些細なことですが、ダウントン（ハイクレア）の当主だった5代カーナヴォン伯爵へのオマージュなのでしょう。

翌朝すべてのエジプトの新聞は、弔意の印として黒枠で囲われました。突然のことに家族の受けた衝撃は大きく、とても現実とは思えなかったのです。とにかく早くイギリスへ戻ろうと、伯爵の遺体と共に帰国する手続きを済ませ4月14日、P&Oの蒸気船マラバ号で帰国の途につきました。

船を見送ったカーターは、意気消沈していました。15年間もともに働いていた人がいなくなってしまい途方にくれていたのです。あの考古学上の大発見は、彼と一緒に成し遂げた業績でした。ツタンカーメンの石棺を一緒に開けようと、計画を立てその瞬間を何よりも待ち望んでいたのです。しかし伯爵は、墓の最も内側にある秘密を見ることなく逝ってしまいました。ツタンカーメンの黄金のマスクと対面するのはハワード・カーターひとりになってしまったのです。傍でそれを可能にしてくれた人のいないまま。

伯爵は、ハイクレアのビーコン・ヒルにある鉄器時代の要塞の側に、簡素な墓で埋葬してほしいという条項を遺言に加えていました。そこからは、彼が愛したハイクレアの全景が見渡せるからでしょう。

4月30日ハイクレアの教会で葬儀がとりおこなわれ、遺言通りビーコン・ヒルに埋葬されました。棺の上の飾り板には、「ジョージ・エドワード・スタンホープ・モリニュー・ハーバート　第5代カーナヴォン伯爵、1866年6月26日生、1926年4月5日没」と刻まれていました。王家の谷でもハイクレアでも伝統を重んじ昔ながらのやり方を通した伯爵でした。そしてその伝統と格式を重んじる貴族のライフスタイルは、彼とともに葬り去られたようです。

これからエジプト政府は、王の遺産の所有権を主張するでしょう。そしてハイクレアの伯爵家は20世紀になってはじめて、称号と領地の相続に対処しなければならないのです。現代社会では、一部の人々の特権を廃止し、多くに自由を与えるという考えが広がりつつありました。

▼山積みの〝仕事〟

新聞はファラオ（王）の呪いについてさまざまな憶測を書き立てていました。世界最大の〝怪奇話〟は拡がり続けるばかりでした。何年もの間「ファラオの呪い」の噂と心を奪われる話は、でたらめな説の裏づけとなっていました。そのほとんどは、いくつかの偶然の出来事を伯爵とツタンカーメンを結びつけたこじつけにすぎないというのにです。

アルミナの人生はすっかり変わってしまいました。これまでアルフレッド・ド・ロスチャイルドによって、そして夫の力で、苦労することなく美しい邸宅を手にし、名士達と知り合い、イギリス帝国で最高の生活を享受していたのです。パーティを主催し、施設を創設し、周りにいる誰にでも贈り物をしてきました。そしてその見返りとして限られた小さな世界の中で、高い地位を得ていたのです。深い悲しみと孤独感に襲われていました。人生で初めて自信を失くしていたのです。それでも目の前には、片付けなければならないことが山ほどありました。

ハイクレアは6代伯爵夫妻に明け渡さなければならないのです。伝統に従えば、称号と領地が新しい所有者に引き継がれた時、前任者は優雅に舞台を去らなければならないからです。ハイクレアはカーナヴォン伯爵夫妻の家であって、彼女の家ではないのですから。

新伯爵ポーチィは、ハイクレアの運営を学ぼうとしていましたが、まだ24歳でしたし、社会人としてここで暮らしたことはありません。どのように機能しているかを詳しく知る機会はなかったのです。彼の妻は全く違った環境で育ったアメリカ人でしたから、夫と一緒に学ばなければならないことばかりでした。

家庭内の事柄を処理した後には、国際的な視点で対処しなければならない事柄がありました。アルミナが深く愛してきた伯爵は、目覚ましい業績と名声の絶頂で亡くなったのです。エジプトには、手つかずのままやり残した数多くの仕事が中断されたままでした。再開するためには彼女の助力が必要でした。エジプトの州や様々な博物館、かろうじて始められたばかりのメディアとの交渉など。大きな問題は、遺言では触れられていなかった王家の谷の（発掘）許可についてでした。

アルミナは、夫の遺志を継いでツタンカーメンの墓の発掘を続けたいと考えていました。それはこのままハワード・カーターが発掘に集中できるように、資金を提供するということです。7月12日、彼女は遺跡部員のラカウ氏と11月から1年間墓を発掘する合意書に署名をしたのです。王家の谷の墓以外の領域は、この許可には含まれませんでした。

カーターは自分の仕事が、このまま継続できることをとても喜んで、アルミナに感謝していましたが、どうしてもあの旧友とのつき合いや協力が懐かしく思い出されてなりませんでした。それでも彼の情熱は揺らぐことなく、苦闘の中で頑張り発掘を完遂したのでした。アルミナはカーターが発掘を完了させ、墓を記録できるようにエジプト政府総務局を説き伏せたのです。

一方、自宅には処理しなければならない事務仕事が待っていました。5代伯爵は、ハイクレアと称号を後継ぎの息子に残しましたが、馬達や他の家など全てのものはアルミナに残されたのです。時間とお金を消耗する、面倒な税金の問題が生じました。ロイド・ジョージの極端な課税が立法化された1910年以来、伯爵が何年も危惧していた状況です。1919年、課税額は取るに足らない額から収入の60%以上に跳ね上がったのです。国は、戦後の再建費用が必要でしたし、負傷兵や戦死による寡婦に支払う年金やロイド・ジョージ言うところの〝英雄達の家〟数千軒の建設費も必要でした。その予想もしなかった変化に対処しなければならなかったのは、旧世代の地主達でした。

伯爵は、ロイドの行き過ぎた要求とそれにどう備えるべきかを常に懸念していました。伯爵は多くの貴族同様に、資産としては現金より不動産が多かったからです。生活費はほとんど不動産収益で賄われていました。数カ月前、伯爵は管理人に手紙を書いています。経費をできる限り削減するようにと。しかしそれはあまりに小額であまりに遅過ぎました。いま、相続人のポーチィと未亡人のアルミナは、あまりにも重い相続税に直面しているのです。

相続税は、広大な土地が次の世代に引き継がれた時に支払うものですが、大地主にはその他にまるで悪夢のような（あまりにいきすぎと1920年に改正されはしましたが）税が課せられていました。膨大な資産に課せられた税の支払いに、早急に現金が必要でした。それはしばしば家を売却するか、中にある家財道具や美術品を売り払うことを意味したのです。ハイクレアの状況は、いつものようにロスチャイルドの財産で救われました。アルミナは自制的でした。彼女に関する限りどの絵を手放すか決めればいいのですから。しかし税金は多額で、手続きはとても複雑でした。長年の友人や使用人は、この件が片付くまで遺贈された品を持ち出すことは許されませんでした。

アルミナは緊張状態に陥るといつもそうだったように、忙しくしていました。外出したり、友人と買い物にパリへ出かけるようにもなりました。

そして以前から友人だったイアン・デニストゥンと再婚し、スコットランドに移りました。新しい病院を建てたいというアルミナの願いは1926年に実現されました。ブライアンストン・スクエアの施設を閉鎖してから8年後のことでした。ようやく完成にこぎけた病院は、心から愛した父親で、彼女に並外れた人生を歩ませてくれた男性にちなんで「アルフレッド・ハウス」と命名されました。

▼6代伯爵となったハーバートは――

ハイクレアは、6代伯爵に引き継がれ使用人の数はかなり減ってはいましたが、城はほとんど同じように機能していました（邸内の使用人は23人、領地内も同じような状況でした）。第二次大戦でイギリス社会は決定的に変わるのですが、アルミナの存在がなければ、ハイクレアが現在の姿を留めていたか確かではありません。1885年、アルフレッド・ド・ロスチャイルドがアルミナの結婚に際して了承した財産設定のお陰で負債は返済され、領地はしっかりとした基盤を築けたのです。

5代伯爵が亡くなる前年の1922年長男のハーバートは、アメリカ人女性のアンヌ・キャサリン・ドレディック・ウェンデルと結婚しました。彼女はアメリカの一般家庭の娘でしたから、5代伯爵はこの結婚を快く思わず「財産のない娘と結婚するなど、愚か者のすることだ」と猛反対でしたが、キャサリンの人柄を認め、最終的に了承したとされます。

息子を溺愛していたアルミナは、彼女との最初の出会いから2人を後押ししていました。ハーバートとキャサリンが結婚した翌年、5代伯爵が亡くなり、ハーバートは6代伯爵となりますが、莫大な相続税を支払わなければならなくなりました。

代々伯爵家に伝わる由緒あるゲインズバラやダ・ヴィンチの絵画は壁から外され、先代伯爵がエジプトから持ち帰り展示室まで設けた貴重なコレクションがオークションに出されたのです。これらのコレクションは、ロックフェラーのようなアメリカの富豪の手に渡るか、NYメトロポリタン美術館の収蔵品となり、相続税の支払いにあてられました。

多くの邸宅が売却され取り壊される中、ハイクレアは無事でした。2つの大戦をくぐり抜け、5代伯爵の財産とアルミナが父から贈られた現金や家財は、相続税の支払いや負債の返済のためほとんど売却されましたが、伯爵家の邸宅ハイクレアは守られたのです。

ついでに加えてしまいましょう。6代伯爵はアンヌ・キャサリンと1936年に離婚しますが2人の間に生まれた息子ヘンリー・ジョージ・モリニュー・ハーバートが7代伯爵となりました。6代伯爵はオーストリア人のバレリーナで女優のリリー・ロッシュ（こちらもバツイチ）と

1939年に再婚し1945年に再び離婚しています。6代伯爵の死亡記事を書いた系図学者でジャーナリストのヒュー・マッシングは、「彼は徹底した〝モテ男〟だった」と記しています。きっと女性を惹きつける魅力のある男性だったのでしょう。

本国イギリスで2010年から放映された『ダウントン・アビー』、その人気が高まるにつれて、ハイクレアとカーナヴォン伯爵家に世間の注目が集まりました。

▼6代伯爵の正当性疑惑

研究者で作家のウィリアム・クロスは、イギリス上流社会の女性をよくとりあげているのですが、〝The Life and Secrets of Almina Carnavon〟を発刊します。この中に6代伯爵の正当性を疑わせる事実が発見されていたことが書かれているのです。6代伯爵の父は5代伯爵ではなくインドの皇太子であり、このことは家族の秘密として隠されていたというのです。となると、7代伯爵とその息子であり現当主の8代伯爵ジョージ・カーナヴォンは称号を名乗る資格もなく、領地を受け継ぐ正当性がなくなるわけです。そこでドラマの伯爵家のように家系を辿ってみると、デヴォンで教師をしている39歳のアラン・ハーヴァートに行きつくとされています。

クロス氏によると5代伯爵とアルミナの結婚は見せかけにすぎず、伯爵家の資産が底をつきかけていた時期の莫大な財産との取引にすぎないものとされています。しかもお互いにさほど関心を持っていないうえに、伯爵の性的関心は低かったというのです。よくある話です。

そしてお決まりの登場人物。伯爵の大学時代からの友人であるラホールのマハラジャの子息、ヴィクター・デュリープ・シィング皇太子。マハラジャは、ヴィクトリア女王に献上されるまであの巨大なダイヤモンド「コイヌール」の持ち主でした。王室とも親しく、ヴィクトリア女王が名付け親というプリンスは、エドワード7世の親しい友人で、イギリス上流社会に受け入れられていました。

よくハイクレアに逗留していたというプリンス・ヴィクターが、アルミナと親しくなっても不思議ではありません。妊娠が明らかになった時、彼女は生まれてくる子どもの肌の色をとても恐れていたというのですが、生まれた男の子は色白でした。浅黒い肌のプリンスの母親バンバは白人女性でしたから、プリンスは両方の遺伝子色素を持っていたためだと説明しています。

離婚による財政的支援を失うのを避けるため、伯爵は自分の息子として受け入れたというのです。もしこの時点で離婚となっていたら、アルミナの援助を得られずツタンカーメンの発掘はあり得なかったと書いています。また世間の噂にでもなれば、200年以上続いてきた伯爵家の永続性に疑問を生じかねません。アルミナとプリンス・ヴィクターの親密さは、世間から隠されました。

そのプリンス・ヴィクターは、イギリス貴族コベントリー伯爵令嬢のレディ・アンと結婚しています。この結婚はちょっとした騒ぎを引き起こしていました。というのはインドの皇太子がイギリス貴族の女性と結婚するのは初めてだったからです。当時大英帝国の植民地に対する恩着せがましい態度は（イギリス独特の）風土病のようなものでしたから、ロンドン社交界に受け入れられている人物といえども超え難いハードルがあったのです。

クロス氏によると、15年程前アルミナの伝記を書こうとしていたアメリカ人の学者デビッド・ソックスは、偶然にも6代伯爵の父親がプリンス・ヴィクターであるという証拠を見つけていたというのです。歴史を見れば、貴族の家柄で財産や爵位を脅かすものとの攻防はよくあること（小公子の主人公セドリックもそうでした）。伯爵家では、遠戚の手に称号と所領が渡るのを防ぐため、事実を隠し通したというのです。

バーク貴族年鑑の編集長は、この事実を聞かされても動じる様子もなく「我が国の長い貴族の歴史を思えば、そういうこともあり得たでしょう。おそらく我々が気づいている以上にね」ときわめて平静。今日でも表向きはともかく、実際の父親が違うという公爵も伯爵もおられます」と話し、また別の権威は「称号を継ぐ際に法が規定しているのは、本人であることを証明する出生証明書が必要ということです。もし証明書がその正当性を誤って記載したとしても、形通りの同意で承認されるのです」。という訳でプリンス・ヴィクターの息子が爵位を継いでいたとしても誰も驚かないというのです。

残された謎は、一体誰が本当の6代カーナヴォン伯爵かということになります。

前述のアラン・マーヴィン・エドワード・ヒュー・ハーヴァートは、妻の死後再婚した4代伯爵の息子マーヴィンの曾孫、つまり5代伯爵とは腹違いの兄弟の子孫です。

この話を聞かされたアラン氏は非常に驚いていたそうです。カーナヴォン家と繋がりがあることはわかっていたが、もっとよく知りたいと関心を示していたと言います。だからといって称号や領地がすぐに彼の手に渡るようなことはないでしょう。

著者のクロス氏によると、息子の正統性を証明するアルミナの署名入りの書面が残されているとのこと。それでももしアラン氏が継承権を主張するのであれば、ドアは開かれており法律家は往々にして抜け道を見いだすものだというのです。問題はソックス氏が発見したという確たる証拠は、ハイクレアにあるからです。伯爵家が開示することなどあり得ません。突然の話に驚いていたアラン氏は『ダウントン・アビー』を観てはいないし、ハイクレアを訪れたこともないそうです。

ドラマがきっかけで持ち上がったこの話題、一体どのような展開になるのでしょう。クロス氏は、『ダウントン・アビー』の続編をつくってはどうかとジュリアン・フェローに提案しているようですよ。

▼アルミナが残したもの

ことの顚末はともかくとして、アルミナが残した最大の遺産はおそらく医学の分野にあるでしょう。手術後と精神的外傷（トラウマ）のケアが、最新の機材を使用する外科手術の技術と同じように大切だということに彼女が気づいていたことです。「治療」という言葉をアルミナは真摯に理解していたのでしょう。彼女は看護そのものとハイクレアの施設で体験する環境が、西部戦線の恐怖から戻って来た兵士達の命を左右すると気づいていました。

アルミナは彼らをカントリー・ハウスの来客のようにむかえました、最高の料理と娯楽、大広間でのリクレーション、そして公園の散歩と十分な環境を提供しています。衛生面でも気を遣い、看護婦の制服を清潔に保つことと家の掃除は毎日の日課にするほど細かいところにまで気を配っていたのでした。アルミナは看護婦が向き合うのは精神的な苦痛と肉体的な苦痛であるとわかっていたからこそ、親切な看護と快適で整然とした環境を用意したのです

そしてツタンカーメンの墓の発掘を完遂させられたのも、彼女の決断と援助があったからこそでした。下手をすれば

独自に遺跡を探していたエジプト政府が、発掘権を自分の手に取り戻していたかもしれないのですから。

何とも不思議な星の下に生まれついたアルミナという女性。寛大なアルフレッドと優しい母に守られて、世間の意地悪とは距離を置いたままアルフレッドのお膳立てで、若くして伯爵家に嫁ぎ、王室と親しく上流階級の尊大でもったいぶった意地悪さは有無をいわさずシャットアウト。表向き結婚生活は穏やかで平穏、後継ぎにも恵まれ、思ったことは即実行。同じ頃貴族に嫁いだアメリカ人令嬢にとっては、羨ましい存在だったかもしれません。アルフレッドの援助に助けられていたことは否定のしようもありませんが、彼女の「人のために役に立ちたい」という欲求と、他者に対する気遣いと思いやりがなければできなかったはずです。

人間関係が稀薄になる一方の21世紀、「自分さえよければ」と他人はまるで目に入らないという人が増えているようです。誰もがそうなってしまうと、世の中はギクシャクするばかりです。周囲の人を気遣う余裕は持ち続けたいものです。よく言われる“OMOTENASHI”の基本は、他人に対する気遣いが基本だからです。

イタリアのある貴族出のご婦人が、“How to”とか、「○○の基本」といったアメリカ人が好きな解説書を見て、笑っておられました。「マナーの大半は、頭を使えばできることよ。バーナード・ショウが言っているでしょ。自然で良いマナーの原点は、無意識のうちに他人を優先させることだって。それもあくまでもさりげなくね」。つまり付け焼き刃では不自然でダメということです。さりげなくというのは、頭と身体に叩き込まれていなくてはできないこと。スポーツでも演技でも、楽器を演奏するにしても上手な人がこともなげにこなすのは、身に付いているからこそということです。それほど難しいことではありませんから、心がけてみてはいかがでしょう。もうひとつ大切なこと、それはもし優先させていただいたら「ありがとうございます」の気持ちを伝えることです。必ずしも口に出す必要はありません、目線でも軽い会釈でもとにかく感謝の気持ちを表現することです。

もし通じなかったら？　そんな心配は無用です。他人を優先させる気持ちをお持ちの方は、おわかりになるはずです。

4 女性の解放とマナー

▼動き出した女性達

第一次世界大戦で働くことを覚えた女性達は、これまでの家事労働から抜け出すようになります。貴族の家でも財政的な事情とあいまって使用人を減らしたため、彼らも新たな働き口を求めなければなりませんでした。『ダウントン・アビー』の中で、ヴァイオレット様は侍女がいなければ何もできないと認めていましたが、これまでのように使用人に頼めばすべて解決というわけにはいかなくなります。抵抗しながらも現実を受け入れざるを得ないことを認めたメアリーが「私達も変わらなくては」と言ったように、社会は大きく変化しました。

恋人の出版社を継いだ次女のイーデスはキャリアに目覚め、女性が働くことに理解を深めていきます。以前ダウントンのメイドをしていたグェインも、電話会社の秘書からステップアップし、同僚だったメイド達に活躍の場は屋敷の中だけではないという刺激を与えます。下僕のモールズリーは教師の職を得、使用人だった自分が教師になれたように、学習することで将来のチャンスが広がることを子ども達に身を以て教えるようになりました。

お屋敷勤めの使用人も住込みから通いに変わり、自由な時間が増えたはずですから〝自分磨き〟に時間をかけられたことでしょう。大戦中は行きがかり上医療施設を手伝っていた伯爵夫人のコーラは、屋敷が元の状態に戻ったことを喜びながらも「自分が誰かの役に立つ」生き方に目覚め福祉活動に尽力するようになります。妻や娘の変わりように取り残されたような思いにとらわれる伯爵……というように第一次世界大戦は、女性達の意識を大きく変えたのです。

活動的になった女性にとって、必要になったのは着やすく身体を束縛しない服でした。これまでのように侍女の手を借りなければ着られなかったような面倒な服では不便なことこの上なし。それに手伝う侍女も少なくなっているのです。

そんな女性達が待ち望んでいた服を作り出したのは、これまでのような男性クチュリエではありませんでした。女性の視点から女性のほしい服を初めてデザインし社会進出を後押ししたのが、あのガブリエル・（ココ）・シャネル。彼女の鋭い感性は時代の空気を敏感に感じ取り、女性達が欲しいと思っている服を実現させたのです。

▼ココ・シャネル

小さなアトリエで帽子作りを始めたいというシャネルを援助したのは、当時彼女の愛人だったフランス貴族のエティエンヌ・バルサンでした。彼にとっては愛人の暇つぶし程度にしか考えていませんでしたが、シャネルは自立の道を探していたのです。

当時の上流階級の女性達の大きくて装飾過剰な帽子は、どう見ても「オカシナもの」にしか思えなかったシャネルは、裁縫の腕を活かして頭にピッタリとおさまる小ぶりな帽子をデザインし始めます。もちろん自分でも愛用していましたから、友人や貴族の知人に制作を依頼されるようになりシャネルは忙しく働きます。

じきにアトリエが手狭になり、本格的な帽子店を開こうとするシャネルに、バルサンは援助を断ります。かわりに彼女のビジネスセンスを認め、支援を申し出てくれたのは、バルサンの友人でイギリス人の実業家アーサー・カペルです。彼はシャネルの才能を見ぬいていたのです。

シャネルは帽子にとどまらず服のデザインまでを視野に入れ、大戦中はドーヴィルやピアリッツという上流階級の疎開先のリゾート地に店を開いて成功をおさめます。帽子と同じように、当時の服は装飾過多で女性をちっとも美しく見せないと感じていたのです。乗馬にしても女性が騎乗する時は横座りでした。女性が股がるなど「はしたない」姿と考えられていたからです。そんな時代にシャネルは男性と同じ乗馬ズボンを作らせて乗馬を楽しんでいました。女性がズボンを履くなど、考えられない時代のことです。

そんな彼女の服装に眉をひそめる人達がいたことも事実です。女性が事業の指導権を握るなどあり得ない、男性と同じ能力など持っているはずがないという思い込みの時代でした。ドラマの中でもイーデスは、言うことを聞かない男性編集者に悩まされていましたっけ。シャネルも同じような経験をしています。素材の生地を仕入れるにあたって、生地問屋の組合から冷たくあしらわれてしまいます。新参者の女性との取引にはなかなか応じてくれませんでした。唯一、これでよければと提示されたのが、男性用の下着にしか使われていなかったジャージィでした。ところが軽く柔らかい上に伸縮性のあるジャージィは、シャネルが目指した身体の動きを邪魔しない服に願ってもない素材だったのです。

シンプルで着やすいシャネルの初コレクションは大成功。「社交界に着ていけない」「安っぽい」といった批判には、シャネルは「これは贅沢さの死、私はいま19世紀の喪に立ち会っているの。ひとつの時代が終わろうとしているの。私は女性の身体を自由にしただけ」というコメントを残しています。

▼斬新なアイテム

シャネルは幅広い交友関係から、創作のヒントを得ています。イギリス貴族ウェストミンスター公爵のツィード・ジャケットを借りてみて、その軽さにビックリ。男物の素材でしたが、上品で暖かく、長持ちするというのですから使わない手はありません。シャネルの代名詞といえるツィードはこれが原点。「女性の膝は醜いものよ」と言い切り、スカート丈は膝を覆うシャネル丈。足元は、男性のオックスフォードシューズからインスピレーションを得たベージュと黒のバイカラー。服に合わせたモノトーンのカラーより、肌色にマッチするベージュで足を長く見せ、つま先の黒が足を小さく見せるというシャネル・シューズ。シャネルは、一日中どのようなシーンにもマッチするエレガンスと表現しています。

そしてシャネルといえば、思い浮かぶ香水。その香水は、ロシアのドミトリー大公から「サンクトペテルスブルグの宮殿は香水の香る宮殿だった」とフランスよりはるかに進んでいたロシアの香水文化を教えられ、ロシア宮廷御用達の調香師エルネスト・ボーを紹介されたことがきっかけになりました。「新しい時代の自由な精神を持つ女性のための新しい香りを作りたい」と革新的な香りの調合を依頼して生まれたのが№5。ボーが試作したサンプルはボトル1から5、20から24のラベルが貼られた10本、その中からシャネルが選んだのは「5」。そのまま「№5」と名付けられたのです。もちろんシャネルも香りは常に纏っていました。あるインタビューで、「香りをつけない女は、枯れた花と同じ。生きているとは言

Chanel No. 5

えないわ」と辛辣なご発言がありました。

また「黒」を表舞台に出してくれたのもシャネルです。喪服の色としか考えられていなかった「黒」。その黒はすべての色が内包された最強の色として打ち出した「リトル・ブラック・ドレス」。黒一色のシンプルなドレスですが、アクセサリーとのコーディネートで、パーティやビジネスなど着回しのきくドレスで、現在でもヨーロッパ女性の必需品です。シンプルというのはごまかしがきかないということでもあります。素材、カッティング、縫製のディテールまで、彼女の頭の中には完璧なイメージができあがっていたに違いありません。

シャネルの成功以来、多くのデザイナーがコレクションで発表していますが、あくまでも元祖はマドモアゼル・シャネルなのです。1日に5、6回も着替えるなんてナンセンス。一枚のドレスでもアイデアとセンスで何通りもの表情を楽しむことができるというシャネルの提案は、上流階級の女性にとっては晴天の霹靂だったでしょう。でもこのアイデアのおかげで、従者がいなければ運べないほどのトランクを携えていた旅行も身軽にできるようになったのです。


現在でもシャネルのコレクションに必ず登場するアクセサリー。シャネルは必ずしも「本物」に拘《こだわ》っていたわけではありません。宝石の代わりにガラスを使いましたし、パールにしても本物ではありません。ただ最上級のガラスやフェークパールを使っていました。時にはフェークのほうが高価だったこともありますが。シャネルが最も嫌っていたのは「野暮ったさ」です。シャネル自身は、複数のアクセサリー使いを楽しんでいたことは残された写真でもおわかりになると思います。そのアクセサリーは、イギリスのウェストミンスター公爵から贈られた数多くのジュエリー（こちらは本物）からインスピレーションを得ていたのです。

ウェスタミンスター公爵とは、結婚寸前の交際をしていたシャネルでしたが、結婚して公爵夫人ともなると仕事は諦めなければなりません。思い悩んだ末、伯爵に告げたのは「ウェストミンスター公爵夫人はいくらでもいるでしょう、でもココ・シャネルは唯ひとりなのです」。なんとカッコいい「別れ方」ではありませんか。

シャネルが自由にしてくれたのは、身体だけではありません。革を通したチェーンのショルダーバッグです。ハンドルタイプのバッグやミノディエール（ヴァニティ・ケース）は、エレガントですが片手がふさがって不便なことも。シャネルはショルダーバッグにすることで、女性の両手を解放してくれたのです。

シャネルといえばシンボリックなマトラッセ（キルティング）ですが、これもシャネルの独特のアイデアから生まれたもの。生地屋同様皮革組合も、新参者の女性に質の良い革を分けてはくれませんでした。渡されたのは硬くてゴワゴワの革。彼女はこの革を叩いて少しばかり柔らかくし、補強の意味でダイヤ柄のマトラッセを施したのです。デザイン的な要素に加えて、キズを目立たせず型くずれを防ぐことにもなりました。彼女の負けず嫌いから生まれたマトラッセのバッグや革小物は、現在まで続く代表作です。ただし、素材の革は格段に質の良い上等なものになっていますよ。

▼解放された女性達

「私は女性を解放した」というシャネルは、19世紀の窮屈なファッションから解放したというだけではなく、閉じ込められていた世界から社会に解放したという自負も持っていたのだと思います（実際シャネルは女性社員を多く採用しています）。20世紀のファッションは、時代を映す鏡ともいわれます。女性が活躍の場を広げるにしたがって、ビジネスシーンに相応しいテーラードスーツやパンツ・スタイルが登場しました。

ヨーロッパ（この場合はイギリスも含む）の高級レストランやホテルのディナーに女性のパンツ・スタイルが許されたのは70年代のこと。シャネルをこよなく尊敬するイヴ・サンローランのタキシード・パンツがきっかけでした。『ダウントン・アビー』の時代から100年。ドラマの登場人物の目に今の女性はどのように映るのでしょう。

ヴァイオレット様はマナーの欠如に動転されるでしょうし、カーソンさんは間違いなく卒倒するでしょう。保守的な男性達は戸惑いを覚え、女性達は喜んでくれるかもしれません。私達が暮らしている社会の環境や仕組みの基礎が築かれたのはだいたい19世紀の半ば、1850年代以降のこととされています。女性は「動き回らず大人しく家庭におさまっていればよい」という考えが主流でしたから、ともかく良いお相手を見つけて嫁ぐのが最善と考えられていたことはおわかりでしょう。そして『ダウントン・アビー』の背景となった19世紀末から20世紀、産業構造の変化と戦争（1914〜1918）が女性達を社会に押し出すことになりました。

1893年に女性の参政権を認めていたのはイギリス領ニュージーランド、1902年オーストラリア、1906年フィンランド、1917年ソ連、1918年カナダ・ドイツが女性の参政権を認め、同年イギリスでも30歳以上の女性に認められ、アメリカは1920年、フランスではさらに遅れて1945年のことでした。

日本とイタリアもフランスと同じ第二次大戦後の1945年ことでした。さらに遅かったのは、1948年のベルギー・イスラエル・韓国。1949年の中国。ギリシャは1962年。スイスの連邦レベルで婦人参政権が認められたのはなんと1971年！ あのスイスがと驚きです。

成人に達していれば選挙前には必ず届く投票用紙。当たり前と思っていることでも女性がこの権利を手にしてから70年ほど。男女雇用機会均等法の制定は1983年ですからわずか30年。それでも『ダウントン・アビー』の女性達には想像もできないほど広い世界が女性の前に広がりました。

世の中はさらに進んで男・女という従来のジェンダーにとらわれず能力を活かして生きるという方向に進んでいます。旧態然とししたジェンダーによる差別がなくなるのは喜ばしいことですが、確かアメリカのどこかの州の学校でトイレを共用にする騒動が持ち上がっていました。どうもアメリカの言い出すことは極端でついていけません。

生物学にも肉体的にも違う男と女です。女性の「オッサン化」が取り沙汰されるこの頃、「楚々とした」、「たおやかな」、「凛とした」、「あでやかな」、「しとやかな」「気品匂うがごとく」といった形容詞は忘れないでほしいものです。そういえば、「恥じらい」なんていうのも死語になってしまったような……。「女らしさ」や「男らしさ」という表現もアウトになってしまうのでしょうか？

▼『Etiquette Guide for Girls』

参考になるかどうかはわかりませんが、ロンドンで250年ほど前に設立されたDebrette's（1769）は、英国貴族や伝統的な英国流エチケットに関する専門書の権威とされている出版社です。ここでは女の子と男の子、ファミリー、ウェディングガイドにペットのマナーまで(Petiquette)が揃っています。

アメリカでは、社会に出る前の大学生の必携の書『エミリー・ポストのエチケット全集』は、聖書に次ぐベストセラーと言われますが、その歴史90年ちょっと、Debrette's のほうが由緒ありげです。

Etiquette for Girls

ここが出版している『Etiquette Guide for Girls』は、出版後200年以上経った現在でもイギリスで良家の子女が必ず読んでいると言われていますから、伯爵家の令嬢ダイアナ妃やキャサリン妃も、若い時に読まれていたことでしょう。

さらにクリスティ女史やコナン・ドイル氏もご存知だったでしょう。彼らの作品の登場人物の仕草や会話からマナーが伝わってきます。ホームズ氏の家主さんのハドソン夫人やポアロ氏の秘書ミセス・レモンは、相談に訪れた女性の来客を「立派なレディでした」とか「お話ぶりからしても、ご立派なお育ちですよ」という人物評価をしています。話し方と立ち居振る舞いが、服装よりも重要視されていたことが伝わるシーンです。

もちろん出版以来、何度も改訂され時代に合わせられていますから、オリジナルのものとは違ってきているのも事実です。ただその根底にある精神は変わらないのだと思います。その冒頭に、グローバル化し社会的移動が増加するからこそマナーをわきまえることの大切さに触れています。社会のルールが次々と生み出される今日では、形式を重んじるだけではなくそのルールが決められた精神を理解することが大事なのだとも。

マナーにはわがままや幼さを隠してくれ、人生をしのぎやすくする利点もあるという記述もあります。良いマナーは気持ちから生まれるもので、大切なのは笑顔そして

“please”と“thank you”を忘れないこととありました。良いマナーは個人の資質や意思に負うところが大きく、周囲の人に気を配りどのように対応すべきかを見極めることでもあるとされています。年代によってもこだわりが異なるマナーは、年長者の側になって丁寧に接することという記述もありました。そして何よりも素晴らしいのはマナーをわきまえて振る舞うのは、お金がかからないということです等々、マナーは気持ちから生まれるものと教えています。社会生活の心得ともいえる内容で、海外では娘や孫が18歳くらいになるとプレゼントとして贈られることが多いのです。広義には、社会生活の心得を伝授することになるガイドブックです。マナーやエチケット好きの日本で、こうしたガイドブックをほとんど目にすることがないのは不思議です。

▼「エチケット」の起源

マナーもエチケットも作法や気遣いといった意味合いですが、マナーは公共に対するものでエチケットは個人に対するものとされているようですので、マナーはエチケットを包括していると考えて良さそうです。

そもそもToiletteが少なかったヴェルサイユ宮殿では、やんごとない貴族の皆様方が庭園の木陰で失礼していました。とてつもなく広い庭園ですが、なんとなくエリアは決まってきます。悪臭もさることながら、庭師が熱心に手入れをしていても枯れてしまう樹々と、踏み荒らされる花壇。あまりのことに「ここにて○○○禁止」の立て札が登場。この立て札がEtiquette。

フランス語で札とか張り紙という意味で、ルイ14世の時代に宮殿での作法を守らせるためにあちこちに張られていたということから、札の指示に従うことが礼儀正しい作法になったということです。乱暴な言い方ですが、エチケットとありがたそうに言ったところで、所詮「立ち○○禁止」という常識をわきまえよという程度のものにすぎないのです。要は周りの人への気遣い、「己所不欲、勿施於人也」（己の欲せざる所人に施すことなかれ）というところに尽きるといえるでしょう。

作法に縛られていた100年ほど前の女性達と比べると、現在の女性達は考えられないほど自由です。ちょっと考えてみると「自由」ということは、自分で選択したことに「責任」をとらなければならないという副産物がついて回るということでもあります。40年ほど前の1976年のことですが、化粧品（資生堂　Inoui）の広告コピーで未だに印象に残っているものがあります。
「彼女が美しいのではない、彼女の生き方が美しいのだ」。単に容姿や外見が美しいだけではなく、大人の女性なら内面から美しさがにじみ出るような生き方をするべきでは？というひとつの提案にも思えるのです。女性であれ男性であれ、年齢を重ねればそれまでの「生き様」のオーラに包まれるもの。どうせなら、マナーを心得た大人の対応で、不要な軋轢を起こさずに穏やかな生き方をしたいものです。

Debrette's のマナー。内容をご紹介したいのは山々ですが、何しろ1冊の本ですからとても無理なこと。でもこれだけはというのが、スマホに関するマナーです。時代の変化に柔軟に対応してきたDebrette's ですが、「英国式マナーをぶち壊しにするもの」として「コミュニケーション革命にはウンザリ」と頭を抱えています。使い方マナーのインフラが整わないうちに、広がってしまったからでしょうね。一度手にしたら、もう恐いものなんてありません。はっきり言って無法状態。喫煙者のマナーのほうが、はるかに上といえるでしょう。この状況を見かねたのか“The Debrette's guide to etiquette in the digital age”（デジタル時代の Debrette's エチケット・ガイド）というものを発表しています。
イギリス流とはいえ、私達にも参考になると思えますので紹介してみます。

COLUMN

Debrette's Mobile Etiquette

◇着信音があなたの人柄を物語るのをご存知ですか？

頭がガンガンするようなロックミュージシャン、ファッションに敏感なティーンエイジャー、ゲーマー、SFオタク、口達者なナンパ師、TV中毒者、目立たない（怠け者）……これで良いのですか？

電車の中、職場、家に帰る途中などで、着信音で恥ずかしい思いをするようなら選択した着信音が不適切ということです。やり直しましょう。

そして着信音のボリュームを確認すること。大音量で喚き立てて頭が痛くなるようなら、あまりにもボリュームの上げ過ぎです。

◇モバイル大丈夫かしらと思ったら、すぐにバイブに切り替えること

でもバイブモードにしたことを忘れないようにしましょう。突然貴方が身体を傾けて、見えない電話で話をすればお連れの方を驚かせてしまうかもしれませんから。それでも着信音からは解放されてはいますけど。

◇貴方のまわりに誰がもしくはどんな人がいるか、気を配ること

まず電話で話すことがまわりの人の邪魔にならないことを確認しましょう。

極めて親しい（この意味おわかりですよね）会話は、決して他人の前でするものではありません。貴方自身のプライバシーと他人のプライバシーを尊重しましょう。

◇言葉遣いに気をつけること

汚い言葉や下品な言葉は使わないこと。まともな人間であれば、人前でお金やセックス、肉体的な機能についての話題は持ち出さないものです。

◇静かな空間を求める人達のクワイエット・ゾーンを尊重すること

電車内のクワイエット・ゾーンでモバイルを使わないこと。たとえ貴方がゾーン内ではないとしても、寛いで新聞を読んでいる乗客にとって貴方の話し声は耳障りなものです。電波の受信状態が悪くてというのなら、通話の相手に事情を説明して電話は切りましょう。

◇決して大声をださないこと

あなたのモバイルはメガホンではありません。電波のせいで聞き取りにくくなっても、我慢しましょう。通じていない電話に大声で叫んでも仕方がないのです。会話の途中で電波が途切れた場合には、それがたとえ「サヨナラ」と言うだけでも、電波が回復次第かけ直すのが礼儀です。

◇貴方の目の前にいる人は、電話をしている相手よりも大切にすべきです

社会生活においては、オモチャみたいなもの（モバイルのことです）より生身の人のほうがはるかに重要です。できる限り電源を切ってしまいましょう。

仕事などで人と会わなくてはならないという時や、重要な電話待っていることもあるでしょう。そんな時には最初に説明をして、話の途中であっても電話を受けることを了解してもらうこと。そして、その場から離れて、プライベートなスペースで電話をかけるか、受けるかしてください。お友達を前にしてモバイルで話をするのはいけません、不作法の極みというものです。

◇食事中にはモバイルから距離を置くこと

電話をテーブルに置いてはいけません。また会話をしながらモバイルをチラチラ見るのもご法度です。

◇何かをしながらモバイルで話を続けるのは止めましょう

銀行の窓口やお店でショッピングの最中、またバスで移動中というような時に〝ながら〟モバイルはいけません。貴方の相手をしてくれている人は、貴方に対して100％の注意を向けているのです。それに応えないのは、侮辱していることですよ。

◇貴方がどこから電話をしているか、わかっていますか？

とんでもない場所から電話をかけてはいけません。トイレから電話をしてくるなど、とても不愉快なことですから。会議の席、劇場、映画館などではモバイルの電源を切るか、バイブモードに切り替えること。

自動車を運転しているなら、電話の使用はハンズフリーを装着している時に限ること。

これ以上お知りになりたい方は、Debrette'sにご相談くださいというコメントがありましたから、メール、メッセージ、カメラ等々のルールだろうと想像しますが、この10カ条だけでも教えられることが多いと思います。

スマート・モバイルは情報へのアクセス、コミュニケーションの手軽さなど私達の生活を一変させたほど便利なものですが、残念ながら使う側の心構えがその普及の速度に追いつけませんでした。ちょっと話すだけ、急いで返信しなければ、という些細な行為は、だんだんエスカレート。公共の場で複数の着信音が聞こえてくるのは落ち着かないものです（着信音のひとつが自分のものと同じで、思わずモバイルを確認した経験おありでしょ?）。

他の人に不快な思いをさせないという原則を思い出せば、その場に相応しい扱い方もわかるはずです。モバイルに触れているか、目にしていないと不安という依存症に感染せずに上手く使いこなす術は、新たに加わったマナーの一項目と言えそうです。

あとがき

ひょんなことからイギリスのTVドラマにハマってしまい、仕事仲間のイギリス人で黄金期のハリウッド映画が大好きというAustinと映画やドラマの話でもりあがり、シャーロック（Sharloc）はもちろん刑事フォイル（Foyle's War）やブラウン神父（Farther Brown）、オックスフォード・ミステリー（Inspector Lewis）、ホワイトチャペル（White Chapel）、バーナビー警部（Midsomer Murders）と話がすすみ、「観てる？」と聞かれた『ダウントン・アビー』（Downton Abbey）。

「何それ、修道院のお話？」何しろ私が好きなのは、ミステリーやスパイものと歴史ドラマなので。「きっと気に入るよ」と言われ半信半疑で見てみたところ大正解でした。何しろ完結するまで5年の長丁場、貴族とも親しいAustinとお母様が女王の侍女を務めたこともあり叔母は衣装係というDonは、王室と貴族の存在は誇るべきイギリス文化として極東のcommoner（庶民）で、有色人種の私にゴシップやスキャンダルを含めた「知識」をアレコレ伝授してくれました。

そうこうするうちに、あるバッグの立ち上げでアレクサンドル2世の血を引き、ギリシャ出身の祖母はフィリップ殿下の従妹というレディや広大な領地を持つ伯爵、王位継承権を持つ公爵とご子息といった“Noble”（貴族）にお目もじのチャンスまで。あまりに気さくなので、これまたビックリ。

そんな経験を含め『ダウントン・アビー』の話題で盛り上がったのが、40年近い親交のある澤渡貞男氏。J社で海外勤務が長くロンドン支店にもおられた経験からイギリス通で、「それまとめて書いちゃえば」とご自身も著書を出された言視舎の杉山尚次氏を紹介してくださいました。尻込みする私に「とにかく書いちゃえばいいんだよ。世間では知られてないことも多いし、知りたい人もいるんだから」という励ましに後押しされてなんとか書き上げることができました。

わかりやすく編集してくださった杉山氏、澤渡氏の適切な助言と励まし、そして異次元の世界をインプットしてくれたロンドンの Austin と Don、気軽に接してくださった貴族の皆様に感謝の気持ちでいっぱいです。年代や地名、血縁関係、人名のスペルなど日・英の Wikipedia にも助けられました、ありがとうございました。

Many thanks to you all!

英・仏・米　略年表

年	イギリス	年	フランス	年	アメリカ
				1776	アメリカ合衆国独立宣言公布
		1789	フランス革命勃発	1789	ジョージ・ワシントン書第大統領に就任
		1792	王制廃止、共和制に		
		1793	ルイ16世、王妃マリーアントワネット処刑 ＊革命派の恐怖政治始まる		
		1794	テルミドールの反乱（ジャコバン党リーダーロベスピエール処刑）		
		1799	ナポレオン政府の第一統領に		
		1804	ナポレオン皇帝に就任		
		1814	ナポレオンエルバ島に流刑		
		1815	ナポレオン百日天下　ワーテルローの戦いで英・普郡に敗退　セントヘレナ島へ流刑 王政復古		
		1830	7月革命（シャルル10世亡命）	1830	オハイオ～ボルティモア間最初の鉄道開設
1837	ヴィクトリア女王即位				
1840	ヴィクトリア女王アルバート公とご成婚 清国と阿片戦争勃発（～1842）				
		1848	2月革命勃発（ルイ・フィリップ退位） ナポレオンの甥ルイ。ナポレオン大統領に（後に皇帝ナポレオン3世に）	1848	カリフォルニア金鉱発見、ゴールドラッシュに
1849	カナダバンクーバー島植民地化				
1851	ロンドン万博				
1853	クリミア戦争（～1860）				
1856	第二次アヘン戦争（～1860）				
1857	セポイの乱（～1859）				
1861	アルバート王配逝去				
		1871	普仏戦争終結、ナポレオン3世失脚、イギリスに亡命	1865	南北戦争終結、リンカーン暗殺
				1869	発の大陸大壇鉄道開通
1877	ヴィクトリア女王インド皇帝に即位				
1880	第一次ボーア戦争（～1881）				

年	イギリス	年	フランス	年	アメリカ
1882	エジプト制圧				
				1886	自由の女神像完成
		1887	エッフェル塔建設開始		
		1889	エッフェル塔エレベーター運行開始		
		1894	露仏同盟締結		
1899	第二次ボーア戦争（～1902）				
1901	ヴィクトリア女王崩御 エドワード7世即位				
1902	日英同盟（～1921）				
				1903	パナマ運河建設（～1914）
		1904	英仏協商締結		
1910	エドワード7世崩御、ジョージ5世即位				
1914	第一次世界大戦勃発（～1918）	1914	第一次世界大戦勃発（～1918）		
1917	ロシア革命、ニコライ2世退位 7月、王朝をウィンザーに改名			1917	第一次世界大戦に参戦
1918	ドイツ革命、皇帝ヴィルヘルム2世退位 オーストリア・ハンガリー2重帝国降伏				
				1919	禁酒法成立
				1920	女性参政権発効
				1927	リンドバーグ大西洋横断、映画のトーキー化
				1929	ウォール街から性貝大恐慌始まる
				1933	ルーズベルトニューディール政策実施
1936	ジョージ5世崩御、エドワード8世即位 12月エドワード8世退位、ジョージ6世即位				
1939	第二次世界大戦（～1945）	1939	第二次世界大戦（～1945）フランスはドイツに宣戦布告	1939	第二次世界大戦（～1945）アメリカ中立宣言
		1940	ナチスドイツによる占領始まる（ヴィシー政権開始）		
		1944	連合国お呼びフランス自由軍によるパリ解放	1944	ノルマンディー上陸作戦
1945	第二次世界大戦終結、国際連合成立	1945	第二次世界大戦終結、国際連合成立	1945	第二次世界大戦終結、国際連合成立
1947	エリザベス王女、フィリップ大尉とご成婚			1947	マーシャル・婦rん
				1949	NATO北大西洋条約
				1950	マッカシー旋風始まる

		1951	パリ条約締結（フランス、ベルギー、オランダ、イタリア、西ドイツ、ルクセンブルグ）		
1952	ジョージ6世崩御、エリザベス女王即位				
				1955	キング僕児バスボイコット闘争（黒人運動）の始まり
1956	スエズ戦争				
		1962	アルジェリア戦争終結（8年の戦闘の末アルジェリアは独立）		
				1963	ケネディ大統領暗殺
				1964	公民権法成立
				1965	北ベトナム爆撃開始
1968	北アイルランド紛争	1978	5月革命	1968	キング牧師暗殺
				1969	アポロ11号月面着陸
				1975	サイゴン陥落　ベトナム戦争終結
1982	フォークランド紛争			1976	建国200年
				1991	湾岸戦争突入
		1992	マーストリヒト条約（欧州連合の創設）		
		1999	決済用仮想通貨ユーロ導入		
				2001	同時多発テロ
2002	エリザベス女王即位50周年（ゴールデン・ジュピリー）	2002	現金通貨としてユーロ導入		
2012	エリザベス女王即位60周年（ダイヤモンド・ジュピリー）				
		2015	シャルリ・エブド襲撃事件、パリ同時多発テロ		
2017	エリザベス女王即位65周年（サファイア・ジュピリー） ロンドン複数箇所でテロ事件				

参考文献

ヨーロッパ人：ルイジ・バルジーニ（浅井 泰範 訳）みすず書房
ハイ・ライフ：タキ（井上 一馬 訳）河出書房新社
逝きし世の面影：渡辺 京二 平凡社
英国王室史話：森 護 中公文庫
The Titled Americans: Elisabeth Kehoe
Jennie Churchill:Anne Sebba
The Husband Hunters: Social Climbing in London and N.Y. *Anne de Courcy*
Them and Us: The American Invasion of British High Society *Charles Jennings*
Lady Almina and the Real Downton Abbey: Lady Fiona Carnarvon

[著者]
あまおか けい
大学卒業後マーケティング及び広報の経験を経て、イヴ・サンローラン日本支社に勤務。パリで研修ののち化粧品･香水のマーケティングを担当。サンローランから紹介されたソニア・リキエルと意気投合しファッション・ビジネスに携わり独立。イギリスのファッション・ファンドを通じいわゆる上流階級と親交を持ち、「好きじゃなかった」イギリスをすっかり見直すことになる。

訳書『女王陛下のハンドバッグ』（株式会社 R.S.V.P.）

装丁………山田英春
DTP 組版………勝澤節子
編集協力………田中はるか

大人の教養としての
英国貴族文化案内

発行日❖2017 年 9 月 30 日　初版第 1 刷

著者
あまおか けい

発行者
杉山尚次

発行所
株式会社言視舎
東京都千代田区富士見 2-2-2　〒 102-0071
電話 03-3234-5997　FAX 03-3234-5957
http://www.s-pn.jp/

印刷・製本
中央精版印刷㈱

ISBN978-4-86565-102-7 C0022